在故宫

"在故宫"丛书
编辑委员会

主　任

王旭东

副主任

任万平　王子林

委　员

多丽梅　隋晓霖　韩宇娇　陈文曦　谢　菲

玉见故宫

国宝玉器里的中华

徐琳 著

译林出版社

图书在版编目（CIP）数据

玉见故宫 ：国宝玉器里的中华 / 徐琳著. -- 南京 ：
译林出版社, 2024. 10. --（在故宫）. -- ISBN 978-7-5753-0278-4
　　Ⅰ. G262.3
　　中国国家版本馆CIP数据核字第2024ZB9887号

玉见故宫：国宝玉器里的中华　徐琳／著

项目统筹　荆文翰
责任编辑　荆文翰　龚文宇
装帧设计　韦　枫
校　　对　施雨嘉
责任印制　董　虎

出版发行　译林出版社
地　　址　南京市湖南路1号A楼
邮　　箱　yilin@yilin.com
网　　址　www.yilin.com
市场热线　025-86633278
排　　版　南京新华丰制版有限公司
印　　刷　苏州市越洋印刷有限公司
开　　本　890毫米×1240毫米 1/32
印　　张　13.625
版　　次　2024年10月第1版
印　　次　2024年10月第1次印刷
书　　号　ISBN 978-7-5753-0278-4
定　　价　128.00元

版权所有·侵权必究

译林版图书若有印装错误可向出版社调换。质量热线：025-83658316

总 序

故宫，曾经的"紫禁城"，明清两代的皇宫，建成于1420年，至今已有六百余年的历史。

作为世界文化遗产，故宫拥有世界上现存规模最大、保存最完整的古代宫殿建筑群，其独特的建筑遗存，是中国古代宫城发展史上现存的唯一实例和最高典范。故宫还拥有数量庞大的皇家旧藏，其时代涵盖新石器时代至近现代各个历史时期，这些藏品既反映中国明清时期的宫廷文化和典章制度，又展现中国古代艺术发展的历史脉络，见证了中华文明的源远流长。

基于优越的资源禀赋，为了保护文物免遭破坏，故宫博物院于1925年正式成立，被时人赞誉为"辛亥革命未竟之事业"。

生于变革时代，故宫博物院始终与国家命运、民族存亡休戚与共。它经历了北洋军阀临时政府执政下的四次改组，到国民政府北伐成功后有短暂发展，其间文物清点、古建修缮、展览陈列、库房修建、对外交流、出版传播等事业均渐次起步。"九·一八事变"爆发后，为保文物安全，故宫先辈们在1933年到1946年间，护送一万多箱国宝先后南迁华东、避地西南，行程数万公里。在极端艰苦的条件下，还开展多次国内外文物展览，谱写出一曲文化抗战的壮歌。

随着中华人民共和国的成立，故宫博物院揭开了新的历史篇章，各项工作陆续恢复并取得显著成绩。故宫博物院作为同时具备建筑、艺术、历史等特色的大型综合性博物馆，在国际公认的"原址保护"与"原状陈列"基本原则指导下，向公众展现悠久灿烂的中华文明。

新时代的故宫博物院进一步明确了办院指导思想，即"以习近平新时代中国特色社会主义思想为指导，深入落实保护第一、加强管理、挖掘价值、有效利用、让文物活起来的新时代文物工作要求，真实完整地保护并负责任地传承弘扬故宫承载的中华优秀传统文化，以平安故宫、学术故宫、数字故宫、活力故宫建设为支撑，将故宫博物院建成国际一流博物馆，世界文化遗产保护的典范，文化和旅游融合的引领者，文明交流互鉴的中华文化会客厅"。明确的历史使命、实现路径和愿景目标，进一步指引故宫博物院各项工作的可持续和高质量发展。

在故宫博物院的百年历程中，大批具有家国情怀、奉献精神、使命担当的专家学者汇聚于此，形成了故宫特有的典守精神和严谨的治学传统，也形成了故宫人积淀深厚的精神内核。

故宫人，是一支拥有矢志不渝家国情怀的践行者，是一众具有吃苦耐劳奉献精神的耕耘者，是一群坚持不懈接续奋斗的文化传承者。先行的故宫人筚路蓝缕、龃龉前行，在艰苦条件下赓续文脉；后继的故宫人满腔热忱、脚踏实地，面对新时代的机遇与挑战守正创新。一代又一代的故宫人执着守望、辛勤奉献，维护了故宫及其馆藏文物的真实性与完整性，推动了故宫博物院各项事业的持续发展，并深刻影响了近现代中国博物馆的发展历程。

当下，故宫博物院新成立的故宫学研究院与译林出版社合作推出的这套"在故宫"丛书，通过"故宫人讲故宫"，介绍故宫人的学术研究和工作日常，既体现故宫研究的重要成果和最新进展，也积极回应公众的好奇与关切，以亲历者极具现场感的讲述，传递故宫人的精神，也传播故宫承载的中华优秀传统文化。

在故宫，感受故宫人的坚守与执着。

在故宫，守护好故宫这份人类共同的文化遗产。

故宫博物院院长 王旭东

目 录

前言 1

基础知识篇　　玉的基础知识 7
　　　　　　　　君子比德：中国人为什么爱玉？ 21

早期中国时期　　兴隆洼文化玉玦：早期的玉器长什么样？ 35
　　　　　　　　哈克文化玉石器：最北的玉器 42
　　　　　　　　红山文化玉器：从龙到人 50
　　　　　　　　凌家滩文化玉器：远古中国人的样貌 73
　　　　　　　　良渚文化玉器：苍璧礼天，黄琮礼地 89
　　　　　　　　龙山文化玉器：礼运东方 109
　　　　　　　　肖家屋脊文化玉器：玉神人兽面像 119
　　　　　　　　齐家文化玉器：璧、琮、璜 124
　　　　　　　　石峁文化玉器：禹锡玄圭 139
　　　　　　　　二里头文化玉刀：夏之谜 152

商周时期

异彩缤纷的商代玉器	*161*
皇帝的碗托子：商代有领玉环	*170*
来自殷墟的玉戈	*176*
景仁榜中的传奇：两件商代玉器	*181*
一枚印章带来的惊喜：燕家院子的玉牙璋	*188*
神秘的西周玉柄形器	*196*
人神合一的时代之变：西周人龙合体玉佩	*202*
独特的秦式玉器	*208*
飞扬灵动的战汉玉龙佩	*213*
钩弦发羽话玉韘	*224*

两汉时期

变幻多姿的汉代玉韘形佩	*233*
治烦决乱说玉觿	*238*
奉酒为寿话玉卮	*243*
驱疫避害玉辟邪	*249*
角色多变的汉代玉璧	*256*
玉舞人与玉翁仲	*263*
玉刚卯与玉严卯	*269*
西王母和胜形佩	*275*
玉具剑与玉剑具	*280*
幻化成仙的汉代玉蝉	*286*
富贵的愿景：玉握猪	*292*

唐宋元时期

万邦来朝，绝域入贡：唐代的胡人玉带板	299
玉雕艺术表达的新思路：宋代玉图画	306
从一件清宫流失的辽代玉魁谈起	311
元代春水玉钩环带来的缘分	319
玉帽顶与玉炉顶	328
从渎山大玉海到云龙纹大玉瓮	336

明清时期

玉带环腰围，殊荣耀门第：明代的玉革带	349
吴中绝技：陆子刚之谜	357
采玉图山子与贡玉制度	366
玉杯记和乾隆玉工	376
围观悦目玉图画	387
乾隆帝的纪念碑：大禹治水图玉山	395
翠华玉意两逢迎：清代宫廷中的翡翠	407

后记	418

前　言

　　故宫博物院（以下或简称"故宫"）不仅是明清故宫建筑群的保护管理机构，也是全世界收藏中国古代文化艺术品最多的博物馆，其藏品就包括数万件玉器。

　　故宫的玉器藏品主要以两种分类方式保管，一种是以质地分类，这是故宫玉器藏品的主体，主要集中于故宫器物部的玉器库房。这里收藏有中国古代玉石器 31000 余件（套），其中绝大多数为真正的闪石玉器物，也有翡翠、玛瑙、水晶、松石、寿山、琥珀、珊瑚等各类彩色玉石和有机宝石等制品，还有许多中国新石器时代的石器制品以及资料、标本等等。

　　当然，这并不是故宫玉器藏品的全部，还有一部分玉器以器物功能分类，散布在故宫的其他门类库房中，如文房、金银器、竹木牙角、漆器、盆景、家具、金石玺印、雕塑、珍宝、织绣、宗教文物、武备仪仗和帝后玺册等库房中均收藏有大量的玉器，另外故宫许多宫殿的原状陈列中也保存着玉器。这些玉器或者代表宫廷的典章制度，或者代表古代艺术门类，或者作为重要的嵌饰镶嵌在不同质地的器物上。各门类玉器的具体数字均没有专门统计过，保守估计应有1万件以上。总体来说，故宫玉器藏品的总数不低于4万件。

故宫玉器藏品不仅数量多，而且时代跨度完整，有从新石器时代各个重要考古学文化到清末民国时期的玉器，甚至还有当代玉器和外国玉器，具备完整的玉器发展体系。作为明清时期的紫禁城，大家总以为故宫玉器藏品就等于明清玉器，其实故宫收藏的明以前玉器数量之多、质量之精，远超人们想象。故宫玉器藏品中珍品、孤品繁多，整体质量极高，和故宫博物院藏品结构特征相似，具备倒金字塔的性质。

故宫玉器来源主要分两大部分，第一是清宫旧藏玉器，以历代宫廷收藏为主，数量超过3万件，在馆藏编号中以"故"字开头。这其中不仅有明清宫廷的时做玉器，也有大量的唐宋辽金元等历代宫廷遗留的玉器，还有历朝皇帝的收藏品，包括历史上出土的先秦玉器、汉代玉器等等，数量颇丰，作为传世品藏于宫中。

第二是20世纪40年代末以后的新收玉器，总数有8000余件，在馆藏编号中以"新"字开头。其来源大约有三种：

其一，通过各种途径收购来的玉器以及文化部门调拨给故宫的玉器，时间主要集中于20世纪五六十年代和90年代初。例如1992年故宫博物院收购了傅忠谟先生收藏的396件玉器，其中不乏各个时代的精品。本书介绍的红山文化C形玉龙就是其中之一。

其二，社会名流及爱国人士的捐献玉器，例如章乃器、孙瀛洲、廖泰初、吴瀛、周作民、夏锡忠、傅熹年、白德贵等各位先生及其家属的捐献。在故宫博物院景仁宫的景仁榜上可以看到所有捐献者的姓名。本书介绍的哈克文化玉石器就是1986年由内蒙古自治区鄂温克族自治旗南屯林场的白德贵同志捐献而来的。

其三，考古出土玉器。考古出土玉器在故宫博物院玉器藏品中占比不大，但十分重要，其中不仅包括1993年收购的安徽凌家滩文化以及薛家岗文化出土的110件玉石器，也有1977年出土于安徽长丰杨公乡战国墓中的27件玉器，还有多省出土玉器等等。这些有明确考古学背景的出土玉器不仅弥补了故宫博物院藏品以传世玉器为主的不足，也为我们在玉器鉴定和研究上提供了重要的参考标准器。

《玉见故宫》通过对故宫博物院各个时代玉器藏品的介绍，讲述玉器的特点、文化历史和背景等，串联出中国古代玉器的发展史，同时也讲解一些玉器的基础知识，对中国人为何爱玉进行了理论分析。我们在中国玉器发展的历史长河中讲述中国玉文化的故事，希望能够让大家了解，"玉"这一中华文明独有的文化基因是中华文明特殊的标志物，具有原创性和不可替代性，从而得以深入理解中华民族的精神根脉。

基础知识篇

玉的基础知识

什么是玉？

　　中华民族是一个爱玉的民族，从数量庞大的中国历代出土和传世玉器看，玉是中华文明特殊的标志物，也是凝聚中华民族的精神纽带。中国玉文化的历史源远流长，如果从目前发现出土于黑龙江饶河县小南山早期遗址的玉器算起，中国发现真玉文化的历史已有9000年左右。玉这种美丽的石头也被赋予了越来越多的宗教、礼仪、文化因素，甚至神秘色彩，成为中华文明独有的文化基因，切入体肤，深入骨髓，直至今日，犹盛不衰。

俗语曰：黄金有价玉无价。但到底什么是玉，现在很多人却并不知道，他们也会被市场上各类带玉的名字所困扰，以为美丽的石头就是玉。

当然，玉确实是一种美丽的石头，但是美丽的石头千千万，到底哪种矿物能被称为玉呢？

玉的概念有狭义和广义之分。

玉的狭义概念

狭义的玉特指中国国家标准《和田玉——鉴定与分类》规定的"以透闪石为主的集合体，次要矿物可有阳起石等"，这是以矿物组成命名的。其构成分子式为$Ca_2(Mg,Fe)_5[Si_4O_{11}]_2(OH)_2$，主要成分有钙、镁、硅，另外还会含有少量的铁以及其他元素。从物理性质看，玉是一种微透

各种颜色玉料标本

和田羊脂白玉子料，故宫博物院藏（故 103776）

明至不透明的多晶质岩石，因其中含有一定的结构水"$(OH)_2$"，有一定的透明度，加上表面有油脂光泽，所以看起来十分温润。玉的莫氏硬度在 6 至 6.5 之间，少数达到 6.9。所以，玉的硬度不软不硬，处于莫氏硬度中最佳的黄金分割点。另外，玉有白、青、黄、碧、墨、糖等多种颜色，其中羊脂白玉常常被认为是最好的玉，其实羊脂白玉一定要符合两个条件，一个是白，一个是润，润得要像羊的脂肪一样。当然，真正称得上是羊脂白玉的玉料非常少见且珍贵。

狭义的玉也是文博界和地矿界公认的真正的玉。中国古代玉器主要是这样的闪石玉。

玉的广义概念

广义的玉泛指一切美丽的石头,所以玉、石两字常常连在一起使用。除矿物学上的闪石玉外,很多美丽的石头或者半宝石类也常常被古人称为玉,如岫玉、水晶、玛瑙、玉髓、青金石、绿松石、翡翠、独山玉、蓝田玉等,此为广义的玉,中国人也常称之为彩石。不过这些玉石在古代也大多有自己特定的名字,比如水晶被称为水玉、水精、玉晶、千年冰;玛瑙被称为赤玉、琼玉;绿松石被称为碧甸、碧澱或甸子;孔雀石被称为绿青、石绿或青琅玕;青金石被称为催生石;翡翠被称为云石、云玉、云南玉、滇玉、永昌玉等等。这些玉石的硬度从 3.5 至 7 不等,如翡翠、水晶、玛瑙以及一些石英岩质玉(如芙蓉石)的莫氏硬度大约为 7,独山玉为 6 至 6.5,均比钢铁(莫氏硬度为 5 至 5.5)高出许多。其他玉石的硬度则相对低一些,如松石和青金石的硬度为 5 至 6,孔雀石的硬度为 3.5 至 4。岫玉,以东北岫岩地区所产最

清光绪岫玉爵杯,
故宫博物院藏(故 83652)

清水晶活链花篮,
故宫博物院藏(故 105648)

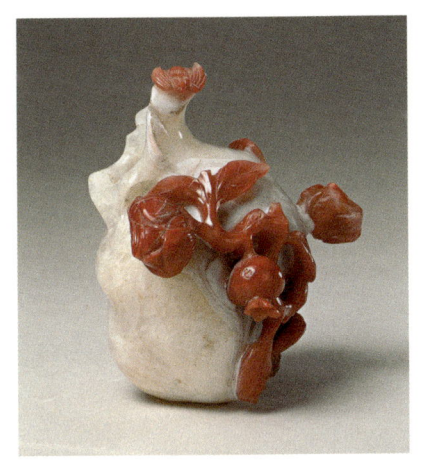

清俏色南红玛瑙石榴式鼻烟壶，
故宫博物院藏（故 104737）

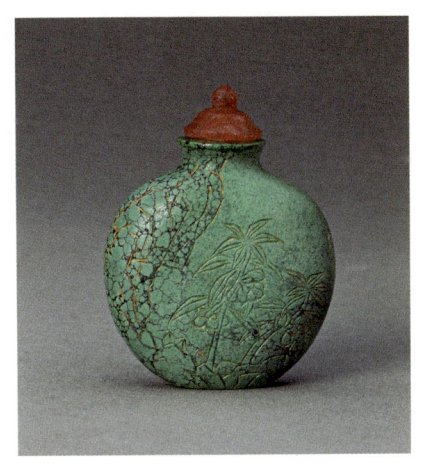

清绿松石填金花卉纹鼻烟壶，
故宫博物院藏（故 105601）

为著名，其实是蛇纹石，硬度只有 2.5 至 5。

中国人是怎么从众多美丽的石头中认识真正的玉的呢？这其实是一个逐渐积累经验的过程，也是一个漫长的玉石分化过程。在遥远的旧石器时代晚期，人们已开始用一些美丽的石头装饰自己，这些石头有玛瑙、燧石、石英岩，质地不同、颜色各异。在这些美丽的石头中，人们慢慢发现有一种石头不仅美丽，而且还有一种温润的光泽，这就是以透闪石矿物为主的玉，即我们说的狭义的玉。这种闪石玉因为有着温润的外表，油润的质地，以及越戴越润、越戴越美的特性，逐渐被人们从众多石头里挑选了出来，这就是一个玉石分化的过程。

玉石分化的时期经历了很久，可能早在距今 23000 年左右，在西伯利亚中部、贝加尔湖西侧地区就有了零星的真正闪石玉器[1]，但还没

1　邓聪：《玉器起源一点认识》，见《邓聪考古论文选集》，香港中文大学中国考古艺术研究中心，2021 年。

有形成崇玉文化。据目前的考古发现，到距今9000年左右，在中国东北黑龙江饶河县的小南山文化中，出现了一批最早的真玉器，形成了真正的玉文化，这也是中华文明中崇玉文化的开始。此后，发展到距今5500至3700年左右，在中国东北部的红山文化、安徽巢湖地区的凌家滩文化、江浙太湖流域的良渚文化、山东的大汶口文化和龙山文化、西北甘肃青海地区的齐家文化、陕西的石峁文化、长江中游的肖家屋脊文化等考古学文化地区，都发现了数量众多的真正闪石玉器。中国玉文化的发展在此时达到了一个阶段性的小高峰。

中国是一个玉矿资源十分丰富的国家。关于玉的产地，在古代虽然没有一本专门、系统地详细记述的书，但在文献中一直有零星记载，

清孔雀石洗，故宫博物院藏（故 105490）

清乾隆御题青金石山子，故宫博物院藏（新117970）

如《山海经》《尚书·禹贡》《尔雅》《吕氏春秋》《韩非子》《太平御览》《史记》《汉书》等。《山海经》中提到的玉产地就有200多处，虽然许多是神话故事和传说的地名，但终究有一定参考价值。根据目前的地质资料，中国已知的透闪石玉矿带、矿床或矿点计有20多处，分布于十几个省区。新疆地区就有和田、塔什库尔干、叶城、皮山、于田、且末、若羌等地。在青海、辽宁、吉林、河南、四川、广西、贵州、江苏、陕西、西藏等多个省份都发现了透闪石玉矿，许多玉矿也发现有古矿口，说明有些玉矿在古代已有开采。这也是中国能发展出历史悠久的玉文化的一个重要的原料保障。

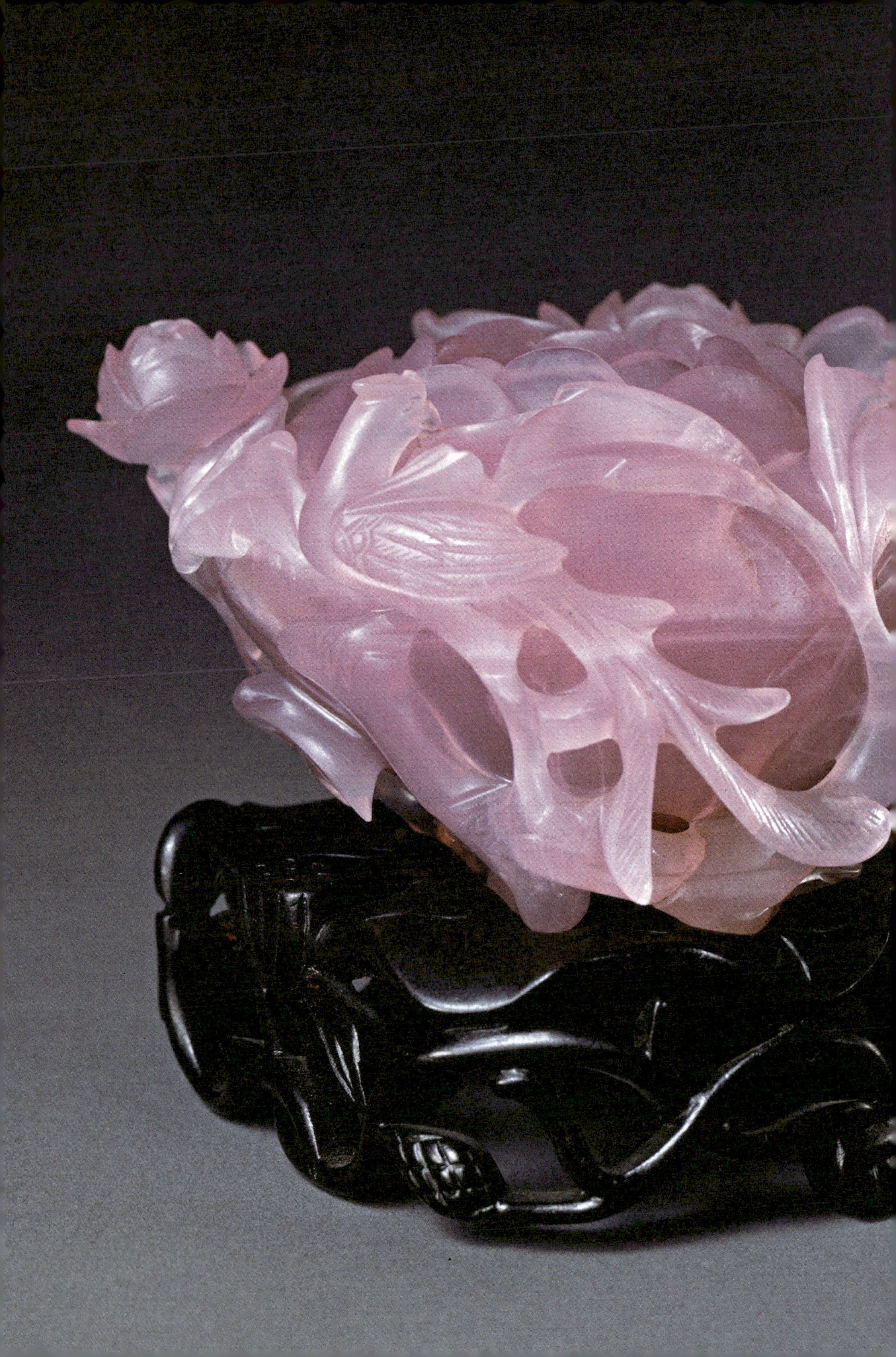

"玉""闪石玉""和田玉""软玉"概念的厘清

中国玉器市场上玉的名称很多，标注非常混乱，尤其是到处都写着"和田玉"三个字，这指的一定是新疆和田地区所产的玉吗？

要搞明白这个问题，就有必要知道文博考古界和珠宝玉石界两个不同领域对玉认识的差异。所以我们首先要厘清一些基本概念，尤其是玉、闪石玉、和田玉、软玉的概念。

前文讲到以矿物组成命名"玉"的定义和中国古代狭义玉的概念一致。但是，玉在目前国家珠宝玉石质量监督检验中心制定的珠宝玉石名称标准中又被称为"和田玉"和"软玉"，这两个命名颇让人不明所以。所以，让我们看看这个标准的制定过程。

1996年，国家技术监督局发布《中华人民共和国国家标准：珠宝玉石名称》，标准中玉的名称仅有"软玉、白玉、青玉"三个。此后国家珠宝玉石质量监督检验中心编写了《珠宝玉石国家标准释义》一书，由地质出版社出版，书中在名称要求中明确指出："除'岫玉''独玉''澳洲玉''东

清芙蓉石凤鸟牡丹花式杯，故宫博物院藏（新194759）

陵石''密玉'外，产地不得参与定名。"但在2003年版中增加了"和田玉"的概念。不过，此版本中也同时增加了"闪石玉"的概念。后来有专家认为属于闪石的矿物有100多种，诸如"透闪石""角闪石""直闪石"等都属于闪石，用在玉的定名中不合适，故在2010年再次修改标准时去掉了"闪石玉"一词，标准在软玉大类下有和田玉、白玉、青白玉、青玉、碧玉、墨玉、糖玉。2017年版也依然维持这些命名，仅多一个"黄玉"的名称。而"和田玉"这一名称一直沿用至今。[1]

如此一来，因新疆的和田玉本就声名远扬，价格也高于其他地区所产的透闪石玉，商家从经济利益出发，均会要求质检中心使用"和田玉"一词来制作鉴定证书，各地质检中心也就顺水推舟，不管来自任何地方的玉料，如青海玉料、东北玉料，哪怕是国外出产的俄罗斯玉料、韩国玉料、加拿大玉料，都开具和田玉的证书。故国标中的"和田玉"和市场上各类鉴定证书中的"和田玉"名称均已不带有任何地域指示性质，而是一个泛指一切闪石玉的概念。

特别要指出的是，"软玉"一词的使用也十分不当。这个词在中国古代文献中查询不到，古人从来没有软玉的提法，那么它是怎么来的呢？

第二次鸦片战争期间，英法联军入侵北京，火烧圆明园，从中国掠走大量的珍宝，其中就包括清代的和田玉和翡翠。1863年，法国地质学家德莫尔首次对这两类玉器进行系统检测分析研究，发现和田玉是由纤维状角闪石形成的"角闪石玉"，而翡翠则是碱性绿辉石形成的

---

[1] 见《中华人民共和国国家标准：珠宝玉石名称》，从1996年版至2017年版，中国标准出版社。

天然玉石基本名称	英文名称	主要组成矿物
翡翠	Jadeite, Feicui	硬玉、绿辉石、钠铬辉石
软玉 　闪石玉 　和田玉 　白玉 　青白玉 　青玉	Nephrite Nephrite Nephrite, Hetian Yu Nephrite Nephrite Nephrite	透闪石、阳起石 （以透闪石为主）

2003年版国家珠宝玉石名称标准

天然玉石基本名称	英文名称	主要组成矿物
翡翠	Jadeite, Feicui	硬玉、钠铬辉石、绿辉石
软玉 　和田玉 　白玉 　青白玉 　青玉 　碧玉 　墨玉 　糖玉	Nephrite Nephrite, Hetian Yu Nephrite Nephrite Nephrite Nephrite Nephrite Nephrite	透闪石、阳起石

2010年版国家珠宝玉石名称标准

天然玉石基本名称	英文名称	主要组成矿物
翡翠	Jadeite, Feicui	硬玉、绿辉石、钠铬辉石
软玉 　和田玉 　白玉 　青白玉 　青玉 　碧玉 　墨玉 　糖玉 　黄玉（和田玉）	Nephrite Hetian Yu, Nephrite	透闪石、阳起石

2017年版国家珠宝玉石名称标准

玉的基础知识　17

清和田白玉荷叶花插，故宫博物院藏（故 88098）

"辉石玉"，并将其分别命名为"nephrite"和"jadeite"，从而将翡翠与和田玉区分开来。后来日本学者根据 nephrite 与 jadeite 在莫氏硬度上的细小差别，将其翻译成日语中的"软玉"和"硬玉"。[1] 1905 年中国学者章鸿钊赴日留学，主攻地质学，归国后，在其 1918 年出版的著作《石雅》中，将日本人翻译的"软玉"和"硬玉"的概念介绍到中国。[2] 所以，"软玉"并非中国古已有之的名词，而是从日本译介的外来用语。

其实现在看来，所谓的"软玉"并不软，"硬玉"也并非特别硬，这两个定名均不十分科学，只是长期以来一直被中国地质学界所采纳，

---

[1] 需要注意的是：日本产翡翠这种"硬玉"，并不产"闪石玉"这样的"软玉"。
[2] 章鸿钊：《石雅》，见桑行之等编，《石说》，上海科技教育出版社，1993 年，第 130 页。

清翡翠兽面纹夔凤耳三足炉，故宫博物院藏（故 104609）

笔者强烈建议应弃之不用，尤其是"软玉"一词，不应成为中国玉的命名。

从学术发展及古代玉器研究的角度出发，笔者并不赞同国家标准中将明显带有地域色彩的"和田玉"一词变成玉的命名。中国古代文献中对玉的定义较为复杂，但最简单的一句就是《说文解字》中的"玉，石之美，有五德"。此虽不是科学概念的定义，但带有更多的人文情怀。目前看来，这一定义下的出土玉器大多数还是真正的"玉"，所以古代对真玉的命名常常就是很简单的一个字——"玉"，有时前面加上颜色的限定词，如白玉、青玉、墨玉、黄玉等。而以地名命名的玉确实也特指某地所产的玉，如和田玉、蓝田玉等。故建议国家标准以"玉"来命名玉的大类，取代"软玉"和"和田玉"的用词，或者采用玉的矿物名称并简化命名为"闪石玉"，因为虽然闪石的概念比较大，但加上"玉"字就框定了是闪石族中玉的这部分，所以用闪石玉替代也非常科学，从而恢复"和田玉"的地域指示意义。

和田玉的使用在文博考古界具有特定的地理标识，特指新疆和田地区所产的玉，而将其他地区所产的玉以当地地名称之。所以，笔者认为，最为科学的命名方法，是将不明确出产地的玉称为闪石玉，也可以将闪石玉作为一个所有真玉的名称统称。如具体到各地的产出则可以用地名命名，比如和田玉，辽宁的岫岩玉，辽宁海城的析木玉等等。这些以地名命名的玉，一听就知道从哪里来，稍微有些常识的人也随即能清楚具体是指什么矿物，是否真的闪石玉。毕竟那张具有一定权威的珠宝玉石鉴定证书应该用最科学，也最国际化的方式标注。

君子比德：
中国人为什么爱玉？

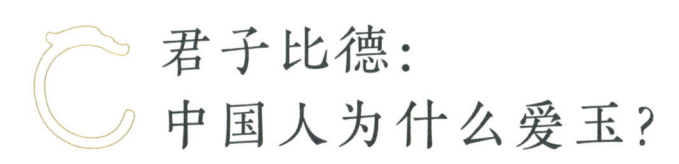

　　从目前的考古发现看，中国玉文化已经走过了9000年的历史，时至今日，绵延不衰。可以说，中华儿女骨子里都刻着玉的基因。那么，中国人为什么独爱玉，甚至说"黄金有价玉无价"，对玉推崇备至？

　　要真正理解这个问题，就得谈一谈儒家。中华玉文化之所以源远流长，经久不衰，和儒家对玉文化的理论总结密不可分，其贡献主要体现在玉德观的建立及贵玉思想上。

红山文化玉勾云形佩，故宫博物院藏（新 200400）

玉德观的形成

儒家玉德观经历了一个逐渐形成的过程，较早记载这种观念的文献有《诗经·秦风·小戎》："言念君子，温其如玉。"[1] 这段话在《礼记·聘义》中也有引用，并在同篇子贡问孔子的话中写道：

> 敢问君子贵玉而贱珉者，何也？为玉之寡而珉之多与？孔子曰：非为珉之多故贱之也，玉之寡故贵之也。夫昔者，君子比德于玉焉：温润而泽，仁也；缜密以栗，知也；廉而不刿，义也；垂之如坠，礼也；叩之其声清越以长，其终诎然，乐也；瑕不掩瑜，瑜不掩瑕，忠也；孚尹旁达，信也；气如白虹，天也；精神见于

---

[1] 宋朱熹集注：《诗集传》，卷六，秦，小戎，上海古籍出版社，1958年，第75页。

山川，地也；圭璋特达，德也；天下莫不贵者，道也。诗云：'言念君子，温其如玉。'故君子贵之也。[1]

上文中，孔子归结出玉的十一种德性：仁、知、义、礼、乐、忠、信、天、地、德、道，以此比之于君子。这实际是儒家道德规范的大全。这和西汉董仲舒提倡的王者当修饰"仁、谊（义）、礼、知、信五常之道"[2]吻合，说明玉德完全是用儒家的观点来解释的。

《管子·水地篇》中亦有：

夫玉温润以泽，仁也。邻以理者，知也。坚而不蹙，义也。廉而不刿，行也。鲜而不垢，絜也。折而不挠，勇也。瑕适皆见，精（情）也。茂华光泽并通而不相陵，容也。扣之其音清抟彻远，纯而不杀，辞也。是以人主贵之，藏以为宝，剖以为符瑞，九德出焉。[3]

此处将玉德简归为"仁、知、义、行、絜、勇、情、容、辞"九德。后《荀子·法行篇》同样论述子贡问孔子"君子贵玉而贱珉"的问题，并借孔子之口将玉德简释为"仁、知、义、行、勇、情、辞"七德：

温润而泽，仁也；栗而理，知也；坚刚而不屈，义也；廉而

---

[1] 杨天宇撰：《礼记译注》，聘义第四十八，上海古籍出版社，1997年，第1099页。
[2] 汉班固撰、唐颜师古注：《汉书》，卷五十六，董仲舒传第二十六，中华书局，1962年，第2505页。
[3] 颜昌峣著：《管子校释》，卷第十四，水地第三十九，岳麓书社，1996年，第348页。

不刿，行也；折而不挠，勇也；瑕适并见，情也；扣之，其声清扬而远闻，其止辍然，辞也。故虽有珉之雕雕，不若玉之章章。[1]

从中可以明显看出，荀子的七德说是从管子的九德说和孔子的十一德说简化而来的。到了西汉，刘向在《说苑·杂言》中又将此概括为六美：

玉有六美，君子贵之。望之温润，近之栗理，声近徐而闻远，折而不挠，阙而不荏，廉而不刿，有瑕必示之于外，是以贵之。望之温润者，君子比德焉；近于栗理者，君子比智焉；声近徐而闻远者，君子比义焉；折而不挠，阙而不荏者，君子比勇焉；廉而不刿者，君子比仁焉；有瑕必见于外者，君子比情焉。[2]

东汉时，许慎在《说文解字》中以定义的方式进一步概括了玉德：

玉，石之美，有五德。润泽以温，仁之方也；角思里自外，可以知中，义之方也；其声舒扬，专以远闻，智之方也；不桡而折，勇之方也；锐廉而不技，絜之方也。[3]

从中我们可以看出，玉德从先秦的"十一德""九德""七德"到

---

1 董治安、郑杰文汇撰：《荀子汇校汇注》，法行篇第三十，齐鲁书社，1997年，第964页。
2 汉刘向撰、赵善诒疏证：《说苑疏证》，卷十七，杂言，华东师范大学出版社，1985年，第518页。
3 汉许慎撰：《说文解字》，卷一上，中华书局，1963年，第10页。

汉代的"六美""五德"的演变过程，是一个逐渐合并、提炼的过程。东汉许慎最终将玉德简化为"仁、义、智、勇、絜"五德，概括了玉之色泽、纹理、质地、硬度、韧性五个特性，言简意赅。

《礼记》虽成书于汉，但记录的是西周到汉之间的文献。《聘义》这段文字是否记录的孔子本人所说，从思想史研究的角度看还有所争议。因战汉风气变化，后世学者将自己的学说假托为孔子所说也有可能。但从文字看，其提到的玉之"十一德"还较为杂乱、重复，似乎是"玉德"思想整理之初的情景。其中"圭璋特达"也确实反映了夏商周时期对圭、璋等玉礼器的重视。战国时璋已开始衰落，尤其到汉代，圭虽还为祭祀用玉，但璋形器已基本不流行。所以从器物学角度看，《礼记·聘义》这段文字应出现较早，反映的确实是先秦的用玉情况。

《管子》一书虽传为春秋时期管仲所作，其实也是先秦各学派的言论汇编，成书也在战汉之时。单看其"九德说"也很难说比"十一德说"早。反观《荀子》"七德说"同样用"子贡问孔子"，明显看出是对"十一德说"与"九德说"的综合及简化。《管子》《荀子》两篇均不再有圭璋之说，由此，笔者认为两者关于玉德论述的这段文字是晚于《礼记·聘义》的，"十一德说"应相对早于"九德说"和"七德说"。

先秦到两汉对玉德的论述均构建于玉本身的物理性质上。从矿物学角度讲，中国玉文化中真正的玉指的是闪石玉，因构成分子式中含有一定的结构水"$(OH)_2$"，所以呈半透明并有油脂光泽，看起来十分温润，此特性形成了玉德中最重要的"仁"；玉的结构为毛毡状，韧性很强，在自然界中仅次于黑金刚石；玉的硬度在6至6.5，不软不硬，处于莫氏硬度中最佳的黄金分割点；玉的颜色多种多样，且瑕不掩瑜、瑜不掩瑕。正因这些玉本身具有的物理性质，儒家引申出"仁、义、智、勇、洁"等各种可以和君子行为相符合的"玉德观"便有了必然性。可以说,自然界中再没有比玉更合适的矿物岩石有这么多符合儒家君子德行的特性了,这可能也是儒家发现玉,锁定玉,并以玉表达"君子之德"的原因。

玉德之外还有玉美,先秦文献中"十一德""九德""七德"几乎只谈玉德,不谈玉美,到了西汉时期,刘向在《说苑》中才提出"玉有六美",将玉的外观美提到了与玉德并重的地步,东汉许慎也讲到玉除五德外,是"石之美者",即提到了玉之美。也就是说,许慎对玉的定义,不仅强调了玉德,也注重了玉美。

在古人眼中,玉为山川菁英,以玉德喻人德,暗合了中国人固有的"天人合一"观念。故以玉之物理性质来象征人的德行,是中国人在众多彩色宝石中最终选择玉,近万年来把其作为崇拜物或寄托思想情感载体的一个重要原因。

从历史角度看,常常是某种事实发生在前,对事实的观念、理论产生在后。玉德观的形成是长久以来用玉实践的产物。西周时,大量

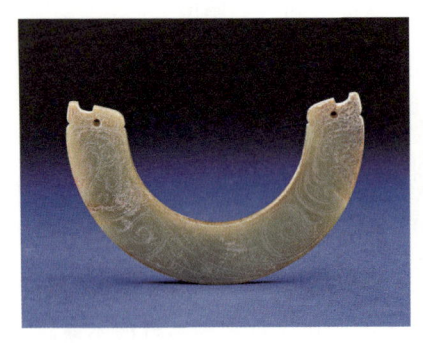

西周双凤鸟纹玉璜,
故宫博物院藏(故 95070)

春秋双龙首玉璜,
故宫博物院藏(故 102433)

组玉佩的使用是贵族的专利，用玉也是统治者身份的象征。孔子的玉德说应是在已有的佩玉、礼玉使用过程中对用玉实践的第一次深刻思考，他挖掘出玉的"十一德"，也是对用玉思想的第一次总结。

但在当时，这种总结未必会对社会产生很大的影响。春秋战国时期是诸子百家争鸣的时代，春秋时，儒学并没有太大的市场，其后学到战国才成儒家一派，对社会，尤其对统治者并未有真正的影响力，大多数东周玉器的使用还是延续西周的传统，按照以往的思想观念来使用玉器，玉器的礼仪性、神圣性、等级性还在人们心目中有着重要的地位。儒家在已有的用玉基础上的总结，第一次将玉的神圣性、礼仪性概括为玉的德性，成为后世用玉的理论思想基础，只是这种理论总结在当时并未普及，战国时还有不少人对使用玉器持反对意见，如墨子等就对儒家的贵玉思想不以为然。

贵玉思想

"君子比德于玉"自然形成了儒家的贵玉思想。值得注意的是，儒家最初提倡的"贵玉思想"并非以玉器本身为贵，而是贵玉所包含的德：君子之德，君子之礼。《礼记·儒行》："儒有不宝金玉，而忠信以为宝"；《聘义》："以圭璋聘，重礼也。已聘而还圭璋，此轻财而重礼之义也。诸侯相厉以轻财重礼，则民作让矣。"[1]

宝玉、圭璋均为玉，孔子借玉来论儒者的近人之道。儒家提倡轻

---

[1] 杨天宇撰：《礼记译注》，儒行第四十一、聘义第四十八，上海古籍出版社，1997年，第1024、1096页。

财重礼，以圭璋作礼物行聘礼，说明聘君重视聘礼，行过聘礼主君又奉还圭璋，体现了轻视财物而重视礼仪的思想。宝玉虽是贵重的财物，但先秦儒家重视的是玉所代表的礼，代表的德，代表的忠信，故有《礼记·玉藻》：

> 古之君子必佩玉，右征、角，左宫、羽，趋以《采齐》，行以《肆夏》，周还中规，折旋中矩，进则揖之，退则扬之，然后玉锵鸣也。……君子无故玉不去身，君子于玉，比德焉。[1]

由玉比君子之德，而"君子无故玉不去身"，玉反过来也成为约束君子德性的一个重要手段，这是儒家贵玉的重要原因。

儒家玉德观和贵玉思想真正取得正统地位并得到普及要到汉武帝独尊儒术以后才逐渐实现。如果说先秦时期体现了使用者对玉的神秘灵性的崇拜和对等级制度的推崇，那么儒家在西汉取得正统地位，才真正使玉德观与贵玉思想和人们的日常生活结合起来。儒家的玉德观把玉的自然属性上升到与儒家行为规范的道德观念相一致，并得以成为用玉的正统思想，在全社会得到普及。汉代用玉之发达，佩玉之盛行，是和这种儒家以玉之德比君子之德的观念分不开的。借玉比君子之行，同时玉也成为规范君子行为的一个法则，王公贵族以君子自比，其外在的显示是佩玉，内在的精神因素就是玉的象征意义——君子之德。

两汉的玉德观从西汉刘向的"玉之六美"到东汉许慎的"玉，石

---

[1] 杨天宇撰：《礼记译注》，卷第三十，玉藻，上海古籍出版社，1997年，第515页。

之美，有五德"，最终明确了古人眼里真玉的含义有两个重要的衡量标准，一曰"石之美"，二曰"有五德"，两者缺一不可。故《说文》中有六十多个从玉的字，但定义却有"美玉""玉也""石之似玉者""石之次玉者""石之美者"之分，人们常常忽略了玉有五德的定义，而只提"石之美者"，以为"石之美者"均为玉，殊不知玉与石早在孔子之时就有所分别。玉与珉、与石最重要的区别就是是否具有德。"贵玉贱珉"是人们对真玉辨别经验的提高，古人虽没有现代科学仪器，但在长期的接触实践中逐渐提高了对玉的分辨能力，这是一个渐进的过程，也是闪石玉逐渐被锁定为真玉、美玉的过程，而一些我们现在看来是蛇纹石、长石、叶蜡石、石英类的矿物，就逐渐成为"珉"。

许慎精炼玉之五德，并分玉、石之等级区别，将玉德与玉美相提并论，应是对这一认识过程的总结。从两汉用玉的大体情况也可窥见一斑：西汉时期，王侯墓葬中出土的玉器质地还较为复杂，各种玉料似乎都在使用，如南越王墓的许多玉器，虽然有精美异常的纹饰，但本身玉质并不好。许多葬玉甚至装饰用玉使用较差的青玉或地方玉制作。汉成帝皇后赵飞燕的昭阳殿中，还挂着"蓝田璧"，说明蓝田玉也是当时的美玉，故这一时期对玉器雕工的重视更胜于对玉质的重视。西汉中期，尤其是张骞凿空西域以后，和田地区的优质玉料得以大量进入中原，出现了一批既美又德的经典之玉，如咸阳汉元帝渭陵出土的五件圆雕玉器，堪称艺术精品，均为和田带皮白玉子料制成。东汉时期，王侯墓中用和田上等白玉或青玉的情况较多，如佩饰的刚卯、胜形佩，甚至一些玉握猪、玉塞都用优质且没有瑕疵的和田玉，说明此时也开始重视玉器质地之美，尤其是对玉质温润细腻的和田玉的喜爱。这是人们认识玉的一种提高，从更重视玉的象征意义到玉德、玉

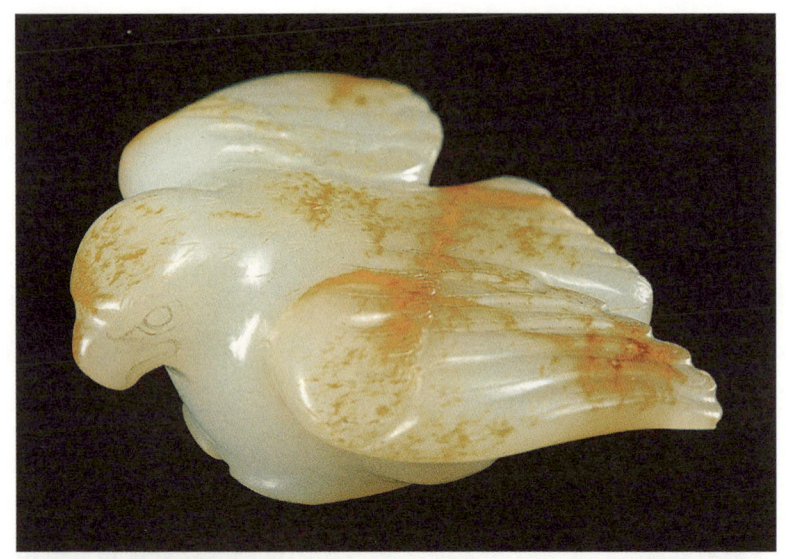

玉鹰、玉熊,陕西渭陵出土[1]

1　古方主编:《中国出土玉器全集》,卷14第160、161页图,科学出版社,2005年。本书引自此书中图片较多,为节省篇幅,以后引图直接在图片上标注,不再注释。

美两者兼而用之的一个渐进过程。

　　正是儒家对以往玉文化全面系统的理论总结，使得中国人用玉，不仅仅停留在实践层面，也有了深厚的理论基础。从此，理论和实践紧密结合，奠定了历代中国人用玉、爱玉的思想基础。

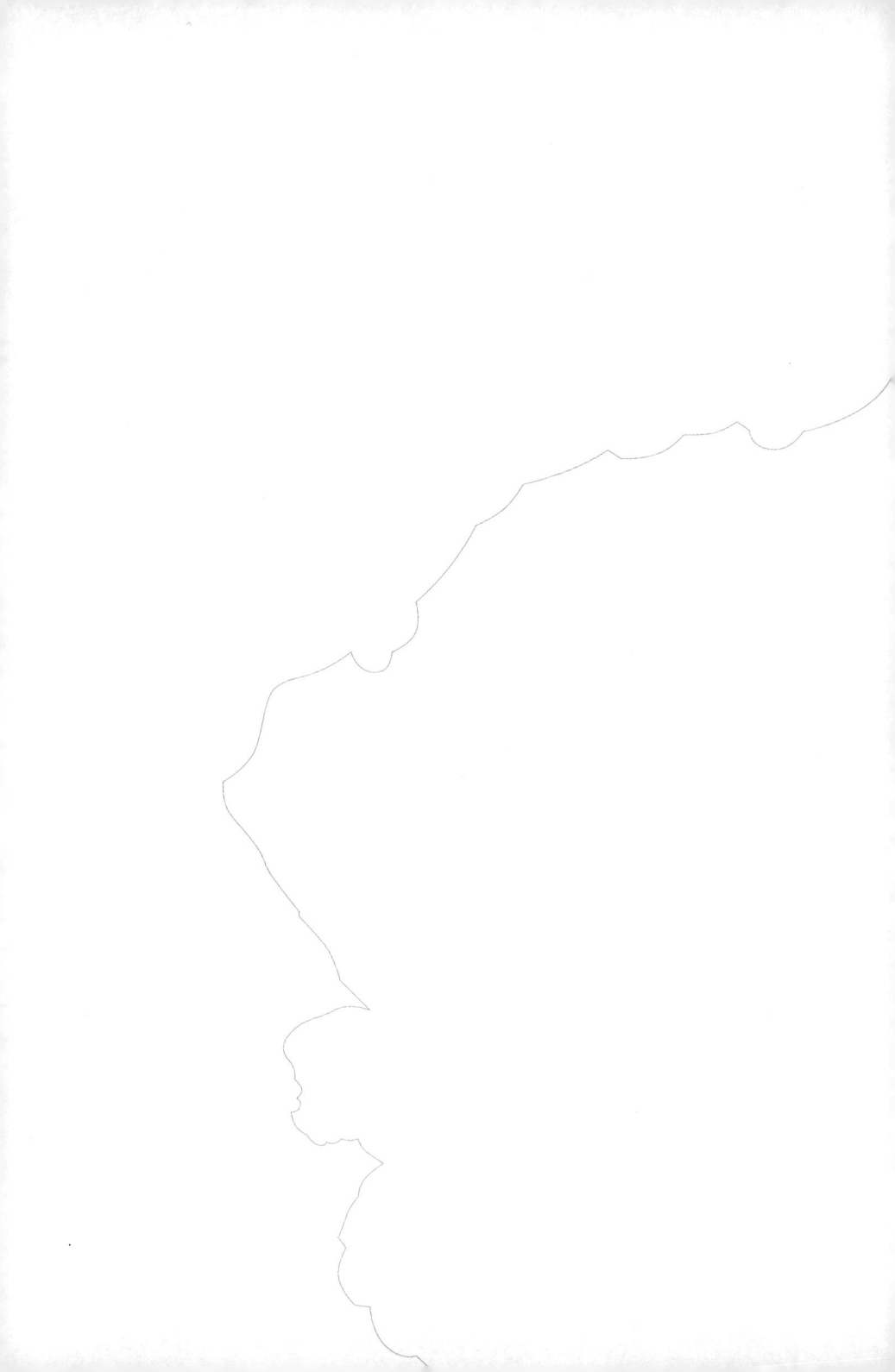

早期中国时期

兴隆洼文化玉玦：
早期的玉器长什么样？

　　历数故宫博物院收藏的玉器，年代最早的莫过于一件玉玦了。它外径 3.6 厘米、厚 1.2 厘米，用青黄色的闪石玉料制成，器形饱满、浑厚，制作工艺十分古朴。玉玦一侧制作出缺口，我们称之为玦口，成为不完整的圆形器。从造型看，这是一件耳饰玦，就是戴在耳朵上的玉饰。

　　这件玉器玉质温润，受沁很少，又是光素无纹，比照考古发掘品，我们知道这件有着莹润光泽的玉器是距今 8000 年左右的兴隆洼文化玉器。其器型与内蒙古林西县白音长汗遗址 2 号墓出土的兴隆洼文化玉

兴隆洼文化玉玦，
故宫博物院藏（新116106）

兴隆洼文化玉玦，内蒙古林西县白音长汗遗址2号墓出土（引自《中国出土玉器全集》卷2第4页图）

玦相似。

兴隆洼位于内蒙古赤峰市敖汉旗东部，处于大凌河支流牤牛河上游的右岸。1983年至1993年，在此地先后进行了六次发掘，揭露遗址面积3万余平方米，共清理出半地穴式的房址180余座，灰坑400余座，居室墓葬30余座，还清理出陶器、玉器、石器、骨器、蚌器以及兽骨、人骨等等。考古证明这是一处非常早的史前聚落遗址，由此正式提出了兴隆洼文化的命名，年代距今8200至7200年。[1]

兴隆洼文化主要分布在西辽河、大凌河流域，北到吉林省西南边缘，南到燕山南麓[2]，由几个大型的聚落遗址组成。在大凌河支流牤牛河上游的左岸，距离兴隆洼遗址13公里的是兴隆沟，此处为兴隆洼文

---

[1] 刘国祥：《兴隆洼文化聚落形态初探》，见《考古与文物》2001年第6期。
[2] 杨虎、刘国祥、邓聪著：《玉器起源探索：兴隆洼文化玉器研究及图录》，香港中文大学中国考古艺术研究中心出版，2007年。

化中期的大型聚落,并发现有玉器。另外,辽宁阜新县查海、内蒙古林西县白音长汗以及克什克腾旗南台子等地都发现了同类性质的文化遗存。

目前学术界普遍认为,兴隆洼文化的直接源头是距今 8500 年以上的敖汉旗小河西文化,不过小河西文化中没有发现玉器。而兴隆洼文化在几个聚落遗址内共发现了 100 多件真玉器。所以,玉器的出现已经不是个别遗址的特殊现象,而成为兴隆洼文化的重要内涵之一。

兴隆洼文化的玉器色泽一般呈淡绿、黄绿、淡青、深绿、乳白和白色,是真正的透闪石玉,说明当时人们已经将真玉从美石中分辨了出来,较多使用真玉材料制作器物。出土的玉器主要有玦、匕形器、弯条形器、管、斧、锛、凿等等。[1] 玉玦的出土数量最多,是兴隆洼玉器的典型器,而且多成对出土在墓主人的左右耳部,说明这是墓主人

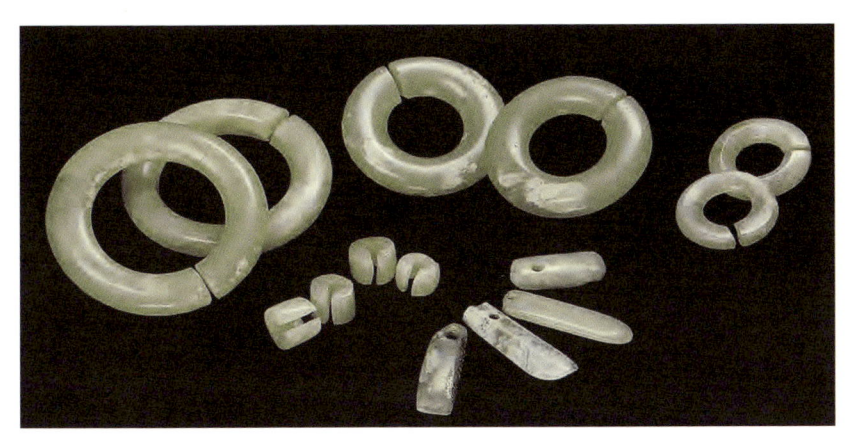

兴隆洼文化出土玉器(引自《哈民玉器研究》第 180 页图,邓聪摄影)

---

1 邓聪、谢尔盖·科米萨罗夫、吉平、刘国祥:《贝加尔:岫岩史前玉器交流》,见吉平、邓聪主编:《哈民玉器研究》,中华书局,2018 年。

直接佩戴的耳饰，所以可以称为耳饰玦。但也有学者从考古发现有玉玦出土在墓主眼眶内的现象，还有大小排序的现象，认为兴隆洼文化的玉玦已经具有了以玉示目和礼器的功能。[1]

故宫这件玉玦因为失去了考古出土时的背景，所以成为传世品流传于世，在将近8000年的流传中，可能经历了入土、出土、被收藏或再次循环的过程。在传世的过程中，不知何时被收藏者刻上了一个篆书"羲"字，估计可能和收藏者的名字或斋号等其他含义有关。

也许有人会问，在遥远的8000年前没有任何金属工具的情况下，人们是如何将这么硬的玉料制作成器的？以故宫所藏的这件玉玦为例，我们推测出了它的制作过程。

首先，做玦之前要先做环。从玉玦并不规矩的外圆轮廓看，玉玦的外廓可能采用了切方的方法，即先将玉料切成扁方块形，再一点点倒角磨圆，因为做不到十分圆，外缘部分还有直边的感觉。当然，也有一种可能是直接在切好的玉片上定点画圆，再采用琢磨的方式一点点去料磨圆。内孔可通过钻孔的方式打孔。不管是切方还是钻孔，都离不开解玉砂的帮助。

在磨制石器的过程中，古人慢慢发现了砂子的奇妙作用。他们择水而居，河里的砂子所含的石英颗粒非常多，石英的硬度达到7，比玉的硬度要高。用石器掺合含有石英的砂子并加水慢慢磨玉，就能将玉制成需要的形状。我们称这样的砂子为解玉砂。

玉环做好后再开玦口。从玉环内孔中穿入麻绳或兽皮条，加上砂

---

[1] 刘国祥：《兴隆洼文化玉玦研究》，见杨虎、刘国祥、邓聪著：《玉器起源探索：兴隆洼文化玉器研究及图录》，香港中文大学中国考古艺术研究中心出版，2007年，第250页。

兴隆洼文化玉玦玦口，故宫博物院藏（新 116106，谷岸摄影）

子和水，从里到外慢慢拉动就可以将玦口打开。因为是软性工具带动砂子和水，所以我们看到玦口还残留有弧形波浪不平的痕迹。我们称这样的治玉工艺为线切割或者砂绳切割。这种治玉方式表面看是以柔克刚，实际还是解玉砂起到了至关重要的作用。玦口打开后，再经过打磨和抛光，玉玦最终完成。

  兴隆洼文化玉器展示了先进的治玉工艺，散发着温润莹泽的光芒，在很长时间内一直被认为是中国玉文化的源头。然而，2015 年到 2020 年，黑龙江文物考古研究所和饶河县文管所在黑龙江双鸭山市饶河县乌苏里江左岸的新石器时代小南山文化遗址中连续发掘，在遗址的早期遗存中出土了玉玦、玉环、匕形器、弯条形器、玉管、玉珠、玉锛和玉斧等 200 余件玉器。据碳-14 等多种科技数据测年，遗址时代在

玉玦，黑龙江饶河县小南山出土（李有骞摄影）

距今 8595 年至 9135 年之间[1]，比距今已有 8000 年历史的内蒙古兴隆洼文化玉器还早近 1000 年。由此，中国玉文化的上限推至距今 9000 年左右。而小南山文化玉玦也成为中国境内发现最早的玉玦。

除了在小南山文化及兴隆洼文化发现玉玦外，中国境内多地乃至整个东亚地区，都发现过这类耳饰玦。如大汶口文化、河姆渡文化、凌家滩文化等等。由此也引发过玦饰起源一元说与多元说的讨论。经邓聪先生考证，在俄罗斯的雅库特、中南半岛的泰国湾及至印度东边；从日本至加里曼丹岛及新几内亚岛等地，都出现过玦形饰。邓先生认

---

1 李有骞：《黑龙江饶河小南山遗址发掘获新收获》，见《中国文物报》2016 年 6 月 17 日 8 版。

为，玦形饰在我国东北起源后，次第向四周扩散。大致而言，距离我国东北越远的地方，玦饰出现的年代越晚。玦饰从我国东北向南方扩散到长江中下游，向北越过三江平原与俄罗斯滨海地区，又跨过日本海，直接渗透到日本列岛。公元前 3000 年以后，我国岭南及俄罗斯北部雅库特相继出现了玦饰。东南亚大陆如越南、泰国；岛屿如中国台湾、菲律宾和印尼等地的玦饰，大约都在公元前 2000 年以后出现。[1]

由此，玉玦也成为早期中国乃至东亚玉文化中独具特色且最重要的一个标志类玉器。

---

1 邓聪：《东亚玦饰的起源与扩散》，《东方考古》第 1 集，科学出版社，2004 年。

哈克文化玉石器：
最北的玉器

　　故宫博物院收藏有一组中国境内目前发现最北的史前玉器，即哈克文化玉器。这也是故宫博物院藏玉中除兴隆洼文化玉器外较早的一批玉器。

　　这批玉器一共11件，形状基本相似，呈圆形，器体扁平，内缘旋磨出刃边，外圆边缘处磨薄，略呈刃状。外径从2.5厘米到4.4厘米不等，内径在1.5厘米至1.9厘米左右，厚基本在0.2厘米或0.3厘米，从大到小可以依次排列。玉料从白色到青白色，基本相同，微透明。器表基本都有绺裂及磕缺，还有些许土沁。大多数器形不平整，有些外缘

哈克文化玉璧，故宫博物院藏（新196150—新196160）

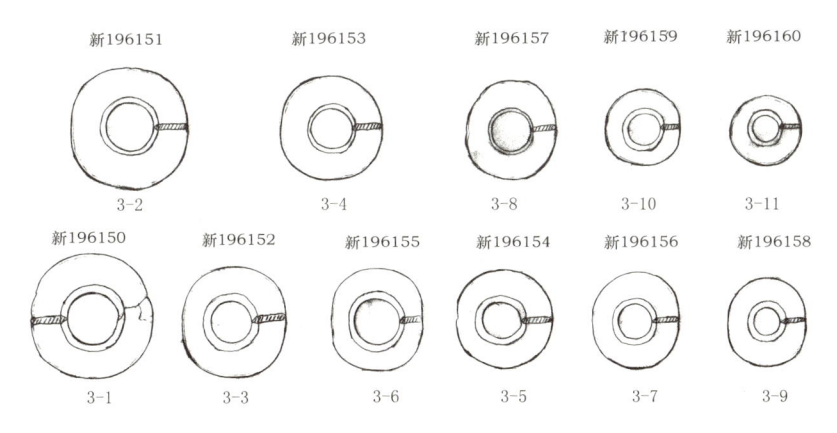

新196151　　新196153　　新196157　　新196159　　新196160
3-2　　　　3-4　　　　3-8　　　　3-10　　　　3-11

新196150　　新196152　　新196155　　新196154　　新196156　　新196158
3-1　　　　3-3　　　　3-6　　　　3-5　　　　3-7　　　　3-9

哈克文化玉璧线图，故宫博物院藏

哈克文化玉石器：最北的玉器　　**43**

还偏方形，说明当初制作时可能采用了切方为圆的方式。这是一种非常原始的制作圆形器物的方法。整体看来这批玉器显示出较为原始的治玉工艺。

这些玉器均不大，内孔径较小，我们可称之为小玉璧。经故宫文保科技部同事对其进行材质检测，结果显示均为标准的透闪石玉，即真正的玉。

和这11件玉器同时进入故宫的还有12件细石器，主要由玉髓、燧石、石英岩等制作，硬度都很高，基本能达到7度。其中有桂叶形的石刀1件、宽石叶2件、石镞9件。桂叶形石刀个体硕大，长30.5厘米，宽4.8厘米，厚1.3厘米，用黄色的燧石制成，整器呈桂树叶形，两头尖，也像个梭子。器表遍布压剥痕，两面中间弧凸，边缘薄并压剥出细密锋利的锯齿刃边，可以直接使用或装在骨柄上使用，以切割肉或皮子等等。

两件宽石叶，造型大小相似，长7.5厘米，宽3.5厘米，厚0.2厘米，用白色透明的玉髓制成。石叶一般装于骨梗之上，做成骨梗石刃刀使用。这两件石叶体形较宽，不同于一般细长条形石叶，较为特殊。

桂叶形石刀，故宫博物院藏（新196161）　　宽石叶，故宫博物院藏（新196162）

石镞，故宫博物院藏（新196164—新196171，资石器127）

石镞就是石箭头，它们基本高 4.4 厘米，宽 1.5 厘米，厚 0.2 厘米，以白色透明的玉髓以及石英岩、燧石制作，身材细长，前端尖部突出，器身边刃剥痕细密，呈锯齿状。这种器物一般绑缚或插嵌在树枝杆上，狩猎时做箭头使用。当然，这类器物不仅能做箭头，还能做成刻画或钻孔工具，可以刻画痕迹，制作玉器、石器等等。

这批玉石器为 1986 年 2 月由内蒙古自治区鄂温克族自治旗南屯林场的白德贵同志捐献而来。据原故宫博物院文管处处长梁金生先生的原始接受记录及文物账册登记，它们于 1985 年 5 月在内蒙古呼伦贝尔盟鄂温克族自治旗西公社东山山顶出土。笔者曾就此地点咨询过对

哈克文化玉石器：最北的玉器　　45

当地考古遗址非常熟悉的呼伦贝尔盟民族博物馆的赵越先生，确定这批玉器的出土地点应该在距离较早发现哈克文化的海拉尔区哈克镇不远的鄂温克旗西索木东山的一座小山上。鄂温克旗毗邻海拉尔区，均属呼伦贝尔市。此处的塔头山一带十几平方公里的地方都有细石器出土，当地的玛瑙矿和沉积岩矿丰富，所以用这些材料制作的细石器量非常大。

呼伦贝尔市位于中国的东北部，面积有25.3万平方公里，大兴安岭纵贯南北，岭西就是一望无际的呼伦贝尔大草原。1979年8月，黑龙江省文物管理委员会和呼伦贝尔盟文物管理站的考古工作者，曾在鄂温克旗塔头山南哈克文化细石器遗址一号沙丘内采集到一件玉璧，同时这里也出土了细石器。

1984年，考古学者对呼伦贝尔地区进行了文物普查，调查发现以细石器为代表的新石器时代文化遗址或地点已达200余处。它们相对集中在海拉尔河及其支流伊敏河流域。1985年，考古学者在内蒙古自治区呼伦贝尔盟海拉尔市哈克乡团结村东约150米的平地上，发现了大面积的新石器时代文化遗址，当时称之为团结遗址。[1] 后来，专家建议统一称为哈克遗址，它们所代表的考古学文化称为哈克文化。

1999年，海拉尔区哈克镇团结新村一位农民种地时，在农田中挖出玉璧和玉斧各1件，还有一些细石器，上交给了呼伦贝尔市民族博物馆。后经考古人员调查，该处是一座墓葬，经对墓葬清理，又出土玉斧1件，玉锛1件，玉璧1件，玉环1件，绿松石珠1枚，共7件玉器，

---

[1] 中国社会科学院考古研究所内蒙古工作队、呼伦贝尔盟民族博物馆：《内蒙古海拉尔市团结遗址的调查》，见《考古》2001年第5期。

哈克文化遗址发掘及征集的玉器

　　此墓后被编为 2 号墓，这是目前哈克文化遗址出土玉器最多的一处。[1]

　　如果将故宫所藏的这批玉石器与附近出土的玉石器进行对比，可以发现故宫所藏玉璧的整体造型、玉璧的颜色还有用料和哈克镇团结新村 2 号墓葬出土的 2 件玉璧非常类似。显而易见，故宫所藏的这批玉璧具有哈克文化玉璧的特征。而这些细石器也与哈克遗址采集的细石器相似。故可以推断故宫所藏的这批玉石器应属哈克文化。

　　哈克文化遗址的年代跨度较大，大体为距今 8000 年至 4000 年。哈克文化玉器也是目前所知这一地区发现最早的玉器，除玉璧外，还有玉锛、玉斧、玉环等，以几何形玉工具为多，品类较为简单，也少见有纹饰者。这与红山文化玉器的繁多品种无法相比，玉器文化的发

1　刘景芝、赵越：《呼伦贝尔地区哈克文化玉器》，见刘国祥、于明主编：《名家论玉（三）——2010 海拉尔"中国玉文化名家论坛"文集》，科学出版社，2010 年，第 37 页。

哈克文化玉石器：最北的玉器　　47

展也不如红山文化发达，但与东北其他地区史前玉器存在一定共性，如内蒙古东乌珠尔墓葬、吉林长岭县腰井子新石器时代遗址和黑龙江昂昂溪文化遗址等，反映了中国东北部海拉尔河及其支流伊敏河流域有一支独特的新石器玉器文化。

哈克文化目前出土及采集到的玉器共15件，而故宫所藏玉璧就有11件。所以，这批玉器的发现也为研究中国东北呼伦贝尔地区史前玉器的起源提供了更多的资料。哈克文化玉器有着独立的玉器文化起源，对中国玉器文明起源的多元化探讨也具有一定的参考意义。

东北地区的细石器发现也非常丰富。例如海拉尔地区的松山以出土细石器著称。1928年这一地区就发现了细石器文化遗存，以后又陆续发现了较多的细石器文化遗址或地点。呼伦贝尔地区调查发现的细石器地点及遗址也已有280多处，是中国北方细石器的重要起源及发展地区，出土的细石器无论种类和数量均十分丰富，质量也高，工艺水平明显高于周邻地区。

大家可能会好奇细石器的制作方法，怎么在这么硬的石头上做出那么多漂亮细致的刃边。其实这些细石器采用的是一种压剥技术，这

考古工作者现场演示制造细石器的工艺过程

制作细石器所用的工具

制作出的细石器

在古人手下是非常简单的技术。国外的考古工作者做过很多类似的实验，简单到用普通的鹿角就能进行压剥。2011年笔者到墨西哥时，目睹了现代工匠利用黑曜石压剥仿制古代细石器的过程。用手工在硬度达到7的石头上施艺，对外行者来说无法想象，但在专业工匠手下如削皮剥笋般简单，真是"难者不会，会者不难"。

故宫所藏的这批细石器，无论器型大小，压剥技术均十分熟练而认真，器物边刃的锯齿规则细密，十分精致，代表了哈克文化细石器的最高水平，处于中国细石器加工的顶峰。这种现象在呼伦贝尔草原细石器制作中屡见不鲜。石矛、骨梗石刃刀、石镞的出现，说明狩猎经济在当时居于主导地位。

红山文化玉器：从龙到人

天下第一龙：红山文化大玉龙

我们一直都自称为龙的传人，在玉器中也可以看到中国龙的源头。故宫博物院就收藏有一件新石器时代的大玉龙。

这件大玉龙高 25.5 厘米，宽 21.8 厘米，曲长 60 厘米，直径 2.2 厘米至 2.4 厘米，整体像一个大写的英文字母"C"，所以我们又称它为玉 C 形龙。

玉龙用一整块黄绿色的玉雕琢而成，身体呈圆柱形，弯曲成优美的虹形曲线。玉龙头部有简单的雕刻，长长的眼睛像梭子，眼睛凸出

红山文化大玉龙,故宫博物院藏(新 200399)

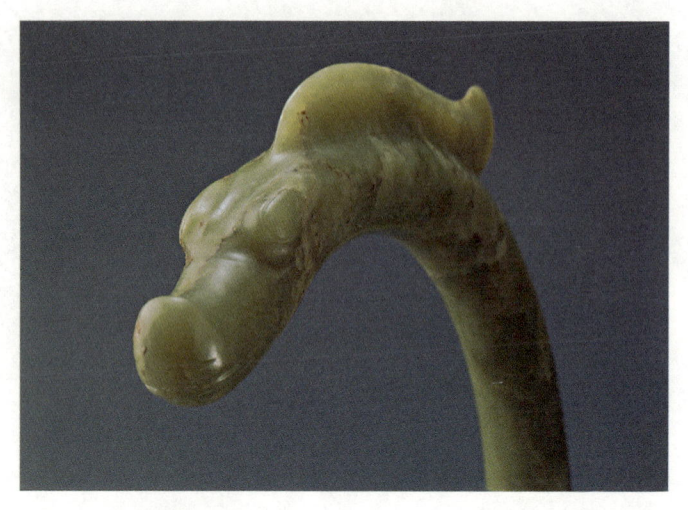

红山文化大玉龙龙首部

表面,边缘用单阴刻线勾出轮廓。龙的吻部长而且前凸,鼻子向上翘,嘴及下颚就用几道简练的阴线纹刻画。脑后长鬣飘逸,神气生动,边缘磨薄,像刀刃一样。龙身光素,身躯似蛇,无肢无爪,无角无鳞,但遒劲有力。

玉龙的中部有一个小孔,孔部两面对钻而成。因为远古时期没有金属工具打孔,而是用尖锐的细石器和着水与砂子一点点将玉器磨出一个穿孔,所以会出现外口大里口小的喇叭孔现象。两面对钻时还常会在对接处留下一个小小的台阶痕,这种台阶痕后期可以在打磨抛光时磨掉。玉龙的这个小孔定位非常准,如果用绳子穿过小孔,玉龙正好可以处于水平悬置的状态。

这件玉龙原是我国著名建筑历史学家傅熹年先生的父亲傅忠谟先生藏品。傅忠谟先生1905年出生于天津,1974年于北京去世。他一生博学多才,尤其喜爱中国古代玉器,一生收藏古玉上千件,是著名的古玉研究专家和收藏家，曾经编著《古玉精英》一书流传后世，书中收录了他所收藏的几百件玉器，并对每件玉器都有精辟的解读。1992 年，故宫博物院收购了傅忠谟先生收藏的 396 件玉器，其中就包括这件玉龙，这件玉龙也是目前所见最大的一件 C 形玉龙。

除这件玉 C 形龙以外，还有两件大家公认的 C 形玉龙，它们虽然是征集品，但都有相对准确的发现地点。最著名的一件是 1971 年在内蒙古赤峰市翁牛特旗塞沁塔拉村（原来称为三星他拉村）发现的大玉龙。那条玉龙以墨绿色玉料制作，造型和故宫所藏玉龙相似，只是稍微窄一些，现收藏于国家博物馆。塞沁塔拉村在赤峰市以北百余公里，村北有群山，山南为一片开阔地，玉龙的出土位置在山的南坡，未见明确墓葬，只在玉器出土范围内到山顶一带，采集到红山文化的泥质红陶片，饰压印篦点"之"字纹陶片、石耜和石磨盘、石墨棒等。[1] 这件玉龙被发现后，开始并没有引起注意，直到 1986 年 8 月《人民画报》

玉 C 龙，内蒙古赤峰市翁牛特旗塞沁塔拉村征集，国家博物馆藏（引自《中国出土玉器全集》卷 2 第 17 页图）

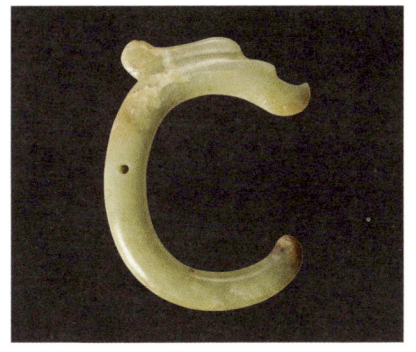

玉 C 龙，内蒙古赤峰市翁牛特旗山嘴子乡新地村征集，内蒙古翁牛特旗博物馆藏（引自《中国出土玉器全集》卷 2 第 18 页图）

---

1 翁牛特旗文化馆：《内蒙古翁牛特旗三星他拉村发现玉龙》，见《文物》1984 年第 6 期。

第 8 期在封面上发表了它的大幅照片，才引起人们的注意，轰动一时。也是在这以后，红山文化玉器才开始逐渐为人们所熟悉。

另外一件 C 形玉龙为 1986 年在翁牛特旗山嘴子乡新地村征集，玉料与故宫所藏的这件玉 C 龙相同，都是黄绿色的透闪石玉，只是体形较小，长 16.8 厘米，宽 2.8 厘米，现收藏于内蒙古翁牛特旗博物馆。

故宫博物院所藏 C 形玉龙因为是传世文物，并非考古出土品，没有明确的地层关系证明年代，所以到底是什么时代的玉器还要参考翁牛特旗和辽宁牛河梁遗址出土的玉器。从目前考古发现来看，这件 C 形龙和辽宁牛河梁遗址出土的红山文化玉器有很多相似之处，如黄绿色的玉料、简洁大方的造型、阴刻及浮雕的玉雕工艺。而周围的考古遗存也可以证明翁牛特旗征集的两件 C 形玉龙为红山文化玉器。由此，我们可以认定故宫所藏的这件大玉龙亦是红山文化玉器。

熟悉考古和中国历史的人可能知道，在王朝出现之前，考古学家对人类历史分期的第一个时代是石器时代，石器时代的时间从出现人类到青铜器出现之前，大约从距今二三百万年到距今 4000 年左右，人类使用的工具主要是石器。石器时代又分为旧石器时代和新石器时代，两者的主要区别是旧石器时代使用的是打制石器，新石器时代使用的是磨制石器。旧石器时代历经的时间很长，大约到距今 10000 年前结束。此后逐渐进入新石器时代。在中国，从北到南、从东到西发现了很多新石器时代文化遗址，为了区别不同的文化类型，考古学家往往用这个文化的最早发现地作为文化遗址的命名。红山文化就是因为首次发现于内蒙古赤峰红山后而得名。它以西拉沐沦河、老哈河流域为中心，主要分布于内蒙古东南部、辽宁西部及河北北部，是北方燕山南北、长城地带的一个重要考古文化区。红山文化距今大约 6500 年至 5000 年，

凌家滩文化玉龙
(引自《中国出土玉器全集》卷6第1页图)

红山文化玉器主要出现于红山文化晚期，距今约为5500年至5000年。

在史前考古学文化中，除了C形玉龙外，还有红山文化的玉猪龙以及安徽凌家滩文化出土的一件小型玉龙也被称为龙。凌家滩文化玉龙大约距今5300年，与红山文化玉龙时间相近或略早，都是目前发现玉器中龙的早期形态。只是红山文化这类玉C形龙，是最符合人们头脑中龙的形象的玉器。

关于这类玉龙的造型到底从何而来，学术界有多种说法：有学者认为玉龙祖形的最初来源与猪首有关，可能是受野猪头部的启发做成；也有学者认为C龙的祖型来源于马首，龙的长鬣极像草原上的奔马；还有学者认为可能是多种动物的集合体，是创造出来的动物形象。总之，大家都不约而同地将它定名为龙，所以这也是公认最早的玉质龙。故宫这件大玉龙也因其优美神秘的造型而独具艺术魅力。

红山文化玉器：从龙到人　55

猪还是熊：红山文化玉玦形龙

故宫博物院收藏有三件红山文化的玉玦形龙，其中最大的一件为清宫旧藏品，原来放在永寿宫。永寿宫是内廷西六宫之一，明清时期后宫的嫔妃曾居住在此，这其中有不少历史上著名的女性，如顺治皇帝的皇贵妃董鄂妃、乾隆皇帝的母亲孝圣宪皇太后。此宫距离养心殿最近，乾隆帝的公主下嫁时，也曾在此设宴。永寿宫在清代中后期少有嫔妃居住，但内部陈设是优于其他六宫的。光绪以后，此宫的前后殿均设为大库，收藏重要的御用物件，其中很多是乾隆时期留下的。所以，原永寿宫所藏的玉器也往往是皇帝最喜爱的玉器，常常成为养心殿陈设的定期更换和备选之器。

这件玉玦形龙高 15.4 厘米，宽 10.5 厘米，厚 4.5 厘米，青绿色玉料。龙首大耳直立，双耳间打洼，双目圆睁，目下有两道弦纹表示皮纹，吻部亦有两道阴刻弦纹，眼及嘴的阴线均较粗浅且边缘圆滑。首部以下光素，卷曲如玦环状，但这件玦口未全切开，背部有两个对钻的孔。

这件玉玦形龙体形较大，身背上的铁锈褐色沁斑一部分是辽宁岫岩所产河磨料的皮色，一部分是玉器埋葬后，受土壤中铁分子沁入形成的沁色。辽宁岫岩是中国东北地区最大的透闪石玉矿产地，有山料也有河中的子料，子料又称河磨料。河磨料常常带有厚厚的褐红色外皮，玉工制作玉器时，如果就料制作就会保留部分皮色。故宫所藏的另一件红山文化玉玦形龙，背上就有典型的河磨料褐红皮色，只是器型稍小。

20 世纪 70 年代中期以来，随着东北地区考古发展的深入，红山文化及其出土的玉器逐渐得以确定。而辽宁牛河梁地区的考古发掘，更凸显了红山文化玉器的重要性。据初步统计，到目前为止，公认的

玉玦形龙，故宫博物院藏（故 103952）

玉玦形龙，故宫博物院藏（新156776）

已发现的红山文化玉器不过几百件，与其他拥有玉器的诸多史前文化相比，数量并不算多。但是，发掘的红山文化高等级墓葬中有一个重要的特点，就是"惟玉为葬"，即墓葬中只随葬玉器，而没有随葬其他新石器时代常见的陶器。目前发现最多的一个墓葬随葬了20件玉器。这一特点显示了玉器在红山时期的崇高地位。

玦形玉龙在红山文化玉器中较为多见。主要特征为头部凸出，身体如环有缺似玦。此类器型常被外界称为玉猪龙，因人们认为其似野猪首而来，与原始农业有密切关联。但是郭大顺先生认为，东北地区熊出没较多，红山人应该有熊崇拜，这种玦形龙首部更像熊，可称为玉熊龙。当然，猪首也好，熊首也罢，其弯曲的身形又似蛇，这种龙首形玦可能是各种动物的组合，是被神化的动物，也是神灵的崇拜物。

红山文化的玉玦形龙形体有大有小。似故宫所藏这类体形较大且较厚重的玉玦形龙在出土及传世品中有多件。如内蒙古巴林右旗羊场乡额尔根勿苏出土的一件，牛河梁第二地点一号冢4号墓出土的一对玉玦形龙[1]，还有河北省围场县下伙房村及陕西韩城市梁带村春秋晚期

1　辽宁省文物考古研究所编：《牛河梁红山文化遗址与玉器精粹》，文物出版社，1997年，图52。

玉玦形龙，内蒙古巴林右旗出土（引自《中国出土玉器全集》卷2第22页图）

一对玉玦形龙，牛河梁第二地点一号冢4号墓腰腹部出土

芮国墓地各出土一件。传世品中如辽宁建平县采集的一件，天津博物馆和法国吉美博物馆所藏者等等。这些较大的玉玦形龙玦口或开或未全开，未开为多。玦身背部大多开有一孔，少有开两孔者。开两孔可能和体量厚重有关，系挂时可以更好地支持其体重。

小南山文化和兴隆洼文化出土的玉玦形体均十分小巧，均有缺口，出土时多发现于耳边，光素无纹，应为耳饰玦。但如故宫所藏者形体粗大且环而有缺的玉器，缺口未断还相连，说明这种玦形的开口只具有象征意义，没有任何实用功能，并非耳饰，应为祭祀礼仪时的用器。因在考古发掘中，这类玉玦形龙出土时位于人骨架胸部，所以应当是佩挂在胸前使用的，级别较高，具有"神器"的性质。

红山文化玉器不是简单的随葬品，而是玉礼器，是墓主人生前的佩戴品，也是祭祀上天或各种神灵时用来通神的法器。

红山文化玉器的一个明显特征是动物形玉器较为发达，出现了玉

红山文化玉器：从龙到人　　59

龙、玉凤、玉鸮、玉龟、玉蚕等一系列动物形玉雕，大多雕琢古朴，略具象形，体现了红山先民对动物的崇拜。邓淑苹先生认为这是一种物精崇拜，而玉龙是这种物精崇拜的典型代表。结合现实中的动物创造出想象中的神灵，简约、神秘，不管是玉 C 形龙，还是玉玦形龙，都是史前红山人的神灵崇拜物，用来庇佑红山先民，也成为中华龙文化的源头代表。

我们一直自称龙的传人，如果追溯历史渊源的话，红山文化玉龙一定是中国龙文化的重要来源之一。

远古时期的知识分子：红山文化玉巫人

牛河梁遗址位于辽宁朝阳市凌源与建平县交界处，是红山文化的考古发掘重地。这里有许多红山时期的高等级贵族墓葬，也发现了非常重要的祭坛和女神庙，形成了坛、庙、冢一体的大型文化遗址，可以说牛河梁是红山先民生活的一个重要中心地区。这个地区在 1983 年就开始了发掘，但是 2002 年的一次发掘格外引人注意。这次发掘是第十六地点的中心大墓 4 号墓。[1] 墓葬本身规模并不大，但在墓主人的左边骨盆外侧，出土了一件小玉人。玉人高 18.6 厘米，黄绿色的玉质十分油润，裸体，身材短小清瘦，五官清晰，双目微闭，眉头紧锁，嘴半张，双手抚于胸前，五指分开。这一玉人形象，似一副神灵附体的大巫，所以常被学者们解读为巫人。墓主人也被推测为红山文化晚期

1　辽宁省文物考古研究所：《牛河梁第十六地点红山文化积石冢中心大墓发掘简报》，见《文物》2008 年第 10 期，图九。

牛河梁玉人出土地点第十六地点中心　牛河梁第十六地点出土玉人正面、背面（引自
大墓 4 号墓　　　　　　　　　　　　《中国出土玉器全集》卷 2 第 109 页图）

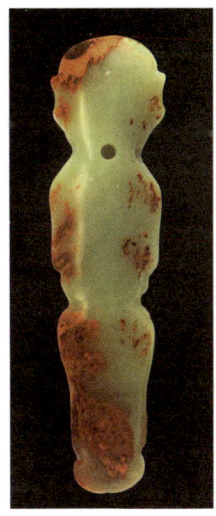

红山文化玉坐人正面、侧面、背面，故宫博物院藏（新 194773）

红山文化玉器：从龙到人　　61

一位具有通神法术的大巫师。

这件玉人的出土让笔者心中一动,立即想到了故宫收藏的一件玉人,这件玉人因为是传世品,没有考古出土背景,它的归属一直以来众说纷纭,也长期被打入冷宫不被重视。而牛河梁出土的玉人,是红山文化考古发现的第一个全身形象的玉人像,证明红山时期完全可以雕琢出完整玉人像。受这件事的启发,笔者进库房再次拿出故宫所藏的玉人细细审看:它高14.6厘米,宽6厘米,厚4.7厘米,黄绿色的玉料和牛河梁玉人一致,身上有大面积的铁褐色斑,应是河磨料的皮色。这件玉人像原来一直被认为是兽面人身的造型,但这次细细观察,笔者才发现他其实是一个裸体的人,头部是人的首部,而非兽首。原误以为凸出的眼睛其实并非人的眼睛,在鸭蛋形的脸上其实有四道弯曲的阴刻线,勾勒出一对杏仁形的人眼,人额部有非常浅的网格纹。人首尖下颚,细腰长腿,上肢弯曲抚于腿上,身体的比例与人体比例相似,可以推断为人。玉人头上其实戴着一个动物首形的冠,冠上有两个圆凸似为动物的眼睛,有两个竖直的长角,双耳镂空。玉人颈背部有大的对穿孔,可以悬挂佩戴。

故宫这件玉坐人头戴的冠似傩法时戴的动物面具,夸张而令人敬畏。因为有角,最大的可能是鹿首。

这件玉人的雕工也非常原始,身上有片切割的痕迹,颈部的打孔也是外大里小的喇叭孔,这是原始的钻孔技术,整体都带有明显的史前玉器的工艺特征。所用玉料以及慢慢推磨去料的工艺也是红山文化玉器的常见特征。

笔者翻查了玉人的来源,发现它是在1983年初由几位内蒙古的牧民卖给故宫的。当时几位牧民本是来卖辽瓷的,带着的孩子手中拿着这件小玉人当玩具，故宫器物部的耿宝昌先生慧眼识珠，以500元的价格将其收购。因当时文博界还不清楚红山文化有玉器的情况，故宫博物院的几位专家认为其是商以前之物，但也有人认为稍晚，最后因其和辽瓷一起，故归入了辽金玉器中。随着红山文化玉器的发现，故宫的老一辈学者开始认识到，它应该是一件红山文化玉器，但一直认为是一件兽首人身的玉器。

通过对这件玉器的仔细观察，可以确定它并非兽首人身，而是人首人身的玉人，是和牛河梁玉人一样重要的红山文化玉人。

由此笔者又联想到另外一件玉人，它收藏在英国剑桥大学菲兹威廉姆博物馆，1961年入藏，应该是早年流散出去的中国玉器。笔者曾专程到剑桥大学上手观摩这件玉器。玉像也为人形[1]，高12.2厘米，玉

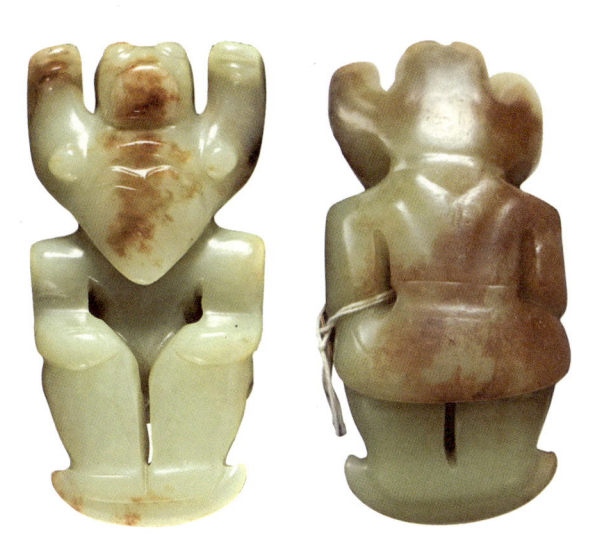

玉雕人像及背部，剑桥大学博物馆藏（笔者摄影）

---

[1] 2019年3月，笔者到剑桥大学菲兹威廉姆博物馆观摩这件玉人，受到了馆长林政升先生的盛情接待，并拍摄了玉人照片，受其许可使用照片，在此表示感谢。

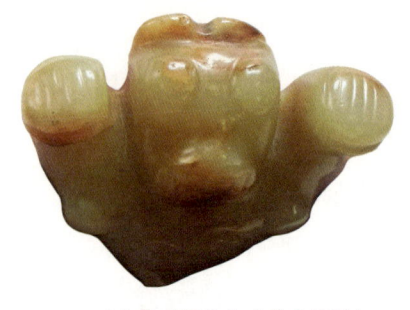

玉人像顶部熊首（笔者摄影）

质同样为黄绿色，与故宫所藏玉坐人及牛河梁出土的玉人玉质类似，连铁褐色的皮色也基本一致。其坐姿造型与故宫所藏玉坐人像相似，但并非臀部着地而坐，而是垂足倚坐在某种器物之上。玉人脸型为尖下颚，五官较为清晰，弯眉、长眼、三角形鼻，类似于牛河梁玉人的面部，但没有紧蹙眉头。人像也是裸体，只是头上戴有兽首，正面看像是帽子，背后看则是披着整张的兽皮，兽皮披至腰际间，截为裙状。从人像的头顶看，赫然是一只高举前肢的熊。由此，这是一个披着带有熊头熊皮的玉人。

熊在红山文化中占有十分重要的地位。红山文化二号和四号地点积石冢墓地中都曾出土过熊的下颚骨，说明崇熊习俗由来已久。熊崇拜也是东北渔猎民族所特有的习俗。红山文化以熊为主要崇拜对象，与出土玉器的地域特征十分吻合。

如果将牛河梁出土的玉人与故宫博物院和剑桥大学博物馆收藏的两件传世玉人像作比较的话，不难发现它们其实表现的是同一类人。

这三件人像所用玉料相同，颜色也相同，都是辽宁岫岩河磨料的子料。不同的是一站二坐，一个全身赤裸，一个戴兽首做冠，一个身披兽首兽皮。

学者们已普遍认为牛河梁出土的玉人代表的是远古的巫人，玉人的主人是主持各种祭祀活动的专职祭司，是巫师。巫师在行巫术的过程中，会经历"静坐——神灵附体——作法（神灵代言人）——平静"的过程。如果认定牛河梁出土的那件玉人是巫进入了神灵附体的痴迷状态或已进入行法状态的话，那么其他两个玉坐人似乎是巫师在行巫术过程中的另一个状态,总体来说是一种较为平静的状态。玉人同样赤裸着身子,但已戴上或披上了兽冠或兽皮,在这一时刻,兽冠和兽皮似乎是他们身穿的一个道具,如举行大傩时要戴的"傩面"一样。

这里还要注意一个细节,剑桥大学那件玉坐人赤脚踩在一个两头尖的弧形器上,很难解释这一弧形器是何种东西,但它的出现应该不是随便而为,而是有着特定的意义。笔者认为这是一种升天需要借助的法物,可能是神鹿之角,正如牛郎借用老牛之角挑着一双儿女飞上天空追赶织女的方式一样。那么这件玉坐人就可以解释为巫师踩着鹿角,披着熊首冠衣,在进入神灵附体前刚刚入定的状态。故宫所藏的那件玉坐人,虽没有踩鹿角,但戴着鹿首冠,似乎可以借鹿奔跑飞跃之力进入升天状态,这可能也是一种神灵附体前的入定状态。而牛河梁出土玉人可能是巫在神灵附体后,作法之时去掉了道具,专心与神对话,行法的姿态。

如此,这三件玉人表现的是同一类人,即红山时代巫的形象,是巫在作法时不同状态下的表现。两件玉坐人是作法入定时的状态,而站立的玉人则是神灵附体后的作法状态。他们都代表了特定场合下巫的形象。

在人类文明的初创时期,巫是人类中先知先觉并天赋异禀的人,也是部落族群中最聪明和最有能力的人,可以说他们是当时最高级的知识分子,不仅天文、地理、医术等无所不晓,而且可能身怀绝技,有些可能还具有超出常人的特异功能。这样的人往往是部落中的首领,掌管着祭祀天神、生产渔猎等氏族生活权力。巫在祭祀之时,如果要与神沟通,就会通过玉来实现。三件玉人均有穿孔,可见巫要通过佩戴这样的玉人来与神沟通,即"以玉事神"。所以在红山文化墓葬中出现玉巫人不足为奇,它们恰恰证明拥有这样玉人的墓主人一定是当时氏族部落的领袖人物之一——巫。

巫风王气:红山文化玉祖神像

故宫博物院有这么一件曾被打入冷宫多年的玉器。它高27.7厘米,最宽11.7厘米,厚度在1.5厘米至3厘米之间。青绿色玉质,背面有土斑胶着。体近似长方形,中部厚,边缘较薄,并有一定的钝刃感。整器由一人和一兽复合而成,人首及身体两侧围绕着类似勾云形之物。人物五官鲜明,三角形鼻凸出,身穿有华丽的服饰,在臂膊及后背上饰有网格纹。双手抚于胸前,并持一长杵状物,脚踏一弧形半圈,下有一兽,兽首低伏,双足前伸,似匍匐状。背面则是正面纹饰的反面,饰有网格纹和瓦沟状勾云纹。

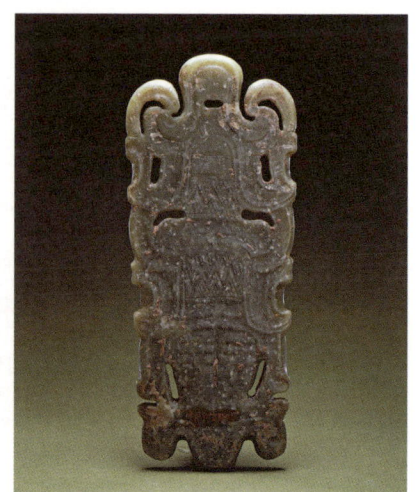

玉祖神像,故宫博物院藏(新152404)

20世纪60年代初,一个东北人带着这件玉器来到了天津,天津文物界人士认为这是件宝物,但拿不准年代。著名的文物鉴赏家傅大卣先生见到此玉,认为是古玉珍品,亲手拓印了黑白和彩色拓片。傅先生恐此物再流失海外,遂多方联系,几经辗转后,故宫博物院于1963年以3000元价格购藏。此玉入院后专家意见并不统一,当时将其放于辽代,名"青玉武人片"。1996年《故宫文物珍品全集·玉器》出版时曾将其定为红山文化玉器,但随即遭到一些专家的反对,再版时将其删掉,此后深藏库房,再未有过任何宣传。

从照片看,这件玉器给人的感觉确实太过复杂了些,似乎与出土的红山文化玉器十分不同。笔者初入职故宫时,曾满怀好奇之心上手细细观摩这件玉器。真正拿在手中,一阵惊喜,它传递出来的所有信息都在告诉笔者,这确实是一件史前人类的杰作,是一件真正的红山文化玉器。

原辽宁省考古文物研究所所长、红山文化研究学者孙守道先生早在1982年就接触到这件玉器的拓片,后又曾到故宫观摩此玉,对其进行过客观详细的研究,1998年发表

玉人拓片

反面拓片

红山文化玉器:从龙到人　　67

了《红山文化玉祖神考》一文[1],详细论证了其为红山文化玉器的特点,并公布了傅大卣先生早年对这件玉器的手拓,但一直没得到考古界专家的认可。笔者十分赞同孙先生对这件玉神人为红山文化玉器的判断,以及对其发现意义的论述。同时,受2002年牛河梁第十六地点出土玉人的启发,笔者结合玉人拓片和实物,将其造型结构分解对比,以求给这件玉器一个公正的名分。

这件玉器采用岫岩常用的闪石玉料,青绿色的色调与牛河梁第二地点27号墓出土的带齿动物面纹饰玉料相同,只是质地更为紧密细润。玉器背面胶着的泥土状态,则与牛河梁第十六地点所出玉人身上胶着的泥土状态相似,这种现象在出土的红山玉器中常见。

从玉器的加工工艺看,虽然纹饰看似复杂,但细看治玉工艺十分原始。器物多处镂空,方式古朴,基本是连续打钻法。器身也有原始的线切割痕迹。玉雕网格纹的刻画以及人身周围勾云纹使用的推磨瓦

带齿动物面纹饰,牛河梁第二地点27号墓出土(引自《中国出土玉器全集》卷2第133页图)

红山玉人面,巴林右旗博物馆藏(引自《中国出土玉器全集》卷2第30页图)

---

1 孙守道:《红山文化玉祖神考》,见《中国文物世界》1998年11期。

玉人头戴云形玉高冠及面容特征　　　　玉棒形器，胡头沟1号墓出土

勾纹的方式与出土红山玉器十分相似，兽爪阴刻线的琢治之法也与牛河梁第五地点一号冢1号墓出土的玉龟爪趾阴线刻法相似。

玉人面部特征十分明显，高而宽阔的额头，长长的弯眉，杏仁形双目，鼻梁窄而细长，宽直的鼻翼呈三角形，尤其是倒三角形且尖尖的下颚独具特色。这些特点在红山文化出土的玉人面中均有所见。

玉人身穿华丽的服饰，头戴勾云形高冠，脑后披巾，方圆领，窄袖长衫至膝，跣足。脑后巾及服饰上雕琢菱形网格花纹，这些网格纹也是红山文化玉器中常见的纹饰。

从玉人双腿略向外弯曲及背后有勾云形弧圈的现象看，玉人为倚坐之姿。双手合于胸前，持杖倚坐。双足五趾明显，赤脚踩踏在一个半圈状的物体上，杖亦杵在这个半圈上。

玉人手持之长棒形物与阜新胡头沟1号墓、克什克腾旗好鲁库红山文化墓葬及牛河梁第十六地点1号墓出土的玉棒形器类似[1]，我们暂

1　朝阳市文化局、辽宁省文物考古研究所：《牛河梁遗址》，学苑出版社，2004年，第74页图。

红山文化玉器：从龙到人　　69

且将之称为权杖,这一文化现象在其他史前文化中尚无发现。

需要注意的是,玉人踩踏的半圈状物并非下面兽之双角,与下面兽首并无关系。其踩踏之状倒是与剑桥大学博物馆所藏的那件玉坐人脚下踩踏之物类似。笔者认为这可能是鹿角或牛角,为神人升天的一个道具。

果真如此的话,这件玉雕描绘的人物不仅有一定的权力(权杖的出现),还有一定的神性,可升天通神。这一特性还可从玉人身体周围环绕的勾云形飘带状物得到证实。

首先,这种勾云形飘带状物与出土红山玉器中的勾云形佩十分相

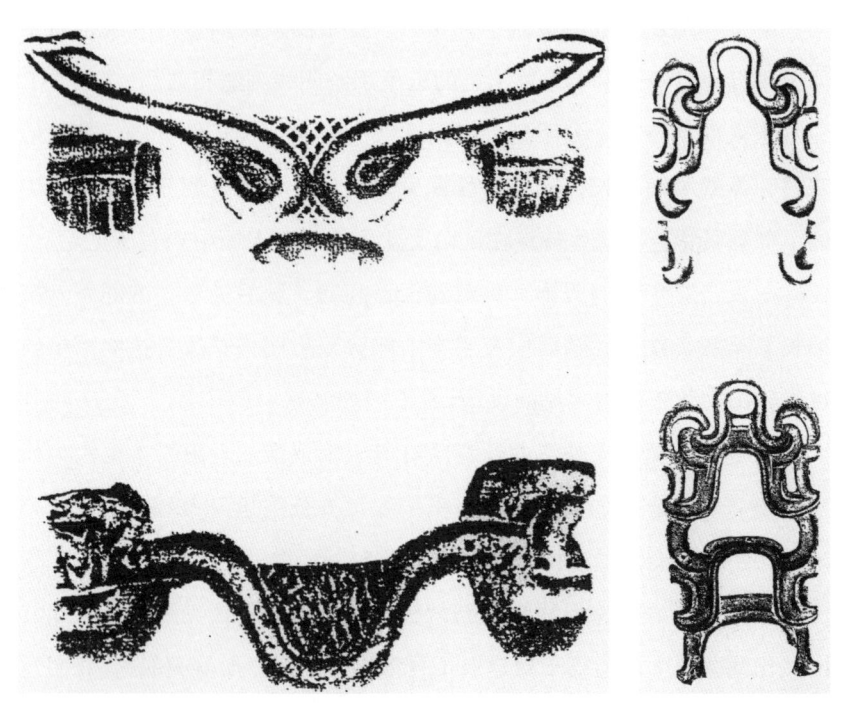

玉人像下部的兽首形象,正反面

玉人身周围的勾云纹拓片,正反两面

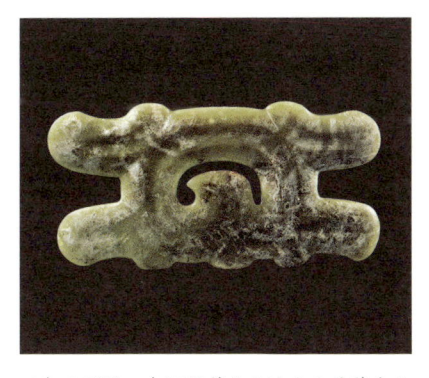

玉勾云形佩，牛河梁第十六地点 2 号墓出土（引自《中国出土玉器全集》卷 2 第 130 页图）

良渚文化玉器上的神徽形象（引自《中国出土玉器全集》卷 8 第 71 页图）

似，而且也推磨出类似的瓦沟纹。其整体的板片状造型也与大勾云佩相似。可以说，这是红山玉雕者十分擅长的一种造型结构设计。勾云的边缘较薄呈钝刃状，环绕在人体周围，似乎是云彩，既代表了天，也表示引人升天，说明玉人有与天沟通的能力。

在这件玉雕人物的造型设计中，勾云形的象征意义最为明显。云的造型，明显有引人升天或使玉人具有神性的意义。这里还要重点提到玉人头部由勾云组成高高的云冠状物中间那个圆形的东西。无论从正面还是背面看，它都似一个太阳。笔者认为这是太阳的象征，它和四周的云纹相配，更体现了玉人身上通天的神性。

再看人物下方的那个兽面，其造型类似前文介绍剑桥大学那件玉人头顶所戴的熊冠，尤其是爪的刻画。红山社会有崇熊习俗，所以将熊变成神人升天的坐骑并不为过，中国古代神话中神仙多以兽为骑更是渊源已久。

在至今发现的史前文化中，也不乏人兽合体形象，尤其是人在上，兽在下图像的玉器。典型者如良渚文化玉器上刻画的被誉为神徽的"神

红山文化玉器：从龙到人　　71

人兽面纹"。

这种人兽复合造型的玉雕形象出现在红山文化中不足为奇，也不应该因为目前红山文化考古发掘品中不见而否定此玉。相反，以上论述完全可以证明故宫这件人兽形玉雕是一件稀有的红山玉器。神人在上位，熊在下位，主从明确，他们是一种坐乘的关系，有如后世流传的那种"乘蹻"。

从造型纹饰上看，这件玉人兽雕像比牛河梁第十六地点出土玉人及故宫、剑桥大学玉坐人更为复杂，也是目前所见红山玉人中最复杂的一件。人物表现的等级地位也是最高的。这一玉人的人物属性到底是什么？仅仅是巫或大巫吗？还有没有别的身份？

学者们普遍认为，红山文化已进入"古国"阶段。[1] 如果说牛河梁第十六地点红山玉人的出土昭示了一位红山大巫的出现，那么故宫所藏的这件大型玉人兽神像所代表的意义则更为深远。它所表达的很可能不仅仅是一位大巫，还是一位具有行政与军事权力的王者，是红山古国的王。孙守道先生将其誉为红山社会的玉祖神实不为过。他不仅有巫绝地通天的能力，也有实实在在的军政地位，是一位古国的领导者。这件用心设计并雕琢的精美玉器展现给我们的就是这么一种不可逾越的等级观念，以及一种巫风王气的力量。

---

1 朝阳市文化局、辽宁省文物考古研究所：《牛河梁遗址》，学苑出版社，2004年，第3页。

凌家滩文化玉器：
远古中国人的样貌

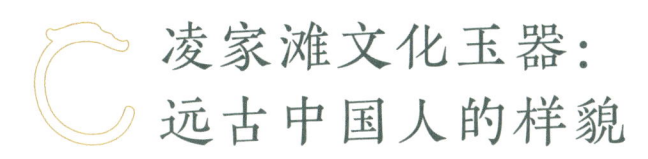

凌家滩文化玉人

提起故宫博物院所藏的玉器，可能很多人认为都是皇家的收藏，都是传世品。其实在故宫博物院的玉器库房中，也有一批顶级的考古出土品。凌家滩文化玉器就是其中最重要的一批。这批玉器，也包括部分石器，一共104件，1993年由故宫博物院向安徽省考古研究所购买收藏。[1]

1　关于这批玉器收藏入故宫的详细情况，参见张敬国口述、徐红霞记录：《凌家滩出土文物二三事》，见徐琳、顾万发主编：《玉器研究》第一辑，科学出版社，2022年。

凌家滩遗址位于安徽省境内长江北岸、巢湖以东的含山县铜闸镇西南部，在裕溪河北岸的凌家滩村。因考古文化遗址一般有以首次发现地命名的原则，后来将此文化命名为凌家滩文化。

凌家滩遗址最早发现于 1985 年。此处原是当地人死后埋葬的乱坟岗，有十几座现代坟。1985 年，凌家滩村在老人过世挖坟埋葬时，挖出了许多陶器、石器、玉器，当地文化站站长非常有文物保护意识，及时制止了事态发展，收缴了部分文物，含山县文管所也很快上报给安徽省考古所。1987 年 6 月开始至今，安徽省文物考古所已经对凌家滩遗址进行了 14 次大规模的发掘，揭示了一个距今 5800 年至 5200 年左右的新石器时代大型中心聚落遗址，总面积约 160 万平方米，而出土玉器的墓葬年代大约在距今 5500 年至 5300 年。

1987 年考古发现的第一件玉器是 1 号墓的一件玉人，目前就收藏在故宫博物院。

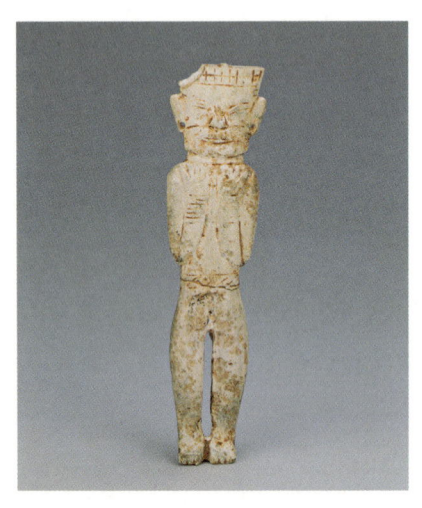

凌家滩文化玉人，故宫博物院藏（新 201475）

玉人高9.6厘米，宽2.3厘米，厚0.8厘米，呈站立状，两腿略微弯曲。玉人出土时断裂，后重新黏合，头顶部有伤缺。玉人以透闪石玉制作，不过整体已沁为鸡骨白色，看不出原来玉色。玉人长方脸，弯眉长眼，蒜头鼻，面部已有明显蒙古人种特征，和现在的中国人面貌一致。两耳垂部穿孔，说明带有耳环；唇部左右以两道阴刻弧线代表胡须，可见为男性，并且已用了修胡须工具。头戴扁圆冠，冠上饰两排方格纹，冠顶中间饰三角形介字尖顶。冠后刻四条横线，似冠后披饰，与冠连成一体。腰部有一周宽约3毫米的带子，阴刻斜纹表示腰带。说明当时已有纺织技术，人们穿衣戴帽系腰带。玉人赤足，刻五趾，脚后跟连成一体。

玉人两臂弯曲，十指张开置于胸前，臂腕部各饰6道横阴线。2007年凌家滩23号墓发掘时，在墓主人的双臂处左右各出土了10件玉镯，可以证明此玉人手臂上装饰的阴刻线代表玉镯，只是双臂各戴6件玉镯，身份地位可能比23号墓的墓主人稍逊一级。

玉人眼睛微闭，双臂弯曲紧贴胸前的姿势与前面介绍过的辽宁牛河梁遗址出土的红山文化玉人一致。牛河梁玉人已被学术界公认是史前大巫的形象，凌家滩玉人代表巫的形象应该也没有问题，也是巫在行法时的一种姿势，只是穿戴华贵，可能是不同地域风俗不同。

玉人背部钻一隧孔，牛河梁玉人也有隧孔，前面介绍的故宫和剑桥大学玉坐人也有类似穿孔，可见这类玉人都是他们的主人在重要祭祀场合佩挂在身上的一种玉器。主人的身份可能就是大巫，玉人表现的是他们在祭祀场合的姿态，也是巫以玉事神时的法器。

玉人所在1号墓的西南角下就叠压着出土有玉龟板的4号墓。1号墓随葬品一共15件，其中玉器11件、石器1件、陶器3件。在取

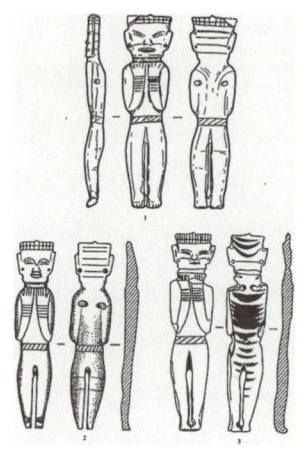

三件玉人线图,凌家滩遗址1号墓出土(引自《凌家滩——田野考古发掘报告之一》第38页图)

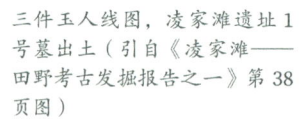

玉人,凌家滩遗址29号墓出土(引自《中国出土玉器全集》卷6第7页图)

出这件玉人后,又连续发现了2件玉人,3件玉人叠压平置在一起,均为站姿,造型基本相似。[1]1998年安徽省考古所发掘时,在29号墓也出土了3件玉人,形象、手势相同,但腿部膝盖弯曲,因玉人背部扁平,无法证实下半身真实状态,推测为半蹲或倚坐的姿势。至此,凌家滩遗址共出土6件相似的玉人。

除玉人以外,1号墓还出土了璜、环、玦等装饰品。其中一件玉璜非常特殊,它整体呈半圆形,外径16.9厘米,内径13.1厘米,厚1.1厘米至0.5厘米。青绿色的玉质十分温润细腻。扁圆体的玉璜两端各有一个孔眼。最为特殊的是这件玉璜采用了分体缀合的方式制作,即

---

[1] 安徽省文物考古研究所编著:《凌家滩——田野考古发掘报告之一》,文物出版社,2006年。

先制作出两个近四分之一弧形的玉器，之间再用凹槽和打孔的方式相连。从技术上看，并非是原来完整的玉璜因断裂而联缀，而是特意做成这种形制。类似的造型在南京的北阴阳营遗址中也有发现。这类玉璜造型数量比史前长江中下游出土的玉璜少很多，但十分有趣。对为何要采用这种分体联缀的方式制作玉璜还没有一个公认的看法，但是从治玉工艺的角度看，这样制作玉璜，可以将有限的玉料延展，制作出相对较大的玉器。也可看出凌家滩文化中已经有了专门的治玉作坊。

可能有人会对玉璜是青绿色而玉人却是鸡骨白色感到疑惑，其实玉人的鸡骨白色并不是它的本色，而是沁色。

沁色就是玉器被埋入地下后，受到周围环境的影响，致使表面变化形成的一种颜色。古玉的沁色有许多种，如鸡骨白沁、铁锈沁、水银沁、牛毛沁等等，这件玉人表面就是鸡骨白沁，即像鸡的骨头似的白色。

玉人因埋入地下的时间已经超过了5300年，加上南方潮湿，土壤含水量大，长江以南土壤又为弱酸性，玉器表面很容易受沁为鸡骨白色。浙江地区良渚文化出土的玉器也常常带有这样的鸡骨白沁。当

分体联缀玉璜，凌家滩遗址出土，
故宫博物院藏（新201479）

分体联缀玉璜侧面

凌家滩文化玉器：远古中国人的样貌

然，也会有个别玉器恰巧没有或少有受到局部埋藏环境的影响，从而保留了原来玉料的色泽，如凌家滩1号墓出土的玉璜。

鸡骨白沁的出现并没有改变玉质本身是透闪石玉的属性，这已经被科技检测证实。故宫所藏带有鸡骨白沁的玉器亦是如此。鸡骨白沁的形成原因有多种说法，较有代表性的一种是闻广先生提出的，他认为白色沁是玉质显微结构变松而导致的，玉质结构堆集密度的密与疏决定了受沁程度，玉质优者堆集密度密，受沁浅，玉质劣者堆集密度疏，受沁深。就像水与冰的关系。[1]

1号墓因为有了3件玉人的出土，推测墓主人可能是一位部族的大巫。他身上佩戴着玉璜、玉玦、玉环等玉器，身份等级较高。玉人形象的细致刻画，向我们提供了早期中国人的形象，也为研究远古文明社会的宗教文化提供了丰富的信息。

远古的占卜：凌家滩文化玉龟

1987年，安徽省考古所对凌家滩遗址进行了初次试掘。在6月的一个下午，考古人员在揭去第三层土后，发现了一个体量巨大的石钺，这件石钺长34厘米，宽23厘米，厚3厘米，重4.25公斤，十分厚重。顺着石钺，考古人员清理出一个完整的墓葬，石钺正好放在墓口平面上中央略偏南位置。石钺的摆放位置也预示着这座墓极为特殊的地位。随着墓内填土的不断清理，随葬品也逐渐露头，越来越多。最后，这

---

[1] 闻广：《中国古玉地质考古学研究的续进展》，见台北《故宫学术季刊》11卷1期，1993年，第23页。

大型石钺，凌家滩遗址 4 号墓出土，
故宫博物院藏（新 201592）

座完整的墓葬一共出土了 145 件（组）器物，其中玉器数量最多，共 103 件（组），还有石器 30 件、陶器 12 件。[1] 这是目前凌家滩遗址除 2007 年发掘的 23 号墓外，出土器物最多的一个墓葬。

1993 年，机缘巧合之下，故宫博物院收购了安徽省考古所发掘的一批凌家滩玉石器，其中最重要的就来自这座 4 号墓，墓中大多数玉石器入藏故宫博物院的文物库房，其中也包括那件巨型石钺。

4 号墓出土的 103 件玉器中，最重要的是一件玉龟和一件玉版，出土在墓穴偏上方中部，约在墓主人腹部位置。出土时据说玉龟上下腹甲夹着玉版。玉龟是由龟背甲和龟腹甲组合而成，背甲长 9.4 厘米，宽 7.6 厘米，厚 0.8 厘米，腹甲长 7.9 厘米，宽 7.5 厘米，厚 0.5 厘米。玉龟已受沁为鸡骨白色，背甲上钻 8 个小孔，腹甲钻 5 个小孔，上下

---

[1] 安徽省文物考古研究所编著：《凌家滩——田野考古发掘报告之一》，文物出版社，2006 年。

玉龟背腹甲，凌家滩遗址 4 号墓出土，故宫博物院藏（新 201477）

两半玉甲片的小孔正好相对，可以合成一个完整的玉龟甲。背腹甲两侧所对两孔之间琢有凹槽，显然是供绳索将其绑缚在一起的痕迹。龟甲腹腔琢空，可以放某种物品。

2007 年在发掘 23 号墓时，在人的腹部也发现了 3 件玉质圆筒形器，其中一件为玉龟甲形状，只是相对 4 号墓出土玉龟更为简化[1]，由此可推测另外两件圆筒形器是玉龟的更简化版。三件玉器出土时内部均有玉签，带有钻孔。可见此类玉质龟甲为占卜用器。占卜摇动时，玉签碰撞玉龟壁会发出清脆悦耳的声音。其实在 4 号墓中，在发现玉龟背腹甲的附近，也有一个带有穿孔的玉签，它长 8.5 厘米，宽 1.2 厘米，厚 0.7 厘米。参照 23 号墓的情况，这件玉签放在玉龟背腹甲中也刚好合适，推测这件玉签原可能是夹在玉龟背腹甲之间，刻有八角星图案的玉版放在旁边或上下，

1　安徽省文物考古研究所：《安徽含山县凌家滩遗址第五次发掘的新发现》，见《考古》2008 年第 3 期。

人腰腹部出土玉龟玉签（07M23）

玉签，凌家滩遗址4号墓出土，故宫博物院藏（新201522）

而非放在玉龟背腹甲中间。只是因为玉龟背腹甲并非像23号墓出土玉龟似的为完整体，在系绳腐烂后，随着5000多年的地质变迁稍有移位。

4号墓不仅出土了玉龟背腹甲，也出土有玉璜、玉梳背、玉璧、玉重环、玉石钺等带有礼仪性质的玉器。由此推测墓主人身份地位很高，可能是具有占卜权力的专职巫师。同时，因墓上发现大型石钺，很可能墓主人也是部落首领，具有一定的军事权力。这也符合在人类文明的早期阶段，神职人员和军事首领长期合而为一的共同现象。

以龟占卜的现象在早期中国其他考古学文化中时有发现，墓地用龟和龟壳随葬的现象很多。早在距今8000年前的河南舞阳贾湖遗址中就发现有龟背、腹甲成组同出的现象，龟甲内往往装有大小、颜色不同、形状各异的小石子。其他如大汶口文化刘林遗址、四川巫山的大溪文化、河南淅川下王岗半坡文化以及江苏马家浜文化中也有葬龟习俗。

古人认为龟长寿，视龟为灵物。具体卜筮方式目前还不是特别清楚，但用龟占卜的习俗对后世有着重要的影响，到夏商周时期出现了用龟甲或兽骨占卜的方式。《史记·龟策列传》曾曰："略闻夏殷，欲卜者乃取蓍龟。"殷墟发现大量的甲骨即是证明，只是占卜的方式有所改变，即先命龟，告以所卜之事，再灼其龟甲而观其兆，以测吉凶。

凌家滩文化玉龟、玉签和下面即将介绍的带有神秘图案的玉版，可能是一种组合的使用方式，带有某种占卜的性质。它们是先民宇宙观的重要表现，也是早期人们原始信仰的体现。

神秘的图案：凌家滩文化八角星图玉版

在故宫博物院的文物库房中，有一件极具神秘性的玉器，它就是1987年凌家滩遗址4号墓中出土的玉版。玉版长11厘米，宽8.2厘米，厚0.2至0.4厘米。玉版因在地下已埋藏了5300多年，整体已受沁为鸡骨白色。玉版整体不平整，正面有刻画图像，并微微弧凸，反面内凹，光素无纹。四周有23个小钻孔，分布不规则，其中三面有台阶。刻画图像分为三个部分，由两个圆圈分隔。内圈里刻画八角星图像。内外圈之间有八个尖柱状的图案，分别指向八方，呈放射状。外圈外有四个尖柱状分别指向四个角。

前面提到玉版出土时夹在一副玉质龟的背甲、腹甲之间。墓主人很可能是一位拥有神权与军权的部落首领。

玉版最神秘之处就是上面刻画的图案，至今学术界也没有统一的意见。有的学者认为是太阳，有的学者认为是天地之神的象征，有的学者认为是远古的洛书和原始的八卦，有的学者认为是古代历法的反映，有的学者认为表示的是"八方"和"数理关系"的概念，还有学者认为它是史前的日晕图像以及记录超新星爆发的天文现象，各种观点不一而足。[1]

这些观点从天文和古代宇宙观出发，大都有一定道理。只是有些说法有一定纰漏，无法令人信服。如比较流行的日晷说，看似有理，但无法推敲。日晷的工作原理是通过"指针"在刻度上影子的位置，"立竿见影"来读出时间，所以日晷中心必有一孔来穿指针或直竿。而这块玉版中央并没有任何孔洞，旁边也没有任何等分的刻度。另外，玉版并非平面，无法放置指针，谈何测量时间呢？

至于原始八卦学说，似乎符合逻辑，只是也有无法解释之处。关于八卦，早期的描述是：

凌家滩文化玉版正面、背面及拓片
故宫博物院藏（新 201476）

---

[1] 俞伟超：《含山凌家滩玉器反映的信仰状况》，见《文物研究》第 5 辑，黄山书社，1989 年。陈久金、张敬国：《凌家滩出土玉版图形试考》，见《文物》1989 年第 4 期。李学勤：《论含山凌家滩玉龟、玉版》，见《中国文化》第 6 期，1992 年。饶宗颐：《未有文字以前表示"方位"与"数理关系"的玉版——含山出土玉版小论》，见《文物研究》第 6 辑，黄山书社，1990 年。钱伯泉：《凌家滩新石器时代出土的玉制式盘》，见《文物研究》第 7 辑。李斌：《史前日晷初探——试释含山出土玉片图形的天文学意义》，见《东南文化》1993 年第 1 期。王育成：《含山玉龟玉片补考》，见《文物研究》第 8 辑。朱延平：《凌家滩 87M4 玉版图形探源》，见杨建芳师生古玉研究会编著：《玉文化论丛 3》，文物出版社，众志美术出版社，2009 年 7 月。赵爱垣、徐琳、张承民：《新石器时代八角星图案与超新星爆发》，见《科技导报》2013 年 23 期。

"易有太极，是生两仪。两仪生四象，四象生八卦。"世间万物是一个递增关系，而在玉版图像中，则从内到外是"8—8—4"这样一个类似于递减的关系，和八卦的以少生多完全相反，反而更像天体爆发时越往外层光线越弱的情况。所以，在这些林林总总的观点中，笔者更倾向于图像是天文学现象的观点。

玉版图案中间的八角星图像并不是孤例。1998年在发掘凌家滩遗址29号墓时，曾出土一件玉质的鹰熊图佩，玉佩腹部正反两面均刻画有这么一个八角星图。19号墓出土的一件陶纺轮上也有相同的八角星图案。无独有偶，大约从距今6000年到4000年前，在其他史前文化遗址中，也发现有与凌家滩八角星图相似的图案，范围相当广阔，包括了长江、淮河、黄河、辽河流域在内的大半个中国。北到内蒙古敖汉旗南台地遗址，东到山东大汶口文化，西南到湖南洞庭湖地区汤加岗的大溪文化，东南到苏州、上海一带的崧泽文化、良渚文化和马桥文化遗址，西到青海、甘肃一带的齐家文化、龙山文化遗址等等，这

凌家滩遗址29号墓出土玉鹰熊佩（引自《中国出土玉器全集》卷6第4页图）

些遗址中发现的一些陶器或彩陶器上，都刻画了类似的八角星纹[1]。

从天文学的角度来看，这个图像中间的八角星纹类似某种很亮的星体，曾有一些学者认为它是太阳，但是目前发现的新石器时代陶器上的太阳纹，都被画为一个圆加多条向外的直线条，类似于现在儿童画太阳的画法，完全没有必要特意将之画为八角星纹。

笔者在和北京的天文学家一起讨论时，有一个大胆的假设很有意思，即这个图像很可能描绘的是一颗超新星爆发的状态，地球上的人类看到后将其用八角星图案的形式记录了下来。

我们知道，所有恒星都是靠氢元素的聚变反应维持发光发热的，比太阳重 1.4 倍以上的恒星在生命末期时燃料耗尽，从中心开始冷却，靠热核反应释放的能量不再足以平衡巨大的引力场，结构上的失衡就使整个星体向中心坍缩，造成剧烈的爆炸，这种由反冲产生的"回光

史前各地出土带有八角星纹图案的器物

---

1 栾丰实：《中国史前文化中的八角星图案初探》，见《南艺学报》，2010 年 12 月第 1 期，台南艺术大学出版。图片采自栾丰实先生这篇文章。

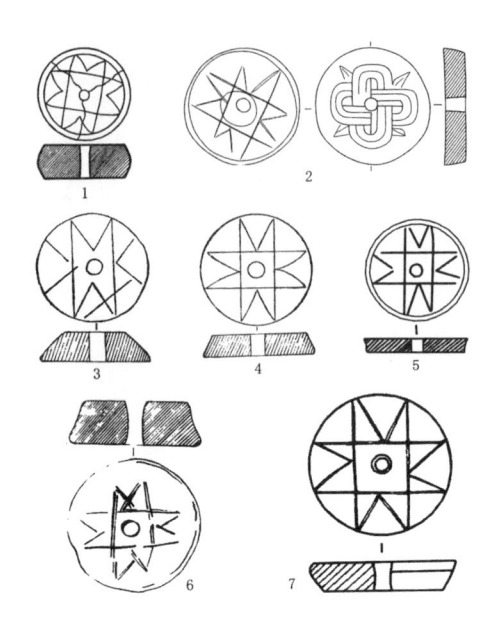

1. 大墩子 2. 凌家滩(M19∶16) 3.4. 青墩(M17∶5、3) 5. 潘家塘 6. 鄭家坳(M8∶2) 7. 绰墩(M19∶3)均1/2

史前各地出土带有八角星纹的陶纺轮

返照"式的大爆炸，亮度可以突增到太阳光度的上百亿倍，从而形成超新星。如果一颗超新星爆发的亮度几乎接近从地球上看太阳的亮度，那绝对是人类在地球上看到的一件大事，被记录下来的可能性很大。在没有文字的远古时期，用图画形式记录下来的可能性也最大。

在中国古代文献中，用文字记录下来的超新星至少有9颗，它们被称为客星。比较早的一次是东汉中平二年，即公元185年12月7日在半人马座出现的一颗超新星。史书记载这颗超新星从地球上看起来大得像半张席子，亮度惊人。这些超新星间隔时间并不是很长，平均177年一次，最短的间隔17年，最长的间隔441年。中国科学院院士席泽宗先生认为大约平均每隔 150 年，银河系内就会有一次超新星爆发。如果这样，在距今 6000 年至 4000 年间，银河系极有可能会有多次超新星爆发的现象，如果距离地球足够近，被地球人看到的可能性就很大。

一次超新星的爆发可以在多个地区被同时看到，而且超新星爆发持续的时间很长。对这种不同于太阳的奇异星象，史前人类很可能不约而同或者相互传承地以八角星图案的方式将它们记录

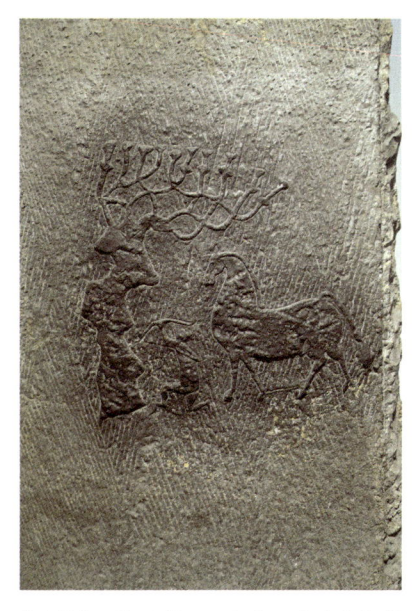

"后羿射日"画像石，山东肥城北大留村北东汉墓出土

下来。凌家滩玉版上的八角星图案，光芒层层放射，是这些八角星图案中最复杂的一个。可能在 5300 年前看到的那颗超新星，是让北半球，尤其是巢湖地区人们印象最深刻的一次，在没有文字的情况下，当时的人们用图像将其记录了下来。

笔者由此联想到了一个耳熟能详的传说——"后羿射日"。在距今 4000 年左右，据说"十日并出，羿射去九，万民皆喜"。

羿是尧时人，十日并出的现象也许不是子虚乌有，很有可能是对某种奇异天象的夸张描述。假如有一颗近地超新星爆发，人们肉眼观测到的亮度甚至会超过太阳的亮度，这对当时的人类会造成很大的视觉冲击，他们会认为天上多出个"作怪"的太阳。而"十"在古代常常表示多数，并非实际数量。超新星爆发从被人类看到至消失，最长

凌家滩文化玉器：远古中国人的样貌　　**87**

能持续几年时间。超新星消失的自然现象由此就和英雄"后羿"有关了：他射掉了天上"作怪"的太阳，使人们生活步入正轨。所以，后羿射日的传说很可能是对史前超新星爆发现象的描述。

目前确实发现了距今 12000 年到 5000 年左右爆发的超新星遗迹，其中有一颗近地超新星。据国家天文台的专家及波兰天文学家介绍，这颗超新星很有可能是在距今 6000 年至 5000 年前后爆发的。

无论凌家滩文化玉版上刻画的图像是不是对史前超新星爆发的描述，它可能都是先民观天时对神秘天像的记录，再通过与玉龟、玉签组合卜筮的方式，生出四象、八方的概念，进一步来解释宇宙万物，从而建立起一套原始的宇宙观及哲学思维体系。

良渚文化玉器：
苍璧礼天，黄琮礼地

良渚文化玉璧

玉璧是中国玉器长河中历史最为悠久、使用功能最多的一类玉器。2008 年北京举办第 29 届夏季奥运会时，用金、银、铜分别镶嵌白玉、青玉的奖牌，其设计灵感就来自于玉璧。玉璧起源很早，不过最早成熟且辉煌发达的时期是距今 5300 年到 4300 年左右的新石器时代良渚文化时期。

故宫博物院收藏有一件良渚文化玉璧，这件玉璧直径最大 15.3 厘米，最小 14.9 厘米，内孔径一面稍微小一点，为 3.9 厘米，一面稍大，

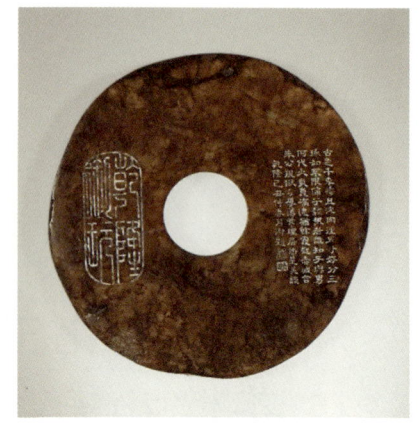

乾隆御题良渚文化玉璧正反面，故宫博物院藏（新9611）

为 4.3 厘米，璧的厚度则从 0.9 厘米到 1.1 厘米不等。也许很多人会觉得奇怪：玉璧不是圆的吗？怎么这件玉璧直径不一样，厚薄也不一样？这件玉璧很明显不是正圆形的，而是略具圆形，甚至有的边缘还略带直边状。之所以出现这样的形状，是因为它的制作工艺还相当原始。要做一个大圆得采用切方为圆的工艺方法，就是先将玉料切割成扁方形，再一点点倒角，慢慢做成圆形。玉璧的内孔虽然用的是管钻技术，但因为技术也很原始，可能是竹管或骨管这样的软性工具，所以需要借助解玉砂才可成功。砂子含有大量的石英颗粒，石英的硬度为 7，比玉的硬度高，所以称为解玉砂。真正对玉进行琢磨的是解玉砂，竹管或骨管起到的是带动解玉砂的作用，琢磨时还离不开水的降温。不过在磨玉的时候，解玉砂同时也磨着管子工具，所以会形成外口大、里口小的钻孔。玉璧内孔如果对钻很容易错位，璧两面的打孔位置就不太一样，容易在对钻接口处形成台阶痕。另外，这件玉璧在切割成片状时，因为使用的是原始的砂绳切割技术，所以厚薄也不均匀。

这件玉璧的一面刻琢了一首乾隆皇帝所写的诗文：

> 古色千年穆且沈，肉径五寸好分三。
> 琢如不限蒲兮谷，执者谁知子与男。
> 何代火炎昆峤逮，犹余霞起赤城含。
> 朱公疑狱分厚薄，常理居然是美谈。

后面雕刻有"乾隆己丑仲春月御题"的款识以及"古香"阴文方章和"太卦"阳文方章。诗文的旁边还刻有篆书"乾隆御玩"椭圆形章，可见这是一件乾隆帝时常把玩的玉璧。己丑年为乾隆三十四年（1769年），古香和太卦两方印章则是乾隆皇帝常用的两方闲章，常常成对使用。

从这首诗文可以看出，乾隆皇帝认为玉璧颜色沉穆，年代非常久远，至少有千年以上。诗的题目为《咏汉玉素璧》，可见乾隆皇帝认为它是汉代的玉璧。殊不知，这是一件比汉代早了大约3000年的新石器时代良渚文化玉璧。

古代中国并没有现代的考古学知识，也并不知道有新石器时代，对远古的认识限于三皇五帝、商周秦汉，并且因为太过久远，人们并不清楚那时的器物到底是何种模样，因汉朝的影响力强大，常常把古代器物认为是汉代之物。乾隆皇帝把这件良渚玉璧错认为汉代玉璧也在情理之中。

汉代玉璧常常雕刻有像谷粒似的谷纹或者蒲席似的蒲纹。在先秦文献《周礼·大宗伯》中，有"以玉作六瑞，以等邦国。王执镇圭，

汉代玉璧，广州南越王墓出土（引自《中国出土玉器全集》卷11第46页图）

公执桓圭，侯执信圭，伯执躬圭，子执谷璧，男执蒲璧"[1]的记载。可见除了王以外，还有公、侯、伯、子、男五等爵位，王、公、侯、伯是手执玉圭的，而子爵执谷璧，男爵执蒲璧。因为这件玉璧是光素之身，而非谷璧或蒲璧，于是乾隆皇帝发出了"琢如不限蒲兮谷，执者谁知子与男"的感慨。

诗中所谓"肉径五寸好分三"亦有来源。这里指的是玉璧的尺寸。肉指的是从孔边到璧外边缘的距离，即玉璧的本体。好指的是内孔的直径。《尔雅·释器》里讲："肉倍好谓之璧，好倍肉谓之瑗，肉好若一谓之环。"历来鉴赏家都是以此来区分璧、瑗、环三者的不同。这件清宫旧藏的玉璧，虽然乾隆皇帝估摸的尺寸稍有出入，但基本符合

---

1 郑玄注、唐贾公彦疏、赵伯雄整理、王文锦审定：《周礼注疏》，卷第十八，大宗伯，卷第十七，春官宗伯第三，见李学勤主编：《十三经注疏标点本》，北京大学出版社，1999年，第474页。

肉倍好谓之璧的规矩，所以乾隆皇帝才会在诗文中提到肉和好的问题。不过，史前到汉代出土的大量玉璧、玉瑗、玉环的本体和孔径并非这样整齐划一，实际尺寸往往差距很大，没有按《尔雅·释器》规定的那样制作。因为玉料在古代是十分难得而珍贵的，玉器的设计、制作往往需要就料而为，工匠在琢玉时不可能严格遵守所谓的好、肉距离，所以"肉倍好、好倍肉、肉好若一"之说实在是后来儒家对玉器的一种系统化理想，史前时期的玉璧更不可能在设计时有这样的理想安排。

正是因为乾隆皇帝误判这件良渚文化玉璧为汉代玉璧，才会把很多后世人对璧的理解强加到史前良渚文化玉器上。

良渚文化是中国新石器时代晚期一个重要的考古学文化，核心分布区在长江下游的环太湖流域，距今大约5300年至4300年。1936年前后，当时在西湖博物馆工作的施昕更先生在良渚地区进行了三次考古发掘，出土了大量的石器和陶器，后来出版了良渚遗址的初步报告。施昕更先生成为良渚遗址的第一个发现者，也是探索良渚文化和良渚文明的先驱。我们在良渚古城遗址公园能看到施昕更先生的铜像。1959年夏鼐先生依照考古惯例，按发现地点将这一文化命名为良渚文化。

经过80多年的考古发掘，尤其是20世纪80年代以后浙江余杭反山、瑶山、莫角山和古城遗址等众多的考古遗址发掘，逐渐揭示出良渚文化已迈入早期国家社会。这里有城墙、内城和外城，有复杂的水利系统，有大型宫殿遗址，这里有祭祀区，有各个等级的墓地，有稻作农业、高端手工业，也形成了社会分化、礼仪秩序。在良渚的高等级墓地中，出土了大量的玉器，其中就有许多玉璧，可以说，玉璧是良渚文化最重要的玉器之一，很多墓葬都有多件出土，如反山23号

良渚文化玉璧，浙江余杭反山14号墓出土（引自《中国出土玉器全集》卷8第80页图）

良渚文化玉璧，浙江海宁市佘墩庙遗址12号墓出土（引自《中国出土玉器全集》卷8第34页图）

墓出土54件，20号墓出土42件，14号墓出土26件，江苏寺墩遗址3号墓出土24件等等。

关于玉璧的功能，学者们提出了各种看法，如礼天说、祭祀说、财富说、货币说、殓尸说等。礼天说认为玉璧象征太阳在天上运行的轨迹，包含有天与日的两个概念，璧的中孔表达了沟通、贯通之意。所以后世《周礼》中会有"苍璧礼天"的概念，玉璧是祭祀礼仪中重要的礼天玉器。货币说是从财富说中引申出来的，认为玉璧是当时高等级贵族财富的象征，引申玉璧为玉币，是一种货币，可充当交换物。另有一些学者从张陵山、草鞋山、寺墩、福泉山、反山等良渚文化墓地中发现大量玉璧出现在墓主周围，提出这是一种玉殓葬，认为玉璧是用来敛尸的玉器，各种说法不一而足。不过从良渚文化出土玉璧上发现有鸟立祭坛的图案看，笔者个人倾向于认为良渚的玉璧具有祭天的重要功能，虽然也可能象征财富，但不会是当时的货币。璧圆像天，青绿色的玉料也与天空的颜色一致。追根溯源,后世提出的"苍璧礼天"应是从良渚文化玉璧的祭祀功能而来的。

远古的宇宙观

良渚文化玉器中,除了璧以外,最重要的就是琮了。故宫博物院藏有 17 件良渚文化的玉琮,其中 12 件都是清宫旧藏,有些曾被乾隆皇帝欣赏、把玩,并题有乾隆的诗句。我们就以清宫旧藏良渚玉琮为例,了解不同时期古人对玉琮的理解。

我们先看一件经历曲折的玉琮,这是一件两节神人纹玉琮(新 117974),外方内圆,上下贯通,内孔直径 8.9 厘米、外方边长 11.7 厘米、高 7.3 厘米。玉琮分两节,每节转角处阴刻人面纹,人面的圆眼眼角有尖尖的眼梢,嘴部浮雕,并阴刻回纹装饰。

乾隆御题带珐琅胆玉琮,故宫博物院藏(新 117974)

玉琮原本为清宫旧藏,1924 年被末代皇帝溥仪抵押给了盐业银行,后来又被卖给了北京琉璃厂的大古玩商岳彬。1949 年后,岳彬因盗

玉琮内部

良渚文化玉器:苍璧礼天,黄琮礼地　　95

镯式琮，江苏张陵山良渚文化早期遗址 4 号墓出土（引自《中国出土玉器全集》卷 7 第 32 页图）

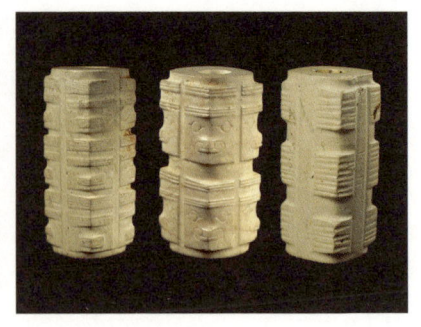

琮式管，浙江余杭瑶山遗址出土（引自《中国出土玉器全集》卷 8 第 126 页图）

卖文物被镇压，他所收藏的文物被政府没收，其中就包括这件乾隆皇帝喜爱的玉琮。1959 年，北京市文化局将没收的这件玉琮拨还给了故宫博物院。2019 年，这件玉琮作为良渚玉器传世品的代表在故宫武英殿举办的《良渚与古代中国——玉器显示的五千年文明展》中展出。

玉琮是良渚文化中最具特色和代表性的玉器，对它的研究最多，争议也最大。玉琮的造型多样，有大有小。良渚文化早期就出现有琮式小管，最小仅高 2 厘米左右，推测为装饰品。另外，江苏张陵山良渚文化早期遗址 4 号墓还出土有刻着兽面纹的镯式琮，台北故宫的邓淑苹先生据此认为良渚玉琮最早起源于镯形器，是由玉镯逐渐演变而来的。也有不少学者如浙江考古所的方向明先生不同意这一观点，认为小小的琮式玉管已经具备了后来大型玉琮的一切造型特点，尤其是外方内圆的构造。

最具代表性的一件良渚玉琮是浙江余杭反山遗址 12 号墓出土的玉琮王。之所以称之为琮王，是因为其形体巨大且纹饰精美。它出土于墓主人头部左侧，重 6.5 公斤，高 8.9 厘米，最大直径 17.6 厘米，分

玉琮王，浙江余杭反山遗址出土（引自《中国出土玉器全集》卷8第70页图）

上下两节，内圆外方，上下两面好似两个玉璧。琮体纹饰异常复杂、精美，四个转角为八组神人兽面纹，四面中间直槽内刻琢八组完整的头戴羽冠的神人兽面像，这个图像以微雕的方式刻琢，仅有3至4平方厘米大小，被世人称为良渚神徽纹。整个玉琮上还有16组浮雕的鸟形图案。这件玉琮也是迄今为止发现的雕琢最精美、品质最完整、体量最大的一件。

良渚中晚期玉琮逐渐向高节发展，有五节、七节、九节、十一节、十二节、十五节等，最高达到十九节。例如中国国家博物馆所藏的一件十九节玉琮，高49.2厘米，大英博物馆收藏的一件十九节玉琮，高49.5厘米。高节玉琮上的纹饰也简化为简单的神人纹。但总体来说，玉琮的造型基本是外方内圆的。

这种外方内圆的造型常被认为象征着天地，所以才有后世《周礼·大宗伯》一节中的记载：

> 以玉作六器，以礼天地四方。以苍璧礼天，以黄琮礼地，以青圭礼东方，以赤璋礼南方，以白琥礼西方，以玄璜礼北方。[1]

---

[1] 郑玄注、唐贾公彦疏、赵伯雄整理、王文锦审定：《周礼注疏》，卷第十八，大宗伯，见李学勤主编：《十三经注疏标点本》，北京大学出版社，1999年，第477页。

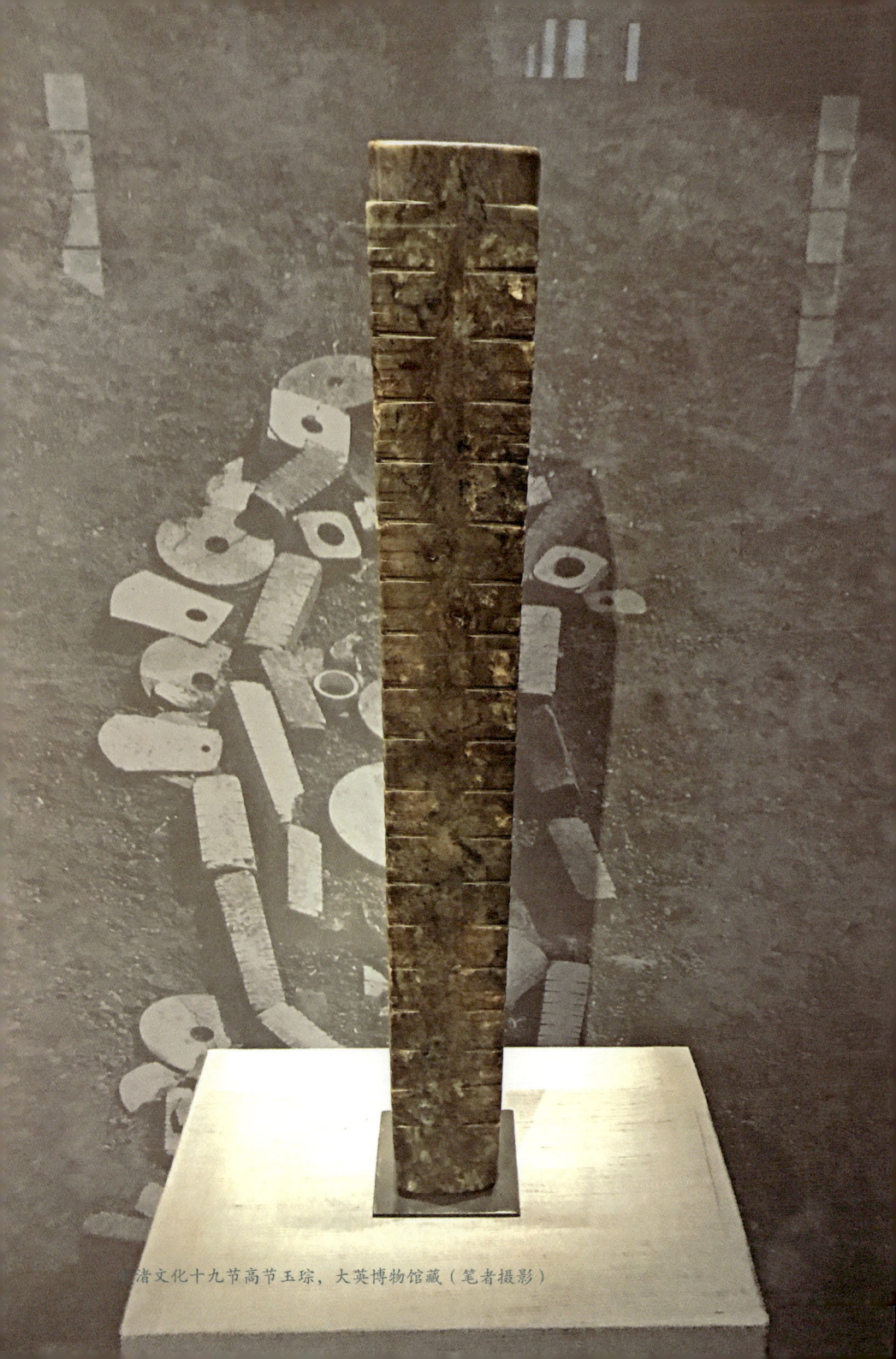

良渚文化十九节高节玉琮,大英博物馆藏(笔者摄影)

璧、琮、圭、璋、琥、璜是六种玉器，古人给这六种玉器配上不同的颜色来祭祀天地四方。因天形圆而色苍，故用苍璧来祭祀天；因地形方而色黄，故用黄琮以祭祀大地。所以璧和琮是古人眼里最重要的两种祭祀用玉。

目前学术界对良渚玉琮的功能和象征意义有多种说法，除了礼地说以外，还有财富说、殓葬说、祖形器说、祖先说等20余种，在此不一一表述。不过，最为大家接受的是祭祀礼地说，以及张光直先生提出的"外方内圆的造型是中国古代宇宙观与通天行为的很好象征物"这一说法。

玉琮最为兴盛是在史前的良渚文化时期。另外，分布在甘肃青海一带的齐家文化在新石器时代晚期也十分流行光素的玉琮以及玉璧。不过，后世玉璧文化一直流行，但玉琮在西周以后，就渐渐失去了原有的礼仪重器功能，变成了文献典籍里记载的礼仪六器之一，现实生活中人们已经逐渐不识上古的玉琮到底是何器物，甚至有将史前玉琮改制他用的现象。我们可以从这件清宫旧藏玉琮上的乾隆御题诗中一窥端倪。

故宫所藏这件玉琮的内孔在乾隆时期被重新打孔，钻成直壁，露出了青绿色的玉质本色。在内孔直壁上，刻画了一首乾隆御题诗，隶书书体，共四行，占满了整个内壁。诗文说：

> 辋头于古不为重，重以历今千百年。
> 物亦当前弗称宝，人应逮后乃知贤。
> 试看血土经沈浸，已阅沧桑几变迁。
> 张释之言真可省，拈毫欲咏意犁然。

后有"乾隆戊戌御题"及"乾"字圆章、"隆"字方章。戊戌年为乾隆四十三年（1778年）。这件玉琮在《清宫内务府造办处活计档》中也有记载：乾隆四十三年五月二十三日，

> 接得郎中保成押帖，内开：十八日太监鄂勒里交旧玉杠头一件，里膛上贴隶字本文一张。传旨：着如意馆刻做，钦此。

清宫造办处档案还记载它是从圆明园淳化轩撤下的。

这件旧玉杠头就是我们现在认知的玉琮，从诗文和档案里可知，乾隆时将这类外方内圆的玉琮称为"辋头""杠头""扛头"。虽然有不同的写法，但都是一类东西。

在玉琮内孔壁刻诗后，乾隆皇帝又命造办处做了一件铜鎏金珐琅胆，放在玉琮内孔，珐琅胆四周烧制了同样的御题诗文，仅落款稍有不同，为"戊戌季夏御题"及"几暇怡情"和"得佳趣"两方印章，季夏为农历六月，显示了珐琅胆的制作时间和内壁诗文刻琢的时间相差无几。这首御题诗的题目为《题汉玉辋头瓶》。

乾隆在御题诗中明确将此类玉琮看作汉代贵族车辇抬竿上的饰件，说明这时的乾隆皇帝是真的不知道上古的琮为何物。配上铜胆后的玉琮因有了一定的实用功能，可作为花囊或者香薰，所以又叫辋头瓶，成为乾隆日常欣赏、把玩的陈设之物。不过，乾隆和工匠们显然都没有看懂玉琮上的纹饰，所以在刻琢诗文时将字迹刻反，与外部的神人纹正好颠倒。

乾隆御题玉琮内珐琅胆，故宫博物院藏（新 117974）

乾隆帝的古玉认识

　　乾隆四十三年秋天，乾隆皇帝在内府大库中又看到了一件良渚玉琮（故 103956）。这件玉琮高 6.8 厘米，边径 8.3 厘米，孔径 6.3 厘米。因为玉琮的内孔壁相对较直，乾隆皇帝并没有命人将其重新打钻，因此玉琮内孔壁依然保留了受沁的鸡骨白色。但乾隆喜好题诗的习惯依旧，一以贯之地将所写的御题诗刻琢在内孔壁上，共五行，楷书，诗曰：

　　　　所贵玉者以其英，章台白光照连城。
　　　　辋头曰汉古于汉，入土出土沧桑更。
　　　　毫采全隐外发色，葆光祗穆内蕴精。
　　　　是谓去情得神独，昔之论画贻佳评。

诗文后面刻琢"乾隆戊戌秋御题"以及"几暇怡情"、"得佳趣"两方阴刻方章。同时，乾隆皇帝命令造办处制作了鎏金铜胎珐琅胆放于内孔，铜胆上也烧制了同样的诗文及落款，仅将"几暇怡情"方章变为"会心不远"方章。查《清高宗御制诗文集》，这首诗的题目依然是《咏汉玉𫐌头》，说明乾隆皇帝还是将这件东西认定为𫐌头。不过关于这件玉器的时代，虽然在诗题中乾隆皇帝还写为咏汉玉，但心中已经有了怀疑，一句"𫐌头曰汉古于汉"，充分说明他意识到这件玉琮的年代是早于汉代的。

乾隆皇帝是中国历史上少有的爱玉如痴的皇帝，对古玉有着一股探究钻研的精神，清宫旧藏的良渚玉琮就是一个典

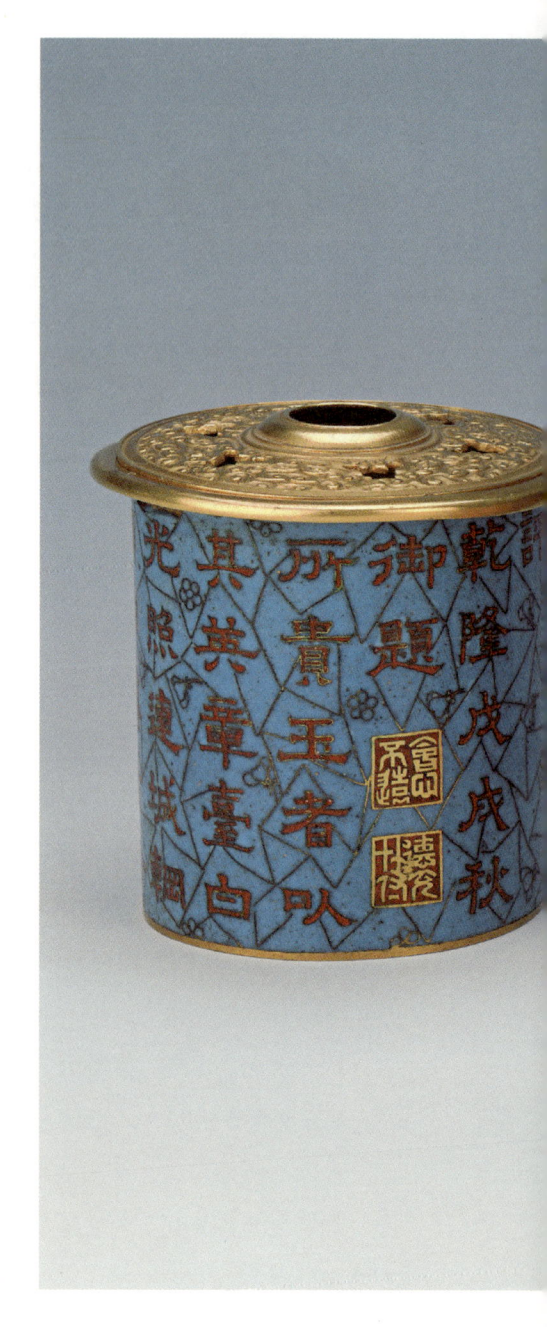

良渚文化玉琮，
故宫博物院藏（故 103956）

良渚文化玉器：苍璧礼天，黄琮礼地　　103

良渚文化玉琮，故宫博物院藏（新 117975）

型的例子。随着乾隆皇帝看到的史前玉琮越来越多，他对这些玉器的功能也产生了怀疑。到乾隆五十八年（1793 年），在另一件良渚玉琮的外壁上（新 117975），乾隆皇帝又写了一首《再题旧玉扛头瓶》，诗中写道：

虽曰饰竿琳与琅，置肩觚觚孰能当。
近经细绎辀头错，遂以成吟一再详。

此时的乾隆皇帝已经 83 岁，再看这类玉琮时，对人们认为它是古代套在辇车抬杆上的饰物开始怀疑，随即在这首诗后写了注释文，释文中写道：

> 按扛头为辇辂异竿之饰无疑,今辇辂竿之头刻龙首,其尾刻龙尾,即明证古人用玉为饰亦其常。但辇辂既重,加以玉石之坚硬,置舁者之肩,觚觚惀瘝,有必然耳?

乾隆皇帝认为扛头是辇辂抬杆上的装饰没有问题,用玉来做也没有问题,但是这种坚硬的东西怎能放在抬者的肩头,谁能忍受这样的坚硬不平?可见此时乾隆对这类外方内圆的玉琮是古代的扛头是有疑惑的。同时他也认为写为"辋"字是不对的,正确的写法应是"扛"(繁体字为"摃")。在另一首《咏古玉扛头瓶》诗文的序言中,乾隆写道:

> 呼此瓶为辋头者不知起于何时?内府最多,不可屈指数。今查辋字不载字典,类其韵盖摃字之讹。字典音冈,去声,亦作平声。又《字林》称掮与扛皆异也,盖古时舁辂辇或以此饰竿头。其无底而通,亦一证也。今定为扛头,旧讹为辋者,亦不必更易。

把玉琮称为扛头、辋头并非始自乾隆皇帝,自宋以后世人对这类玉器便如此称呼。乾隆虽考证以前讹为"辋"字不对,但认为也不必更改。这也是乾隆早年御题诗咏辋头,晚年咏扛头的原因。

乾隆皇帝深受中国儒家文化的影响,他的研究心理源于他本身对古玉强烈的好奇心,这不仅反映在玉琮上,也反映在玉圭、玉璧、玉斧等许多古代玉器上。

不过有意思的是,乾隆皇帝对这类玉琮如此感兴趣,一题再题地写御制诗,但在诗中始终没有提及这些玉琮上的神秘纹饰,即良渚文化玉器上常见的神人兽面纹。

玉琮王局部神徽纹（引自《中国出土玉器全集》卷8第71页图）

在良渚文化遗址中，反山12号墓出土的玉琮王有完整的神人兽面纹，人们都称之为神徽纹，关于良渚玉琮"神徽"的内涵和象征意义，学术界已有大量论文进行阐释，各种意见均有，莫能统一。多数学者认为，"神徽纹"由上下两部分组成，上部是戴羽冠的人面和上肢，下部是兽面及前肢。但是学者们对于上部人面所刻画的对象和下部兽面的原型究竟是什么分歧很大。对于上部人面，有人认为是巫师，有人认为是天神，有人认为是太阳神。而对于下部的兽面，有人认为是虎，有人认为是龙，还有人认为是猪龙。也有学者认为，不管是上面的人面还是下面的兽面，其实都是戴着面具的人装扮的，是远古时期和神沟通的方式，表示巫师骑乘着神兽上天和神沟通。种种说法不一而足，直至今天也无定论。

在发现的良渚文化玉器中，除了少数高等级墓葬中出土玉器上有完整的带有羽冠的神人兽面纹外，大多数的神人兽面纹相对简化，尤其是玉琮上的神人纹，头上的羽冠已经不见，代之以几条平行的阴刻线，这些阴刻线也成为玉琮分节的节线。神人的四肢也简化不见，只剩下眼睛和鼻子、嘴巴的雕刻表现。而兽面也省略肢体和爪趾，只剩下大大的兽眼和带有獠牙的嘴巴。

玉琮王上的神徽纹是一个微雕作品，如此复杂的图案就雕刻在3至4平方厘米的范围内，使得看过的人们会不约而同地发出惊呼和疑问，好奇这么复杂的纹饰是如何雕刻出来的。

如果将这个纹饰放大数倍，我们会发现在1毫米内有多达5、6根线条，这些线条略带抖动，显然是手工刻画出来的。那么谜题又来了：玉的硬度是6至6.5，钢刀都划不动，谁能在玉上徒手划动？即使使用硬度达到7的石英岩、水晶、玛瑙等细石器刻画，要划出如此完美且复杂的纹饰依然困难重重。所以，除了细石器外，有学者提出使用了钻石刻画，还有学者提出使用了鲨鱼牙齿刻画，因为在很多良渚墓葬中发现了鲨鱼牙齿，而鲨鱼牙齿的硬度也能达到7。更有一些人认为史前人类用了一种"软玉法"，就是先用一种汁液将玉沁软再刻画。

现在看来，用硬度达到7的石英类工具刻画的可能性最大。但是谁设计并刻画了这样的纹饰？目前看来，具备这样能力的人肯定不是普通的工匠，而是具有一定超自然能力的部落大巫师。

要让一位或几位大巫刻画所有良渚玉器上的神人兽面纹显然是不可能的，所以我们就看到了简化版的神人兽面纹。这些纹饰应该是等级相对低或是培养的专业工匠制作的。目前在良渚遗址中，确实已经发现了多个玉石作坊遗址，所以当时应该有不少玉石工匠在制作玉器，

良渚文化玉琮神人纹拓片，故宫博物院藏（故 103956）

刻琢纹饰。

　　良渚玉琮中一般矮节琮上既有仅刻琢神人纹的，也有刻琢神人兽面纹的，不过在良渚的高节玉琮上刻琢的都是神人纹。

　　乾隆四十三年秋季题诗的这件玉琮分为三节，每节仅雕刻了神人纹。神人的眼睛是手工刻画的双重眼圈，外眼圈两侧刻出短直线或三角形的眼角。原来羽冠的冠帽已经简化为阴刻平行直线，嘴部则刻画出长方形的螺旋纹。整个冠帽和嘴部均以浮雕法表现，这种雕琢技法需要减地，所以又增加了雕刻难度。不过这件玉琮上乾隆的御题诗文和玉琮的神人纹并未刻反，可见这次无论是皇帝还是玉工都正确识读了玉琮的花纹。不过，对神人兽面纹这么重要而神秘的纹饰，乾隆皇帝选择了视而不见，确实令人感到奇怪。这件玉琮曾辗转流离，但最终又回到了故宫，让我们得以有机会看到古人对这类玉器的认识。

龙山文化玉器：礼运东方

龙山文化兽面纹玉圭

良渚文化在距今 4300 年时走向了末路，但其影响力在其他考古学文化中依然能找到蛛丝马迹，其中良渚的神人兽面纹就是一个特殊的文化基因。

故宫博物院收藏有一件玉圭，长 20.8 厘米，宽 6.5 厘米，厚 1 厘米。玉圭为扁平片状，上端平，刃状，下端有一大一小两个穿孔。玉圭表面呈黄白色，玉质似乎不透明，但打光看，微微透出黄色的光，经科技检测为真正的透闪石玉。

龙山文化玉圭正、反面，故宫博物院藏（新78644）

　　玉圭在穿孔上方，正反两面以手工方式刻画出非常轻浅的纹饰，两面纹饰基本相同。图案上方是抽象的人面纹，看不出眼睛，但是能看出所戴的是一个介字形冠，似乎是以这个冠指代似良渚神徽纹上半部的神人像。下半部为兽面纹，以方折的回纹作为基础纹饰带，围绕出两个兽眼，整体组成了神人兽面纹的图案。玉圭的图案和良渚文化玉器上的神徽纹似乎有着某种联系。

　　这件玉圭造型和山东日照两城镇出土的一件玉圭十分相似。两城镇玉圭比故宫玉圭略

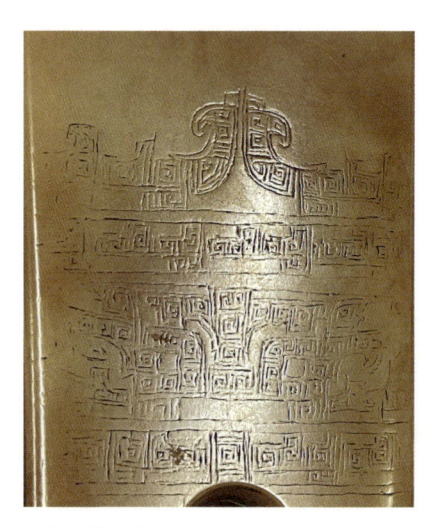

玉圭纹饰细节

小,长17.8厘米、宽5厘米,玉质类似,只是沁色不同,有断裂,后来粘补。玉圭靠近底端的两面均刻有纤细的类似神徽的图像,图像上戴介字冠,下有兽面纹,正反两面都有纹饰,只是纹饰略有不同。两城镇玉圭缺少穿孔,纹饰紧贴下边缘,推测原来下端有穿孔,或由于残损等原因截去了下端一节。

日照两城镇玉圭为山东龙山文化玉器。故宫玉圭从造型纹饰看,应也是山东龙山文化玉器。不过故宫玉圭纹饰为手工刻画的阴线,类似良渚神徽纹的刻画工艺。日照两城镇玉圭纹饰阴线刻画得更为流畅和成熟。从工艺技巧看,故宫这件玉圭比两城镇玉圭的制作时间可能略早。

山东龙山文化距今约4300年到3800年,因1931年首先发现于山东章丘县龙山镇而得名,主要分布于山东境内及苏北地区,承袭同地区的大汶口文化。大汶口文化距今6000年到4300年。在大汶口文化的中晚期,也就是距今5500年到4300年,开始出现较多的玉器。龙山文化玉器受大汶口文化影响较大,但无论是质量还是精美程度都远超大汶口文化。龙山文化玉器具有强烈的礼制意义。现在已发

山东日照两城镇出土玉圭(引自《中国出土玉器全集》卷4第16页图)

龙山文化玉器:礼运东方　　111

掘的主要遗址有山东省历城县城子崖，日照县两城镇、东海峪，潍坊市姚官庄、鲁家口，胶县三里河，诸城县呈子村，茌平县尚庄，泗水县尹家城等。

龙山文化玉器器型非常丰富，主要有钺、斧、铲、刀、凿、圭、璋、璧、牙璧等，其中玉圭、玉璋、玉牙璧都是前期少见的玉器，也是特殊的礼制用玉。

大汶口文化玉器和龙山文化玉器构成了山东海岱系玉器的核心。两城镇遗址出土玉圭上的兽面纹和本地陶器上的兽面纹十分相似，这就意味着玉圭应为本地制作，但是这种类似神徽纹的图案应该是受到了良渚文化的影响。大汶口文化中晚期和龙山文化早期与良渚文化基

龙山文化墨玉圭
北京故宫博物院藏（新67199）

墨玉圭上的纹饰

成组尖首玉圭，汉成帝延陵陵园出土（引自《陕西出土汉代玉器》第72页图）

本同时，所以龙山时期人们的信仰应该也深受良渚文化的影响。

除了上述带纹饰玉圭外，台北故宫和北京故宫还收藏有多件刻有鹰鸟纹和戴介字冠的神人兽面纹玉圭。以日照两城镇出土的玉圭作为标准器，这些传世玉圭都应该是山东龙山文化玉器，它们雕琢的这种神人兽面纹和鹰鸟纹应该是东夷族的共同信仰。台北故宫的邓淑苹先生称之为神祖灵纹。这些刻有纹饰的玉圭也应该是龙山文化中等级最高的玉器。

中国古代的玉圭主要分平首圭和尖首圭两大类。平首圭起源较早，推测由早期人类砍伐的端刃器，如斧和钺等器物演变而来，即从实用器逐渐转变为象征身份地位的礼器。最早的平首圭发现于仰韶文化晚期的西坡遗址，到龙山时期已经相当普遍。目前发现的山东龙山文化玉圭均是平首圭。

平首玉圭和尖首玉圭并非同一起源，关系也不密切，后者出现较晚，推测是从玉戈发展而来。尖首玉圭到战国以后十分流行，形制也固定下来，一直到清代都还在使用。

"以青圭礼东方"是《周礼》六器中非常重要的内容。《周礼》虽然成书于战国，但其内容应该包含战国以前几千年玉文化的发展。玉圭代表着东方，应该和龙山文化玉圭兴起有一定关系。早期的平首圭更多是一种祭祀礼仪用玉，后来兴起的尖首圭除祭祀功能外，还兼有瑞器的功能。西周施行"命圭制度"，天子委派大臣重要任务时要赐予他"命圭"。诸侯或者臣下朝见天子时也要拿着圭。战汉以后，圭和璧不仅是祭祀用玉的主角，也成为日常生活中最重要的瑞玉。

璇玑之辩：龙山文化玉牙璧

中国古代有一类造型特别奇特的玉璧，它们中间有孔，偏平片状，外缘不是普通的圆形，而是像一架旋转的风车，有多个同向的扉牙。故宫博物院收藏有多件这样的玉器，有大有小，齿牙有多有少。例如一件齿牙较钝的三牙璧，最大直径 15.7 厘米，孔径 6.6 厘米，厚 0.15

龙山文化玉三牙璧，
故宫博物院藏（新 143646）

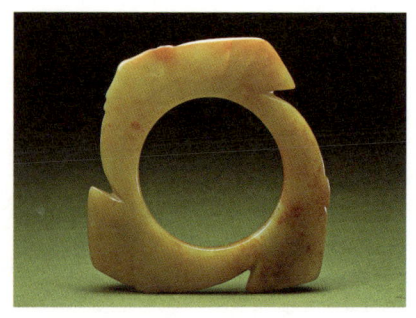

龙山文化玉三牙璧，
故宫博物院藏（新 156500）

到 0.6 厘米，玉器表面呈黄白色，有黑色沁斑，已经看不出玉质。另一件玉三牙璧，黄绿色的玉质细腻温润，每个齿牙上还专门雕出一个凸起，是装饰还是具有实用功能，目前还无法确定。

晚清民国时期，吴大澂先生最早把这种玉器与《尚书·舜典》中的"璇玑"联系起来，认为它是浑天仪中所用的"机轮"。后来就有人把这种玉器称为"璇玑"，长期以来人们都沿用此名。1984 年，夏鼐先生认真探讨了这类玉器的形制和演变源流，采用考古学的方法，将它们定名为"牙璧"。从此，虽然还有一些学者依然叫它璇玑，但是牙璧这个名称逐渐被多数人所接受。

考古发现的牙璧分布范围比较广泛。目前已发现牙璧的地点，北起内蒙古东南部，南到湖北长江北岸，东起黄海之滨，西到陕西西部。不过最集中分布的区域是在辽东半岛南部和山东地区东部，这一地区应该也是牙璧的起源地。牙璧最早见于距今 5500 年的大汶口文化中期，不过在大汶口文化晚期到龙山文化前期，距今大约在 5000 年至 4300 年之间，牙璧出土较多且集中。虽然夏商周三代牙璧还有出土，但是数量骤然减少。东周以后，牙璧基本退出了历史舞台。[1]

牙璧可以说是玉璧的一种变体，目前考古发现的牙璧数量并不太多，大约 50 余件。但世界各大博物馆收藏的传世牙璧则有不少，故宫博物院就收藏有大大小小的玉牙璧 20 余件，时代从大汶口文化晚期到商代均有。

目前所见的牙璧造型有二牙璧、三牙璧、四牙璧、五牙璧等等，都是同一方向旋转。这其中以三牙璧发现最多，其次是四牙璧，二牙

---

1 栾丰实：《牙璧研究》，见《文物》2005 年第 7 期。

黄玉镂雕凤鸟四牙璧，青岛博物馆藏（笔者摄影）

璧和五牙璧较少。有的牙璧在牙与牙之间雕刻出单个或成组的齿状突起，称为扉齿。大多数牙璧都是扁平光素的，唯有青岛博物馆所藏的一件龙山文化黄玉大牙璧为镂空雕琢，这件牙璧为四牙璧，体型较大，大孔，牙体镂雕四只凤鸟同向旋转。凤鸟眼部浮雕，眼睛以桯钻打窝，勾喙，身躯、爪趾以阴刻线刻画。牙内再镂雕四只小型飞鸟，头部均向外，呈展翅飞翔状。牙璧虽有一角残缺，但丝毫不影响玉器设计者的构图，最大限度地展示了玉器的动感和美感。如果将中心大孔喻为太阳的话，四只飞鸟朝向太阳展翅高飞，外围四只凤鸟又旋转一圈。凤鸟是山东史前文化崇拜的对象，是东夷族的信仰。从这一角度看，这件黄玉镂雕凤鸟牙璧堪称龙山文化的牙璧之王。

关于牙璧的功能和用途，学术界早已有讨论，很多学者都有论述。例如我们从牙璧的出土位置看，大多数牙璧位于墓主的胸部或者上半身，可见是佩戴的装饰品，尤其是那些小型的牙璧，很可能最早是作为装饰品使用的。

也有学者认为晚清学者吴大澂所说的"牙璧就是璇玑"有一定道理，这也是牙璧功能的一种解释。《尚书·舜典》中提到："璇玑玉衡，

黄玉凤鸟四牙璧局部（笔者摄影）

以齐七政。"汉代人对璇玑有两种不同的看法：一种主星象说，一种主仪器说。司马迁认为"璇玑玉衡"就是北斗七星。《史记·天官书》认为："北斗七星，所谓'璇玑玉衡以齐七政'。"《晋书·天文志》则把七星中的前四星认作璇玑，后三星为玉衡，与司马迁的主张略有不同。以上这些说法是主星象说。主仪器说认为璇玑玉衡指的是天文仪器。例如汉代的孔安国、英国人李约瑟都认为《尚书》中的璇玑玉衡就是天文仪器。不过夏鼐先生指出，所谓的"璇玑"只是玉璧环中的一种，与天文仪器无关，是装饰品，可能同时带有礼仪上或宗教上的意义，称为牙璧更为合适。学术界现在也基本采纳了夏鼐先生的说法。

但牙璧和天文有无关系，学术界还没有统一意见。例如有学者就认为牙璧是一种简单的天象观测用具。有学者把牙璧定名为"日晕形佩",认为它是一种象征太阳神用以祈雨的日晕形佩饰。还有学者认为这种特殊玉器属于一种敬事鸟神和太阳神的礼仪重器,属于集诸种神威于一身的大神。青岛博物馆所藏的黄玉凤鸟牙璧似乎也证实了这种说法。

杨伯达将其称为玉圆孔边刃三牙器,认为其是女巫事神的神器。栾丰实先生在《牙璧研究》一文中认为,一些个体较大、器形规整、制作精良的玉牙璧应该是用于宗教和祭祀的礼器。他认为牙璧同向旋转的造型与漩涡有相似之处,而发现牙璧最多的山东东部和辽东半岛之间,至少从大汶口文化早期阶段就开始了穿越渤海海峡的航海活动,浩瀚大海中的风浪给当时航海水平不高的人们造成了极大的困难。所以,牙璧在跨越大海的两个半岛地区出现,应该不是偶然的。他还认为,一些中部圆孔特别大且十分规整的玉牙璧可能是与其他器物套叠在一起使用的。如海阳司马台发现的黄白色牙璧,出土时与一件墨绿色有领玉环严密地套合在一起。所以,尽管有些学者证明牙璧不是一种用于实测的天文仪器,但能否最终否定牙璧和有领玉环就是古文献所载用来"以齐七政"的"璇玑玉衡",还需要假以时日。

牙璧这种在海岱地区昙花一现的神秘玉器,和太阳、东夷族凤鸟信仰、海洋、天文预测似乎都有关系,很可能是大巫在某种特定祭祀礼仪中所持的事神道具。当然,这一切还需更多的考古证据来支撑。

肖家屋脊文化玉器：
玉神人兽面像

史前文化中的玉人像一直是大家最感兴趣的玉器，也是各个考古学文化中最重要的玉器。故宫博物院收藏的早期玉人像除了来自红山文化、凌家滩文化的以外，还有一件独特的玉人像。这件玉人高8.2厘米，宽3.9厘米，最厚0.6厘米。玉人像青绿色的玉质表面有一层白色的水沁，边缘稍有些残缺，但不影响整体形象。整器采用镂雕及减地起阳线的手法，雕琢一人一兽，人在上，头部占人体近一半，比例夸张，椭圆脸，雕琢阳文杏眼，微张嘴，大耳，戴有大大的耳环，两侧长发外卷，头上盘发辫，并戴有几何形的冠帽。人物的整个身体则

肖家屋脊文化玉神人兽面像，
故宫博物院藏（新 141917）

是镂雕成简化的几何体，上身长，下身短，上肢内曲，双腿站在一个镂雕的兽面上。人物身体以几何云纹缭绕。兽面以两孔作眼睛，尖耳，似乎是瞪着大眼睛匍匐在玉人的脚下。

这件玉人像是一件孤品，在考古出土品中还没有发现同类品。但如果将其拆分解析，会发现玉人的头部盘发、杏眼、嘴部特征、大耳环等都与湖北肖家屋脊 7 号瓮棺出土的玉人首相似。卷发的样子与湖北谭家岭遗址发掘的 9 号瓮棺中出土的玉双人首连体像也十分相似。玉人脚下的兽首则与谭家岭遗址出土的虎座双鹰下面的虎面相似，类似的兽面在谭家岭遗址 9 号瓮棺也有发现。[1] 这些特征都表明，这是一件肖家屋脊文化的重要玉器。

在介绍肖家屋脊文化之前，我们首先从这一名称的来源——石家河文化——讲起。石家河文化得名于石家河遗址，位于湖北省天门市北部、大洪山南麓的山前地带，是长江中游延续时间最长、面积最大、附属聚落最多的大型城址聚落群。根据考古发掘，考古学家认为

1　刘辉、孟华平：《石家河遗址群谭家岭 2015 年出土玉器综述》，见徐琳、顾万发主编：《玉器研究》第一辑，科学出版社，2022 年。

玉双人首连体像、玉兽面，湖北谭家岭9号瓮棺出土

石家河文化的时间自距今5900年开始，一直延续到距今3800年左右，所跨时间相当长，有2000多年。因为时间太长，文化类型也有差别，考古学家又将它依时间顺序分为油子岭文化、屈家岭文化、石家河文化和肖家屋脊文化。

肖家屋脊文化又称后石家河文化，时间从距今4200年到3800年，最晚可以到距今3700年。因为和前面的屈家岭文化以及石家河文化的考古学面

玉人首，湖北天门市石河镇肖家屋脊出土（引自《中国出土玉器全集》卷10第5页图）

肖家屋脊文化玉器：玉神人兽面像　121

貌有很大不同，所以有考古学家主张将"后石家河文化"改称为"肖家屋脊文化"，以免混淆。肖家屋脊也是玉器较早发现且发现较多的一个地方，我们以前说的石家河文化玉器实际都出于肖家屋脊文化时期，目前在天门石家河遗址、钟祥六合遗址、荆州枣林岗遗址和澧县孙家岗遗址四处有出土，前三处位于湖北江汉平原，孙家岗位于湖南澧阳平原，其中以石家河遗址出土数量最多，类型和工艺最具代表性。

石家河遗址先后发掘出土了四批玉器，分别在罗家柏岭、肖家屋脊、谭家岭和严家山。最早一批于1955年冬发现于罗家柏岭遗址，共出土44件玉器，著名的玉团凤就出土于此。由于玉器造型和工艺过于复杂先进，以致发掘者误认为属于西周时期。第二批于1987年至1992年发现于遗址群南部的肖家屋脊遗址，共出土玉器109件。第三批于2015年11月发现于石家河遗址群中部的谭家岭遗址，共出土各种玉器及边角料246件。第四批于2016年出土于严家山，仅在部分瓮棺葬发现少量残器和加工剩下的边角料。

长江中游的新石器时代玉器一直不算发达。在东部的红山文化、大汶口文化、薛家岗文化、凌家滩文化、良渚文化玉器流行的时期，江汉地区的屈家岭-石家河文化系统几乎找不到治玉、用玉的传统，似乎对玉礼器有一种天然的轻视和排斥。但是有一个很有意思的现象，就是在这个文化系统土崩瓦解、石家河古城遭废弃后，几乎一夜之间，具有鲜明地方特色的玉器横空出世，这就是距今4200年至3800年之间的肖家屋脊文化玉器。这个现象也引起了学术界的高度关注。肖家屋脊文化玉器以玉神人头像和各种动物形象为主要特色，主要动物造型除了虎、鹰等凶猛的野兽与禽类，还有鸟、蝉等飞行的小动物和昆虫。

有学者认为，肖家屋脊文化玉器的突然兴起可能受到了山东龙山文化和河南龙山文化的影响。例如肖家屋脊的神人兽面像就是一种神祖灵纹,所谓"神祖灵",是指神祇、祖先和神灵动物。在古人的思维中,三者可相互转型,这可称为中国远古宗教的"三位一体"观。[1]

除了相互转化的神祖灵观念,这样的玉器可能还有一层含义。故宫收藏的这件玉神人兽面像,人在上兽在下的组合关系是否让我们有似曾相识的感觉？前文介绍故宫所藏的红山文化玉祖神像和良渚文化玉琮上的典型神徽纹图像,都是这样的组合关系。张光直先生认为,良渚的神徽纹可能是巫师与"蹻"的关系,"蹻"类似脚力,巫师借助兽的脚力上天入地,通天地鬼神。同样,故宫这件肖家屋脊玉神人兽面像,人可能代表古国的大巫或王,也可能是神化的祖先或神人,兽是神灵动物,也是神人的脚力。这件玉器可能既代表了使用者本人,也是使用者通天地的法器。他和红山文化玉祖神、良渚文化神徽纹的使用者一样拥有至高无上的权力。

---

[1] 邓淑苹:《龙山时期"神祖灵纹玉器"研究》,见《考古学研究》2022年3期。

齐家文化玉器：璧、琮、璜

从一件齐家文化大玉璧说起

故宫博物院收藏有一件尺寸较大并且带有乾隆御题诗的玉璧。玉璧外周不圆，厚薄也不均匀，最大直径 31.9 厘米，孔径 6.5 厘米，厚 0.6 厘米至 1.1 厘米，中孔单面钻孔。玉璧表面呈现褐红色，不过透光看，可以发现玉璧本应该是青绿色，表面的褐红色为后世染色。

玉璧的两面都有重新打磨的痕迹。打磨后，一面满刻了乾隆御题诗。诗曰：

玉之古率称汉耳，斯突周姬疑复姒，
蒲谷辨等匪所云，惟存素质合太始。
中规面圆尺以盈，肉倍其好平如砥。
沧瀛涌出大轮团，有云晕作红黄紫。
一点精莹不受遮，留照三千万劫里。

诗后有"乾隆己亥御题并识"款识以及"几暇怡情""得佳趣"两方阴刻方章。此诗为乾隆四十四年（1779年）所作，诗题为《汉玉素璧》。虽然只有一首诗，乾隆帝却下令用行、隶、草、篆、楷五种书体雕琢，满布玉璧器身一周。这些文字展现了中国古代玉器上刻字的最高水平。

乾隆做此诗时已经69岁，凭着多年的研究，已经有了很高的古玉鉴赏水平。首先，乾隆皇帝惊讶于玉璧之大，而且红黄紫的颜色，就像沧海中涌出一轮太阳，说明表面的褐黄色染色出现在乾隆以前。明代晚期十分流行将古玉染色，这件大玉璧很可能为明代后期所染。其次，虽然诗题写"汉玉素璧"，但乾隆皇帝

齐家文化大玉璧，故宫博物院藏（故103954）

对它的时代已然产生了怀疑,认为可能是西周末年之物。

经与目前所见考古出土及征集的齐家文化玉器进行形制、治玉工艺、玉料等多方面的比对,我们认为这件玉璧应是齐家文化的玉器。

齐家文化是西北地区一个重要的考古学文化,距今大约4300年至3600年。1924年,在甘肃广河的齐家坪遗址发现了一些早期的文化遗存,因此命名了齐家文化。20世纪70年代以来,在甘肃、宁夏、青海等齐家文化遗址,陆续发现和出土了千余件玉器。由此,学术界开始关注西北地区,发表了多篇论文和文章。对照考古出土品检视故宫藏品,笔者发现故宫所藏的齐家文化玉器竟然数量非常庞大,有300余件之多,是故宫收藏的史前各考古学文化玉器中数量最多的。这一现象和台北故宫邓淑苹先生所描述台北故宫的院藏不谋而合。两岸故宫博物院以及海外各大博物馆收藏的齐家文化玉器数量普遍比良渚、红山文化玉器多,说明齐家文化玉器很早就有出土且被宫廷收藏。

故宫收藏的齐家玉器中有相当一部分是清宫旧藏。因为大多光素无纹,许多玉器后世被改制或者镶嵌变为其他用品,比如成为家具或建筑的镶嵌物,或者用作插屏的屏芯等等。

嵌齐家文化玉璧圆形木几,故宫博物院藏(故84597)

齐家文化玉璧,故宫博物院藏(故99212)

故宫博物院藏有乾隆皇帝题过诗的齐家文化玉璧 10 余件，其中 5 件十分典型。在此件大玉璧之前，还有 4 件乾隆皇帝题过诗的玉璧也很有意思，从中可以看出皇帝对这些玉璧的认识过程。

最早的一件是乾隆十二年（1747 年）所题，说明至少在乾隆早期，齐家文化玉璧已经进入宫廷。此玉璧上的诗题名为《汉玉璧》，据诗中所述，乾隆皇帝不仅将这块玉璧认定为汉代之物，而且认为玉料来源于昆仑山。乾隆十七年（1752 年），乾隆皇帝在另一块齐家文化玉璧上题下了又一首《御题汉玉璧》，此时乾隆皇帝已经 42 岁。

乾隆二十八年（1763 年），乾隆皇帝又发现了一块齐家玉璧，即兴题写了一首御制诗，诗题依然为《题汉玉璧》。不过从诗文中可以看出，乾隆开始对玉璧的沁色感兴趣，研究这类远古玉器表面玉色的变化，表明自己知道世间烧染玉器的情况，但认为这件玉璧没有染色，而是天全而成。而观此玉璧的外表所呈现的颜色，确实与清宫常见玉器上的染色有所不同，更为自然，不过其沉重的色调及顺着肌理进入的褐色条纹是否自然沁色所致，还需将来做进一步的科技检测。

乾隆三十六年（1771 年），61 岁的乾隆皇帝再次得到了一块齐家

齐家文化玉璧，故宫博物院藏（故 83908）　　齐家文化玉璧，故宫博物院藏（故 83909）

齐家文化玉器：璧、琮、璜　　127

文化玉璧。此时他开始对玉璧的年代起了怀疑，认为它不是汉代的玉璧，诗题也不再用"汉玉璧"这样的字眼，而是《题古玉素璧》。诗中讲道："玉气全沈土气埋，千年佳壤伴谁哉。胜于刻画成蒲谷，为许为郲慢致猜。"乾隆表明自己非常喜欢这种古朴而有沁色的素璧，认为它们胜于刻画出谷纹、蒲纹的玉璧，而且比有谷纹和蒲纹的玉璧时间要早，猜测它们可能为西周至春秋时期，是许国（河南地区的小诸侯国，后被楚灭）或者郲国（楚地的一个小诸侯国，后被楚灭）的玉器。这说明，随着乾隆皇帝阅历日丰，对这类玉璧的年代断定已经和年轻时有所不同，倾向于向前推至周代。同时，乾隆皇帝对玉璧的欣赏角度也逐渐转换，不仅重视光素玉璧的古朴之气，也十分注重对埋土千年玉气的欣赏，也就是我们所说的包浆和沁色。乾隆皇帝能从多个角度欣赏玉璧，非常值得称赞。

回头再看乾隆四十四年（1779年）题诗的这件大玉璧，虽然诗的题目依然习惯性写为《汉玉素璧》，但诗中已经怀疑这类玉璧可能源自西周。明清时人们基本将早期的玉器都归为汉代之物，而乾隆皇帝能看出这些玉璧与汉代的蒲纹玉璧、谷纹玉璧有所不同，晚年更是写出了自己的疑问，猜想有些玉璧时代早到西周，同时对玉器的沁色、包浆都有了一定的认识。在没有近代考古学标准器以及科学历史年代观支持的情况下，乾隆皇帝的认识难得可贵，至少代表了他那个时代对此类玉璧研究的最高学术水平。

琮之变：齐家文化玉琮

除玉璧外，齐家文化重要的另一类玉器就是玉琮。故宫博物院收藏有数十件齐家文化的玉琮,有高琮也有矮琮,其中大多为清宫旧藏。在此以一件大玉琮为例谈谈齐家文化玉琮。

　　故宫收藏的这件玉琮体量较大,口径 9.5 厘米,高 28 厘米,射口部分最高 4.7 厘米。玉琮光素无纹。玉料本身是微透明的青白色,器身遍布黄褐色的沁斑和裂纹,沧桑之感扑面而来。玉琮器身十分规整,方方正正的外轮廓,上下射口为圆形。整个玉器没有被染色,应该是原汁原味的齐家文化玉琮。不过,大约在明末清初之时,这件玉琮被配了一个长长的银胆,正好放入玉琮内孔,银胆上孔镂雕为花叶形。因为有银胆托底,配胆以后的玉琮不再上下贯通,而是变成了一个高高的容器,可以用作插花,也可以用作香薰。

齐家文化玉琮,
故宫博物院藏(故 95997)

　　从造型、玉料、工艺等多方面考证,这都是一件典型的齐家文化玉器。与良渚文化玉琮明显不同的是,齐家文化玉琮虽偶见几件刻有简单纹饰的,但基本以光素为主,且四边方直。而良渚玉琮不仅刻有复杂的神徽纹或人面纹和兽面纹,矮琮也大多带有微弧的外形。良渚文化的高琮虽呈现四四方方的体形,但简化的神人纹还是一定要有的。而齐家文化的玉琮,似乎是从一开始就没有想要设计任何纹饰,而是和玉璧一样,有着简单明了的光素。

　　齐家文化玉器历史上即有出土,但都流散各地,传世品颇多,世

最高的齐家文化玉琮，迈阿密大学洛尔艺术博物馆收藏（图片来源于博物馆网站）

界各大博物馆都有收藏。除了两岸故宫，海外博物馆所藏齐家文化玉器也十分丰富。目前所见最大的齐家文化藏品在美国迈阿密大学洛尔艺术博物馆，它高达53.36厘米，上下口径20.3厘米，可以说是目前所见玉琮中最高者。

齐家文化整体分布在甘肃、青海、陕西关中地区一带，大约在公元前2300年到公元前1900年经历了由早到晚的发展过程。最新的考古发掘数据显示，齐家文化晚期向东发展的势头很强，它的核心区一直延续到公元前1600年。齐家文化早期时，以甘肃东部、宁夏南部、渭水上游、西汉水上游、白龙江流域一带为中心，向西可以分布到甘肃中部。宁夏固原的沙塘页河子，甘肃天水的师赵村、武威的皇娘娘台以及近些年发掘的青海民和喇家遗址，经过碳-14测年，年代数据上限已经到了齐家文化早期。

齐家文化发展到中期时，已经覆盖到甘肃全境，还包括宁夏南部、青海东部。在考古学界非常有名的遗址有秦魏家、大何庄、新庄坪和喇家等，都出土有玉器。齐家文化发展到晚期时，在甘肃河西走廊基本消失，向东、东北、东南方向挺进。向东进入陕西宝鸡地区，分布直达西安附近；向北到达内蒙古中南部的朱开沟、白音浩特一带；向

齐家文化玉琮，甘肃天水师赵村第七期8号墓出土（引自《中国出土玉器全集》卷15第28页图）

南经过白龙江、岷江一带，到达四川盆地的大渡河流域。[1]当然，也有学者根据出土的陶器分析，认为齐家文化晚期已经分布到了陕北高原西部，一直到河套地区，在陕北的神木石峁和内蒙古的朱开沟与石峁文化形成犬牙交错的分布态势，内蒙古白敖包就是单纯的齐家文化遗址。[2]

齐家文化玉器经过正式考古发掘出土的不多，其中玉琮仅发现一件，就是甘肃天水师赵村第七期8号墓出土的一璧一琮。但齐家文化玉琮的流散品和征集品非常之多。

1　王辉：《甘青地区新石器—青铜时代考古学文化的谱系与格局》，见北京大学考古文博学院主编：《考古学研究（九）·庆祝严文明先生八十寿辰论文集》，文物出版社，2012年，第210—243页。

2　马明志：《河套地区齐家文化遗存的界定及其意义——兼论西部文化东进与北方边地文化的聚合历程》，见《文博》2009年5期。马明志：《石峁遗址文化环境初步分析——河套地区龙山时代至青铜时代的文化格局》，见《中华文化论坛》2019年第6期。

甘肃静宁县博物馆曾征集到有名的"静宁七宝",即四璧三琮。后经过调查发现,本来出土的应该是八件。村民发现时是四璧、四琮同埋在一个坑里,坑上压了石板。后来公安人员追讨时,有一件玉璧因为破损没有上缴。[1] 从已征集三件玉璧的外径为32.1厘米至27.3厘米推测,那件因破损而未上缴的玉璧应该尺寸相仿。

由此,对于齐家文化的璧与琮,邓淑苹先生提出,它们在祭祀时是配套使用的,是华西大地上先民"天体崇拜"的一种信仰。与之伴随的是"同类感通"的思维,以圆璧象征天,以方琮象征地,这促使华西先民不辞辛劳地琢磨圆璧、方琮,用来作为祭祀的礼器。[2]

陕西宝鸡市扶风县城关镇案板坪村曾出土一璧一琮,两件玉器以同样的玉料制作,璧的中孔可以套于琮的射口之上。有学者曾认为齐家文化先民是以列璧与列琮的方式祭祀,璧与琮组合使用。不过笔者在甘肃一带考察时,发现不少玉璧出土时常常成叠成摞堆放,可以说以列璧形式出现,但不一定与琮配套使用。齐家文化璧与琮的制作一般都不甚规整,所用材料有玉也有石,并不十分讲究。说明这些玉器,尤其是玉璧与玉琮都不是生者自己所用,而是为祭祀祖先或者神灵所做。

琮的问题非常复杂,多数学者认为齐家文化玉琮受到了良渚文化间接传递的影响。当然也有学者认为齐家文化的璧、琮祭祀天地体系

---

[1] 这批玉器出自甘肃静宁后柳河村,最初报导见杨伯达:《甘肃齐家玉文化初探》,见《陇右文博》1997年第1期。但此文中只报导这七件玉器,后据邓淑苹先生记录,当地文管干部口述,得知还有一件未上缴。

[2] 邓淑苹:《观天思地、崇日拜月——齐家文化玉石器的神秘性》,见台北《故宫文物月刊》,2017年4月,第409期。

带盖银鹰座玉琮香熏，江苏涟水三里墩西汉墓出土（引自《中国出土玉器全集》卷7第83页图）

是独立发展的。[1] 这一问题在学术界还存在不小的争议。

不过玉琮这种外方内圆的器物在史前时期确实达到了它自己最高光的时刻，后代人们逐渐不认识这种玉器。1965年，江苏涟水三里墩西汉鱣侯应的墓中出土了一件带盖银鹰座的玉琮，玉琮原为史前齐家文化的光素玉琮，但此时被改制成了一件具有实用功能的香熏。河北满城发现的西汉中山靖王刘胜墓中，竟然将玉琮作为金缕玉衣中的生殖器套。此时距离史前玉琮最流行之时已有至少2000年，这些现象说明，到了汉代，人们对上古玉琮已经不再认识。汉人并不清楚《周礼》中的琮到底为何物，而是延续春秋战国以后玉琮向扁平片状发展的方向，认为玉琮和玉璧一样是扁平片状物，并根据《周礼》的文字描述

---

[1] 邓淑苹：《从清凉寺墓地探史前西、东二系"璧、琮文化"的交会》，见《2015·中国·广河·齐家文化与华夏文明国际研讨会论文集》，文物出版社，2016年。

齐家文化玉器：璧、琮、璜

玉璧、玉琮、玉觿，西安联志村祭祀坑出土（引自《中国古玉器图典》第228页图）

白石璧与琮，明代定陵出土（笔者摄影）

自创了扁平片状的玉琮。目前看到汉代祭祀遗址出土的玉琮是带孔的方片形玉器，估计也是为了配合天圆地方的概念。汉以后这样的片状琮一直延续到明清还在使用，流传过程中按《周礼》附会成四角、六角、八角的片状器等等，以此代表多方，成为礼地的"黄琮"。例如明代定陵就出土有四角与六角的白石琮。至此，玉琮最终落下了帷幕。

当然，真正的史前玉琮至少在宋代还有出土，但人们将其认作古代车輂上的扛头，改制后作为香薰、花插等等，使之成为扛头瓶或菁草瓶，已完全不知它最原始的礼制含义。

璜非璜：齐家文化玉双璜联璧

在故宫收藏的齐家文化玉器中，有一件非常独特的似璧非璧、似璜非璜的玉器，我们将其定名为双璜联璧。

玉璧由两件大小、弧度基本一致的片状玉璜对接而成。玉质本为白色，但被大片的糖色包围，并有较厚的乳白色风化石皮。糖色向乳白色过渡部分还有大量的黑色蚂蚁状斑点，这是玉料本身含有的杂质。两件玉璜均长 20.4 厘米，高 10 厘米，厚 0.7 厘米；玉璜两侧均有穿孔，可用麻绳相连，拼对成一个圆形的玉璧，拼合后外径 20.4 厘米，内径 7.5 厘米。

璜本是一种佩饰物，呈弧形，两端有孔，用的时候两端穿绳系挂，使下端呈弧状下弯。不过这两件玉璜明显不是为了作为佩饰单独使用，

玉双璜联璧，故宫博物院藏（新 196662）

而是组成玉璧使用的。

这件双璜联璧的制作工艺十分独特，采用成型对开方式，即在一块玉料上，先做出一件较厚的玉璜，然后将这件厚厚的玉璜一剖为二，就得到两件大小、造型甚至玉料颜色基本相同的玉璜。如果将这两件玉璜拼在一起，就成为一件非常独特的玉璧。所以，并不是先做成璧再剖成两件玉璜的，而是因为玉料的大小不足以做成一枚大璧，古人就采用了这样一种非常高明的方法，先做璜再联成璧。我们称此种技术为成型对开工艺。成型对开最大限度地利用了玉料，也节省了玉料，从而达到将一件小玉料制成大玉器的目的，提高了玉料的利用率。一般这种治玉工艺要到西周以后才较为多见，现在出现在距今4000年前的齐家文化玉器上，说明齐家文化在治玉工艺上已相当进步。

目前在齐家文化地区，出土有双璜联璧、三璜联璧、四璜联璧，甚至七璜联璧，有许多采用了成型对开工艺。相对而言双璜联璧出土的并不多，类似者有山西清凉寺遗址第三期155号墓中发现的一件双璜联璧，它的璜体也十分宽厚，组合在一起成为非常标准的玉璧。最为多见的还是三璜联璧和四璜联璧。

故宫这件双璜联璧为1986年4月在甘肃省镇原县屯字镇白马村出土。镇原县隶属于甘肃省庆阳市，屯字镇在庆阳市东南，出土的地点靠近出土齐家文化玉器的

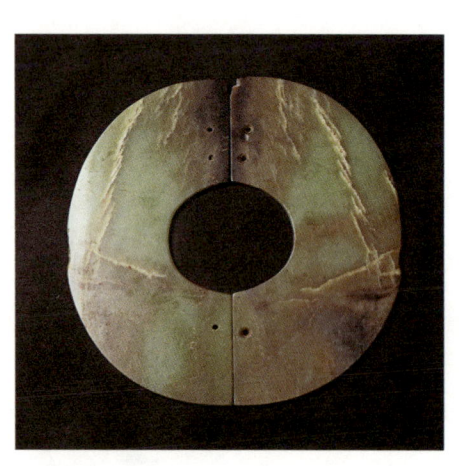

双璜联璧，山西清凉寺遗址第三期155号墓出土（薛新明先生提供）

三璜联璧，青海民和喇家遗址 17 号墓出土（引自《中国出土玉器全集》卷 15 第 138 页图）

三璜联璧，甘肃天水师赵村出土玉（引自《中国出土玉器全集》卷 15 第 23 页图）

大坬山。从器型、玉质分析，这件双璜联璧应为齐家文化玉器。据调查，在庆阳市博物馆和华池县博物馆，也藏有征集于本地的齐家文化玉器，可以确定的有三件，为玉锛、玉铲、玉环。而附近的平凉市以及各地县博物馆，收藏的齐家文化玉器有近百件之多，其中就有联璜玉璧，可知此片区域应是齐家文化玉器发现的一个集中地点。

青海民和喇家遗址 17 号墓中，在墓口发现两组三璜联璧，一组平放、一组竖插在填土中，证明联璧在创型之初，不是用来穿戴于手腕的装饰品。曾经有学者认为喇家出土的三璜联璧是"墓祭"所留。[1] 另外，在甘肃天水的师赵村也曾出土三璜联璧。师赵村遗址属于齐家文化早期，年代大约在公元前 2300 年左右。师赵村和喇家遗址一共出土五组齐家文化玉璜联璧，目前证明都不是人体装饰玉，很可能是祭祀礼器。

在齐家文化里，出土的玉璧和多璜联璧都不被当作腕饰套戴。但

---

1 阎亚林，《西北地区史前玉器研究》，北京大学博士论文，2010 年。

在山西的陶寺文化以及晋南的清凉寺遗址中，同样也出土有玉璧和多璜联璧。清凉寺第三、四期的居民常常将玉璧与多璜联璧当作腕饰，套在手腕上，用法、功能和齐家文化十分不同。至于山西陶寺、清凉寺与齐家文化之间的相互影响关系，在学术界还有不同意见。

两周时期的玉璜不再用联璧的形式，而是用组佩的方式佩戴。玉璜组佩从西周早期一直盛行到春秋时期，在黄河中下游地区的周代各国墓葬中基本都有出土，玉璜的使用也达到了历史上的顶峰时代。

石峁文化玉器：禹锡玄圭

城墙里的秘密：石峁文化大玉刀

如果要找出故宫博物院收藏的早期中国玉器里最大的一件，那么莫过于一件大型的玉刀了。它长达78.7厘米，宽12.8厘米，但非常之薄，最厚的地方只有3毫米，最薄处不到1毫米。玉刀背端有五孔，一端微凹，似柄。这样一件玉刀，因为薄，放在手上能透出手的纹路；因为长，捧在手里有种颤巍巍的感觉；因为太过巨大和稀少，它成为故宫的一级文物。

玉刀用的是石峁文化特有的黑褐色玉料制成，这种玉料经故宫文

石峁文化大玉刀，故宫博物院藏（新51682）

  保科技部同人用科学仪器检测，确定为真正的透闪石玉。石峁文化出土的玉刀、玉牙璋、玉钺等常常用这样的玉料，是石峁人唯独偏爱的玉料。这种玉料的韧性非常高，所以可以切割得很薄。这件玉刀也是目前所见石峁文化玉器中最长的一件。

  这件玉刀从器型到玉料都应归属为石峁文化。2016年，石峁遗址的皇城台遗迹成为中国最轰动的考古新发现。石峁遗址位于陕西榆林的神木市高家堡镇，地处黄土高原北端的黄河西岸，毛乌素沙漠的东南缘。发现的这座皇城台遗址经学者论证是一座城址。碳-14等一系列测年及考古学系列证据检测结果表明，石峁城址初建于公元前2300年前后，废弃于公元前1800年前后，是中国已知规模最大的龙山时代晚期的城址。石峁城址的发现引起了全国轰动，也引发了学术界关于中国文明起源与形成过程中多元性的再反思，再次吸引了人们对探索早期国家形成的兴趣。

  其实石峁遗址很久以前就出土过玉器，只是一直没有引起人们过多的关注。1929年，当时任科隆东亚艺术博物馆代表的美籍德国人萨尔蒙尼曾经在北京见到来自榆林的农民售卖牙璋等玉器42件，其中最大的一件长 53.4 厘米，据说是一件墨玉质的"刀形端刃器"，后被萨尔蒙尼为德国科隆远东美术馆收购。所以，早在 20 世纪二三十年代就有一批石峁的玉器流散到了欧美。大英博物馆、哈佛大学赛克勒博物馆、波士顿美术馆、芝加哥美术馆、日本白鹤美术馆、伦敦大学亚非学院等机构都收藏有出土于石峁遗

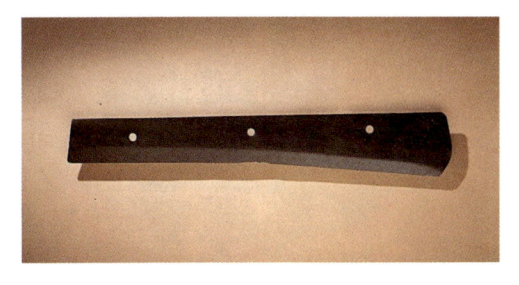

石峁文化玉刀，大英博物馆藏（1937.0416.1，图片来自大英博物馆官网）

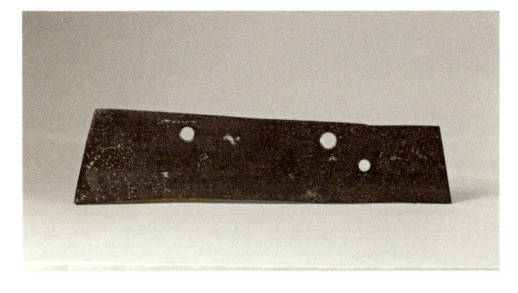

石峁文化玉刀，故宫博物院藏（新 51688）

址的牙璋或玉刀，数量非常之多，其中相当多是民国时期出土并流散出去的。故宫所藏的石峁文化玉器大多也出土于这一时期。

我国的考古学者首次关注到石峁遗址是在 1958 年。当时陕西省开展第一次全国文物普查，石峁遗址得以被记录和确定，但是在当时的条件下遗址保护等建议并没有引起重视。1966 年至 1975 年的 10 年间，神木文化站的负责干部段海田收集了当地出土的玉器至少有 1500 件之多。1975 年至 1976 年，陕西省考古研究所的戴应新先生在神木高家堡公社前后四次进行普查，共征集到玉器 127 件。后来这批玉器分类连续发表在台北《故宫文物月刊》上，引起了大家对石峁玉器的重视。此后几十年间，中国社会科学院考古研究所、陕西省考古研究所以及榆林和神木多家单位先后不下数十次对石峁遗址进行了调查，

石峁文化玉器：禹锡玄圭　　141

石峁遗址出土的石雕雕件夹杂在城墙内　　夹杂在城墙内的石峁玉钺

征集了一些具有龙山时代特征的陶器、玉器及大量细石器等物。2016年确认了石峁遗址是以"皇城台"为中心，内城和外城以石砌城垣为周界的一座罕见大型石头城，城内面积逾 400 万平方米，是距今 4000 年前后中国所见规模最大的城址。在城墙内还陆续发现了大量石头雕像，雄伟壮观，令人惊叹。[1]

在石峁考古中，玉器的发现尤为奇特。一开始，常有老乡说墙里发现有玉器，令人不可置信。在石峁遗址系统考古发掘开展之后，以石峁外城东门址的正式发掘为起点，发掘出一批有着明确地层年代及埋藏背景的玉器，最重要的是发现多件玉器插在城墙内，这种"藏玉于墙"的特殊现象，改变了之前学界普遍认为石峁玉器全部来自墓葬的推断，也又一次引起了学术界对于石峁玉器的关注。

石峁遗址的发掘，首次明确了石峁玉器的出土地点。总体来说有三类：一是石砌门址周边，就是城墙里；二是大型土坑墓；三是祭坛及祭祀坑。发现的石峁玉器种类繁多，玉刀、牙璋、玉钺是出土最多的。另外石峁所用玉料庞杂，其中黑色系玉料是石峁玉器独有的，但是也

---

[1] 孙周勇、邵晶、邸楠：《石峁遗址的考古发现与研究综述》，见《中原文物》2020 年 1 期。

有不少玉料与齐家文化玉器用料一致。在治玉工艺方面，端刃器体形扁薄是其重要的工艺特点，显示了当时片切割技术的高超。石峁文化应该有自己的玉器加工和分配体系。

目前关于石峁玉器的研究仍有许多基本问题没有解决，但在红山文化和良渚文化衰落之后，石峁文化已发展成为与齐家文化、肖家屋脊文化、龙山文化一样的早期中国时期重要的用玉中心。

吴大澂的认识：石峁文化玉牙璋

在早期中国时期，有一类造型非常独特的玉器，故宫博物院收藏有多件。以故宫藏品为例，这件玉器表面看起来通体黝黑，细长条，长 33.5 厘米，宽 5.4 厘米，厚 0.6 厘米，通体光素，首端刃部内弧，锋利。近刃部处打磨内凹，柄端有一孔，柄部两侧各出一个小齿牙。

我们现在通常把这种刃部内弧、柄端出牙的玉器称为牙璋。牙璋这个名字最早见于《周礼》,《周礼·考工记·玉人》一节记载："牙璋……以起军旅，以治兵守。"汉代学者郑玄注释说，"有锄牙之饰于琰侧"，

石峁文化玉牙璋，故宫博物院藏（新 126116）

琰是美玉的意思。[1] 牙璋在形制上的主要特征是琰侧有"锄牙"之饰。两汉以来，不少学者曾经为牙璋作过注释和图解，但由于《周礼》等书关于牙璋的记载过于简略，因此各家的说法都不一致。

真正首次参照《周礼》把牙璋实物辨识出来的人是晚清的金石学家吴大澂。在其所著《古玉图考》中，他将自己收藏的一种玉器定名为牙璋，并说牙璋的形状"首似刀两旁无刃……独有旁出之牙，故曰牙璋"。[2] 从吴氏所藏牙璋的线绘图看，确实与我们现在看到的牙璋有相似的出牙造型。邓淑苹先生研究过世界各地博物馆所藏的原吴大澂藏品，认为吴大澂收藏过多件真正的石峁文化墨玉牙璋。虽然光绪十五年（1889 年）出版的《古玉图考》中注录的那件线绘图牙璋看似当时的赝品，但是吴大澂有真品收藏，真品可能是《古玉图考》付梓后到吴大澂去世前（1889 年至 1902 年）购入的藏品。[3] 因此吴大澂是见过真牙璋的，真品与故宫这件玉器非常相似，由于该器的柄部有"旁出之牙"，因此吴氏将这类玉器定名为牙璋。

此后，学者们虽然有不同观点，但是因有出扉牙的共同特征，大多数学者还是将这样造型的玉器称为牙璋。当然，也有学者对这类玉器有不同的定名。如夏鼐先生将其称为"刀型端刃器"，并解释为"形似扁平长条的刀，但锋刃不在长边而在较宽广的尾端，是斜刃或平刃而常稍内凹成弧，柄部方形常有一小孔"。[4] 虽然这样命名较为科学，

---

1 郑玄注、唐贾公彦疏、赵伯雄整理、王文锦审定：《周礼注疏》，卷第四十一，冬官考工记下，玉人，见李学勤主编：《十三经注疏标点本》，北京大学出版社，1999 年。
2 吴大澂：《古玉图考》，光绪十五年上海同文书局石印本。
3 邓淑苹：《牙璋探索——大汶口文化至二里头期》，见《南方文物》2021 年第 1 期。
4 夏鼐：《商代玉器的分类、定名和用途》，见《考古》1983 年第 6 期。

但是这个名字并没有普及开来。王永波先生认为应该叫"大钺",同时认为以往考古发现中的一种用途不明的"玉柄形器"应为牙璋和中璋。[1]

孙庆伟先生认为它是《尚书·禹贡》中所说的"玄圭"。[2] 因为《禹贡》在叙述大禹治水成功,划定九州之后说:"东渐于海,西被于流沙,朔南暨,声教讫于四海。禹锡玄圭,告厥成功。"意思就是"在华夏的声威教化达到四海的尽头的时候,上帝赏赐给禹一个玄圭,用以向普天之下宣布他的大功告成"。"禹锡玄圭"的传说在很多文献里都有记录。确实,玄是黑色的意思,而我们目前看到的牙璋,大部分是深色系,尤其是石峁文化的牙璋,大多如故宫所藏的这件一样呈黑褐色。

笔者个人其实很赞同孙庆伟先生的观点,牙璋很可能就是文献中记载的玄圭。不过由于牙璋这个定名已经成为一个约定俗成的叫法,一说起牙璋,大家脑海中都会不约而同浮现出这种造型独特的出齿牙玉器。在没有明确证据的情况下,按照习惯称之为牙璋最为合适。

需要注意的是,牙璋不能省略为一个字"璋"。"璋"是周代、汉代的玉礼器,按照《说文解字》的解释是"半圭为璋",是没有扉牙的片状器。而"牙璋"的基本造型包括本体、

玉璋,西安联志村祭祀坑出土(笔者摄影)

---

1 王永波:《牙璋新解》,见《考古与文物》1988 年第 1 期。
2 孙庆伟:《再论"牙璋"为夏代的"玄圭"》,见杨晶、蒋卫东执行主编:《玉魂国魄——中国古代玉器与传统文化学术讨论会文集》(六),浙江古籍出版社,2014 年。

扉牙、柄三个部分。牙璋到周代就已经基本不见，也并非周代的玉礼器。所以不要误认为"牙璋是璋的一种"。牙璋和周、汉时的"璋"完全是两种器物，相互之间没有承继关系。

牙璋是新石器时代晚期到商王朝时期玉器中最为特殊的一类。相比其他玉器来说，牙璋器形大、制作精美，不仅有单齿牙，还有复杂的成组齿牙。另外，牙璋分布范围广，其名称、功能、最早发源地以及传播路线等一系列关键问题学术界均缺乏共识，讨论得也最为热闹。[1]

目前发现存世的牙璋有上百件之多，有出土品，也有世界各大博物馆所藏的传世品。出土或有明确征集地点的牙璋主要集中在山东、中原、陕北以及成都平原，福建、香港、越南北部也有零星发现。邓聪先生通过研究绘制出东亚牙璋分布图，被学术界广泛引用。[2] 商代以前的牙璋重要出土区域在山东、河南和陕北地区，如山东临沂大范庄、海阳司马台、五莲上万家沟北岭、沂南罗圈峪村等四处遗址发现过8件牙璋。中原及邻近地区主要见于二里头、花地嘴、下王岗和东龙山等四处遗址，共发现7件。

陕北地区发现的商代以前牙璋最多，集中出现在神木石峁遗址。1976年，戴应新先生在该遗址征集到的127件玉器中，就包括28件牙璋。[3] 据老先生回忆，征集前已经有许多黑色玉器被卖了出去。故宫

---

1 讨论牙璋论文颇多，例如邓淑苹：《也谈华西系统的玉器（二）——牙璋》，见《故宫文物月刊》第十一卷六期，总号第126期，1993；杨伯达：《牙璋述要》，见《故宫博物院院刊》1994年3期；邓聪：《东亚最早的牙璋——山东龙山式牙璋初论》，见山东博物馆等：《玉润东方：大汶口——龙山、良渚玉器文化展》，文物出版社，2014年等等。
2 邓聪主编，郑州市文物考古研究院、香港中文大学中国文化艺术研究中心编：《牙璋与国家起源——牙璋图录及论集》，科学出版社，2018年。
3 戴应新：《神木石峁龙山文化玉器探索（二）》，见台北《故宫文物月刊》总第126期。图片引自此文。

收藏的这件黑色牙璋，无论从器型还是玉质看，都应该是神木石峁地区早期出土并被卖掉的石峁文化牙璋。这一类型的牙璋在故宫藏品中还有多件，甚至海外博物馆也藏有多件典型的石峁牙璋。可见，石峁牙璋实际的制作数量相当多。

石峁牙璋大致包括两类，第一类是典型的单阑式牙璋，比如故宫这件。第二类是阑部及阑部以上有数个对称的钮牙。石峁遗址出土的单阑式牙璋与中原及山东地区所见的同类器物形制基本接近，年代大

石峁单阑与多阑式牙璋，
戴应新先生征集

致相当,即在龙山晚期至二里头文化一期之间。第二类牙璋年代则稍晚。例如带有古蜀特色的牙璋,整体时间段集中在商代,比中原、山东和石峁牙璋要晚。

因为出土地点不同,但时间段基本相同,故牙璋的起源问题就成了学术界的重要议题。例如孙庆伟先生认为牙璋起源于中原地区,是夏王朝的核心礼器,它随着夏文化的扩张而向外传播。栾丰实先生认为牙璋是东夷集团的礼器,海岱地区发现的8件牙璋,时代在大汶口晚期至龙山前期,比其他地区早,应是牙璋的起源地。[1] 邓淑苹先生认为公元前2400年至公元前900年是牙璋的主要发展时期,长达1500年左右,最早约在大汶口文化晚期,以山东罗圈峪遗址出土的牙璋为代表,最晚约为金沙遗址的高峰期。在牙璋的前期发展中,推测为农具、工具性质的厚实牙璋最初可能源自山东。拥有墨玉矿源的石峁文化先民将之转变为薄锐的兵器,有的上面还加雕特殊扉牙。因石峁文化可能存在长达900年(约公元前2300年至公元前1400年),所以石峁牙璋存世者数量可观。但公元前2100年至公元前1500年可能是石峁文化最强盛且具侵略性的阶段。[2]

这件故宫石峁牙璋首端很薄也很锋利,细看有使用痕迹,当时尚无青铜兵器,这样的玉器除了祭祀是否还有一定的实用性质,很值得进一步研究。目前的考古资料显示,有的牙璋出土于祭祀坑,有的出土于墓葬,是否具有不同的意义也值得探索。

---

1 栾丰实:《大汶口与良渚》,见山东博物馆等:《玉润东方:大汶口——龙山、良渚玉器文化展》,文物出版社,2014年。
2 邓淑苹:《交融与创新——夏时期晋陕高原玉器文化的特殊性》,见《玉汇金沙——夏商时期玉文化国际学术研讨会论文集》,科学出版社,2018年。

目前看来，牙璋在山东大汶口文化晚期出现，可能来源于生产工具，后逐渐演变，在石峁文化中发展壮大，成为一种祭祀用器或礼仪性兵器。石峁文化的牙璋影响了成都平原的月亮湾文化、三星堆文化，也影响了中原的二里头文化。以后随着商族的崛起，牙璋礼制在中原消失。而陕北石峁的牙璋文化则顺着"边地半月形传播带"南传至蜀地，甚至传播至越南北部。

1.定西　2.新庄坪　3.清水　4.石峁　5.东龙山　6.花地嘴　7.大路陈村
15.金沙　18.汪家屋场　19.望城岗　20.桐柏月河
16.三星堆　17.燕家院子　22.Xom Ren

东亚牙璋分布图（邓聪先生摄影制作）

11. 罗圈峪　12. 司马台　13. 大范庄　14. 上万家沟北岭

● 龙山式
● 龙牙璋
● 其他

33. 普宁　34. 漳浦眉力　35. 虎林山

25. 南雄
26. 红花林

24. 感驮岩　27. 东湾　28. 大湾　29. 墨依山　30. 鹿颈村　31. 村头　32. 仙桥

二里头文化玉刀：夏之谜

故宫博物院收藏的玉刀有多件，但仅有一件是典型的二里头文化玉刀，就是这件五孔大玉刀。玉刀长 64.2 厘米，宽 11.7 厘米，厚 0.4 厘米，呈扁平梯形，平背，直刃较长，刃圆钝，两侧斜边，上端有五孔，玉刀两端有数条平行相交的阴刻线构成菱格纹。

玉刀刃部并未加工成锋利的边刃，也没有使用痕迹，表面还残存着朱砂，整体厚重大气，虽是玉刀形制，但并非实用器，而是具有礼仪性质的礼器。

这件玉刀从造型、纹饰上看，与河南二里头文化四期出土的一件

二里头文化大玉刀，故宫博物院藏（新 136036）

七孔玉刀，河南偃师二里头文化四期出土（引自《中国出土玉器全集》卷 5 第 14 页图）

七孔玉刀相似，那件玉刀大约长 65 厘米，宽 9.5 厘米，两端也有交叉的斜直线组成的菱格纹。虽然开孔数量和旁出戚齿有所不同，但从纹饰风格看，两者基本相同。

大家对二里头文化可能比较陌生，但如果说到夏朝，大家一定耳熟能详，这是中国最早的一个王朝，也是司马迁在《史记》中记载的第一个朝代。二里头文化遗址现在被大多数学者认为是夏王朝的都邑所在。

二里头遗址位于河南省洛阳偃师市二里头村，此地按古人的认识当是"天下之中"。1959 年，徐旭生先生发现了二里头遗址，并由中国社会科学院考古研究所进行试掘。此后，经过几十年的田野工作、大规模的钻探发掘，在这里发现了中国最早的城市主干道网，最早的宫城，最早的中轴线布局的宫殿建筑群，最早的封闭式官营手工业作坊区，最早的青铜礼乐器群、兵器群以及青铜器铸造作坊，最早的绿松石器作坊，最早的使用双轮车的证据等等。可以说，这里是中国乃至东亚地区最早的具有明确城市规划的大型都邑。

二里头文化一共分为四期，现在学术界虽然还有不同意见，但大多数学者认为这四期都是夏文化。二里头一期大约从公元前1900年到公元前1600年。中国夏商周断代工程在2000年公布了《夏商周年表》，年表显示夏代的始年为公元前2070年，这意味着二里头文化是夏文化的中晚期，中间还有近两个世纪的缺环，也就是说夏代的始年要比二里头一期还早。至于夏的早期都城在什么地方，学术界至今没有达成共识。不过从考古学角度讲，这200年左右的时间里，中原地区仍然处于邦国林立、战乱频仍的时代，考古学称之为"龙山时代"或"龙山时期"。这一时期各类人群显然还固守在自己的地盘，但可能已经开始"逐鹿中原"。

有学者认为在夏王朝前期，从考古学的角度看不到与文献相对应的"王朝气象"。但是，中原周边地区的各支考古学文化先后走向衰落；到了公元前1800年前后，中原龙山文化系统的城址和大型中心聚落都纷纷退出历史舞台，比如前文介绍的石峁文化、肖家屋脊文化、龙山文化等等。相反，中原的二里头文化在公元前1900年以后迅速崛起，在极短的时间内吸收了各地的文明因素，以中原文化为依托发展壮大。从考古学上讲，二里头文化的分布范围首次突破了地理单元的制约，几乎分布于整个黄河中游地区，其文化因素向四围辐射的范围更远大于此。所以，许宏先生认为二里头文化与二里头都邑的出现，表明当时社会由若干相互竞争的政治实体并存的局面，进入广域王权国家阶段。黄河和长江流域这一东亚文明的腹心地区开始由"多元化"的邦

二里头遗址出土绿松石龙（笔者摄影）

国文明走向"一体化"的王朝文明。[1]

不过和二里头都城的高度发达相比,二里头文化的玉器制造业并不十分发达,反而是绿松石制品数量庞大,出土有 1000 余件,重要者如绿松石龙及牌饰等等。[2] 二里头遗址出土的玉器一共只有 50 余件,和其他考古学文化相比并不多,主要有玉柄形器、玉牙璋、玉刀、玉圭、玉璧戚、玉戈、玉管等 16 种器型。各类玉器数量不一,缺少固定的玉器组合,表现出明显的随意性,随葬位置也很随意,说明此时还没有形成规律性的用玉制度。

二里头一期没有发现玉器,只有 2 件绿松石制品。二期玉器有所发展,三期较多。二里头文化中比较重要的玉礼器主要出土于三期墓葬,如柄形器、玉牙璋、玉刀等。这一现象与三期时夏代王都文化繁荣的景象密不可分。四期的玉器出现明显衰落的趋势,玉器数量较之三期大大减少。同时四期的绿松石数量也骤减,说明当时二里头文化与外地的远距离物品流通受到了较大的限制。主要原因可能在于政治上的变迁,商人开始控制绿松石的产地。四期玉器中礼器和仪仗器的种类也大量减少,显然是因为二里头的王都地位被新兴起的偃师商城所取代。

二里头文化出土玉器较少有一个重要的原因,即中原地区缺少玉矿资源。没有丰富的原材料供应直接束缚了中原夏王朝的用玉。相反,因为河南西南部、湖北西北部地区有着丰富的绿松石矿资源,二里头文化比起中原周围的考古学文化,在玉器使用上虽然较弱,但是在绿

---

[1] 许宏:《二里头与中原中心的形成》,见《历史研究》2020 年第 5 期。
[2] 参考中国社会科学院考古研究所编著:《二里头》(1999–2006),文物出版社,2014 年。

兽面纹玉柄形器、玉圭，河南偃师二里头文化遗址出土（引自《中国出土玉器全集》卷5第9、10页图）

松石使用上有着明显的优势，绿松石也被誉为夏王朝的"国玉"。

二里头玉刀一共出土4件，分属于三、四两期，从玉刀的造型看，可能受到陕北石峁文化或者山东龙山文化的影响，它们均没有实用性，是礼仪用玉。故宫收藏的这件二里头文化玉刀，收购于1961年，保存完好，尤其显得弥足珍贵。

商周时期

异彩缤纷的商代玉器

说到商代玉器，可能大家马上就能联想到安阳殷墟，因为殷墟有座大名鼎鼎的妇好墓。1976 年，这处墓葬由中国社会科学院考古研究所发掘，共出土了 755 件玉石器，也是目前所见出土玉器数量最多的一处墓葬，自此商代玉器正式走进了大众的视野。

故宫的藏品中有商代玉器吗？答案是不仅有，而且是故宫收藏明代以前历朝历代玉器中数量最多的，有 1500 件左右，不过这些玉器大多数藏于深宫没有发表。以往我们研究玉器并没有太过注意数字，但如果拿故宫收藏的商代玉器数量和考古发掘出土的殷墟玉器数量做一对比就很惊人了。2000 年,有学者对民国以来殷墟考古发掘的玉石器进行了统计,大约为 2600 件,2011 年又有学者对此进行了补充和修改,增加了 341 件玉石器。[1] 至今,这一数字还会有所增加,总量在 3000 多件应没有问题。由此可见,故宫收藏的商代玉器数量接近出土玉器的一半,它们少部分是清宫旧藏,但大多数是民国时期出土,20 世纪 50 年代由政府拨交或故宫购藏进宫的。这其中相当一部分是民国时期殷墟出土之物,被琉璃厂的古玩商盗卖至北京。

1899 年发现甲骨文以后,安阳就成为一个古董商人常常驻守的地方,从此处被盗掘出来的文物不计其数。世界上众多著名的博物馆都藏有来自安阳殷墟的文物,且在总出土文物数量中的占比很高。美国的弗利尔博物馆、赛克勒博物馆、哈佛大学福格美术馆等都有相当多的商代玉器。据推测,这些散落在世界各地的商代传世玉器总数未必低于考古发掘品的数量。从数量如此多的商代玉器可以看出商代治玉的兴盛以及商人对玉的爱好,这也印证了文献记载。

《史记·周本纪》载,商王纣登鹿台自焚之时,"蒙衣其殊玉,自燔于火而死"。就是说纣王是穿着缀满玉器的宝玉衣登上鹿台自焚而死的,为的是借助宝玉衣的力量升仙。《周书》亦有此说,并注曰:"凡焚四千玉也。"《逸周书·世俘解》称:"凡武王俘商旧玉亿有百万。"这两条史料虽在具体数字上有一定的夸张,后人的解释也未必可靠,且"亿有百万"很可能只是古人描述数量多的一个虚称,但从中可见商王室当时确实拥有数量可观的玉器。

---

1 唐际根:《殷墟玉器的发现与整理》,见《考古与文化遗产论集》,科学出版社,2009 年。丁思聪:《殷墟玉器的发现、研究与新思考》,见《三代考古》(六),科学出版社,2015 年。

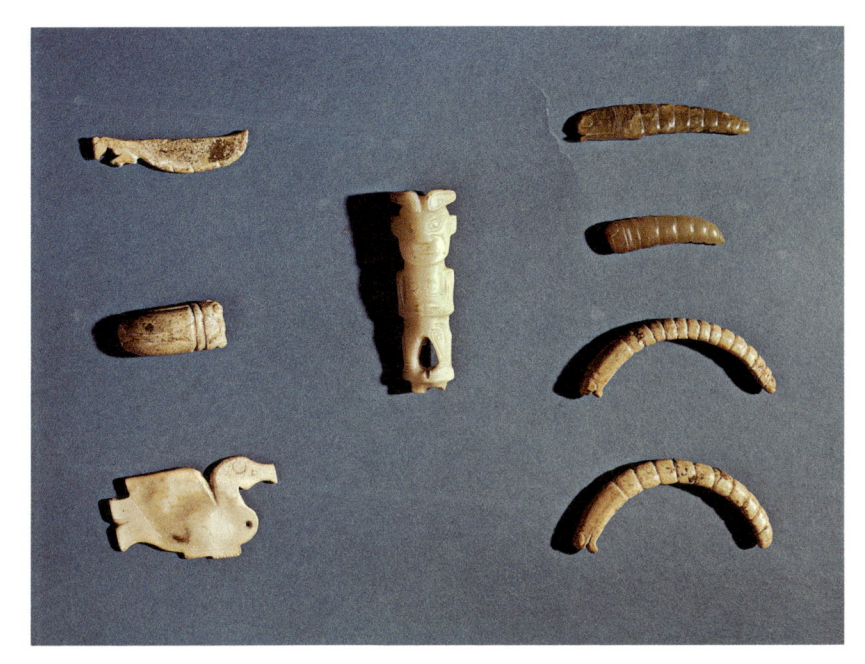

中国商代玉器，哈佛大学艺术博物馆藏（翁万戈先生摄影）

故宫所藏的商代玉器，从器物功能角度分类，主要有五大类：

1. 礼器类：璧（璧、有领玉璧、牙璧）、琮、环、璜、圭、璋、柄形器等。

2. 兵器类：戈（分大戈、小型佩饰戈）、矛、箭镞、戚、钺等。

3. 工具类：斧、铲、锛、刀、刻刀、觿等。

4. 日用类：簋、笄、耳勺、镇、玉筒形器、玉韘、玉杵等。

5. 赏玩器及装饰品：各种动物形玉雕，如螳螂、龟、鳖、蛙、牛、鹿、鱼、蝉、龙、鸮、鸟、蚕、泥鳅、大鲵（娃娃鱼）等，做得惟妙惟肖。还有玉人形佩、玉管、玉玦等，其形体均不大且均有穿孔，可挂系在身上。

异彩缤纷的商代玉器　163

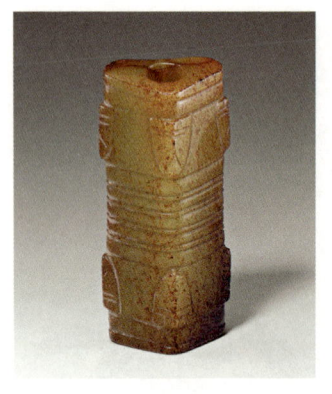

商代蝉纹玉管，
故宫博物院藏（故 84182）

商代碧玉龙，
故宫博物院藏（新 116217）

  以上分类只是相对的，各类功能间有所交叉，如兵器类并非只有实用功能，有些还是一种礼仪用器；工具类日常可用，但也可以作为礼仪用器；小型的兵器和日用工具可系挂在身上做装饰品等等，分类并不绝对严格。故宫所藏的商代玉器不仅包罗了目前考古发现的各种商代玉器品类，而且还有不少独特品种。一些带有铭文的玉器对研究商代玉器有着相当大的参考价值。

  故宫所藏的商代玉器绝大多数为闪石玉，这一特点和妇好墓出土玉器类似。2016 年，中国社会科学院文保中心为配合首都博物馆的妇好墓展览，挑选了 100 多件具有代表性的玉石器进行检测。结果显示闪石玉所占的比例颇高，许多以前肉眼所看以为是石器的器物经过拉曼光谱和红外光谱检测均是闪石玉，也就是说，妇好墓出土的 755 件玉石器绝大多数是闪石玉，这说明商朝人的辨玉能力非常之高。

商代玉璧虎，故宫博物院藏（新 141589）

20世纪80年代左右，有学者指出，妇好墓中已经有和田玉，新疆和田玉早在商代已进入中原。这一观点随即被大家接受并沿用，笔者以前也一直这样认为。但是2015年底为配合首博的妇好墓展览，笔者有幸参与了社科院文保中心对妇好墓出土玉器的科技检测。带着对玉料的关注，笔者专门挑选了一批原来认为是和田子料的玉器，比如

商代玉凤鸟，故宫博物院藏（故103947）

对一件颇像和田子料的羊首形器进行了能谱成分及沁色分析，结果完全出乎笔者的意料，原本以为是和田子料的玉皮色其实并非皮色，而是埋入地下后受环境影响沁入的次生色。由此也使笔者对妇好墓中有和田玉的看法产生了怀疑。在以后的检测过程中，也没有发现具有和田子料典型特征的玉器。由此，再回头检测故宫收藏的商代玉器，依然没有看到和田玉的影子。至此，笔者开始对和田玉在商代就已传入中原的看法产生怀疑。

商代玉料主要来自何处？从目前最新的考古发现看，甘肃地区有着丰富的闪石玉矿，例如马鬃山发现有山料玉和戈壁料玉，马衔山有山料玉和子料玉，敦煌的旱峡玉矿也有闪石玉，而邻近甘肃的青海地区以及青海甘肃交界的祁连山区也发现有闪石玉矿。青海玉矿的规模

商代玉人，故宫博物院藏（新 5545）

商代双凤鸟纹玉璜，故宫博物院藏（新 142775）

异彩缤纷的商代玉器　　167

很大，主要在格尔木地区，属于昆仑山脉东缘入青海省的部分，主要是山料，也有少量戈壁料和山流水料。祁连山地区近些年也发现有玉矿，甚至发现有非常好的碧玉矿。这两个地区海拔都在4000米以上，估计古代开采山料不太可能，但是因相对海拔落差在1000米以内，捡到山流水料及戈壁料的可能性很大。故商代玉器中部分白色且透明度较高的玉器，以及内部带有"水线"的玉器，不排除其玉料来自青海地区。

总之，笔者认为大量的商代玉器应该是使用了甘肃、青海、祁连山及以东地区所产的玉料，并不涉及西部昆仑山的玉料，新疆和田地区的玉料在商代时还没有输入中原地区。

除了真正的玉料外，在对妇好墓玉器的检测中还发现了许多其他材质，如绿松石、孔雀石、萤石、大理岩、石英岩等。这类材质的玉器在故宫藏品中也有不少，比如一件萤石鳖。它长5.5厘米，宽4.1厘米，

商代萤石鳖，故宫博物院藏（新97147）

反面有对穿孔。长久以来大家一直以为它是玉，但打光看才发现它是萤石制品，绿色的萤石因器身被涂上了一层朱砂，掩盖了原本材质的颜色。

萤石又名氟石，是钙的氟化物矿物，呈玻璃光泽，透明至半透明，莫氏硬度为4，性脆。萤石因含不同杂质，常见各种颜色，上等的绿色萤石又称"软玉绿晶"，可作宝石用。萤石早在7000年前的浙江河姆渡文化中就有发现，商代墓葬也偶有出土，妇好墓中就有萤石珠、萤石芯等。萤石在中国的产地很多，而商代的萤石很可能来自河南地区，如河南洛阳、南阳、信阳都出产萤石矿。

皇帝的碗托子：
商代有领玉环

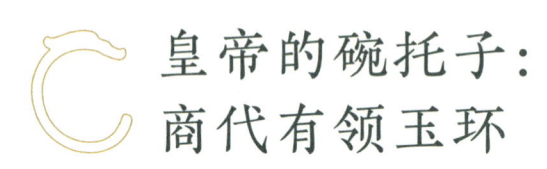

在清宫旧藏的玉器中有这么一类，它们被乾隆皇帝称为碗托子，甚至因托子而专门订制玉碗。

我们找到一个带有乾隆御制诗的碗托子，它其实是一件有领玉环，外径 11.6 厘米，孔径 5.7 厘米，孔高 1.9 厘米。器物本身呈黄褐色，但是外面还有褐色的染色痕迹，只是染色已经掉了许多，剩下些许片状斑驳。这种染色一般是明清时期的常用染色，清宫旧藏的许多古玉上都有这样的痕迹。

这件有领玉环无论从造型还是材质看，都是典型的商代玉器。但

乾隆御题商代有领玉环，
故宫博物院藏（故 97348）

乾隆御题诗文及诗注《咏汉
玉碗托子》

乾隆皇帝不识，他命工匠在玉环上刻上了自己所写的一首御制诗，诗名为《咏汉玉碗托子》，诗曰：

托子犹存炎汉名，所承东北丧朋成。
为金为玉器难考，有合有离理易明。
难辨何时出邙阜，徒教此日补丰城。
由来玩物诚奚益，望古惟增吊古情。

这是乾隆四十六年（1781 年）写的一首诗。乾隆认为这件玉器是一件汉代的碗托子，出土于河南洛阳邙山，不知什么时

皇帝的碗托子：商代有领玉环　171

乾隆御题和田白玉碗与清宫旧藏和田白玉碗与商代有领玉环，故宫博物院藏（故 97348）

候出土，也不知这个托子所承载的碗是金还是玉，只是最后还是认定是只玉碗，并在对这首诗的注释中写道："托子所盛之碗不知何时佚去，因以新制和阗玉碗补配适与吻合。"[1]

乾隆因不识商器而误认此玉为碗托，并因此新制玉碗与之适配，所幸这件补配的玉碗还在。它以优质的和田白玉制作，高 5 厘米，口径 13 厘米，足径 5.5 厘米，放入有领玉环内径之中，倒是确实合适。碗外腹部也刻有乾隆御制诗——《咏玉碗》：

---

[1] 《清高宗（乾隆）御制诗文全集》，四集卷七十八，第八册，478 页，中国人民大学出版社，1993 年。

昆冈孕瑞产精瑜，岁以为常贡外区。

作器真看凝素液，宜人惟是发华腴。

抚辰用惕民犹水，取象宛呈震仰盂。

大白从来凛戒旨，赐茶广殿乃时须。

碗底篆书"乾隆御用"款，可见为乾隆所用之物。

乾隆皇帝十分喜爱制作玉碗，除大宴桌上要用的具有日常实用性质的玉碗外，还常常用上等的和田玉料制作一些陈设玉碗，玉碗上常常刻有乾隆的御题诗。乾隆皇帝对玉碗的喜爱可以从御题诗中一窥究竟。首先，碗是草原游牧民族喝奶茶的重要用具，也是游牧生活随身所带的重要器物。将自己所用或珍藏的玉碗进献给别人，是礼仪上的最高待遇。满族是马背上的民族，和其他草原游牧民族一样有着珍视玉碗的习俗，加上满族自己也有喝奶茶的习惯，入主中原后仍保留着这些习俗。乾隆皇帝曾明确表示："国家典礼，御殿则赐茶，所以示惠联情也。"殿贺赐茶是大典中的重要礼仪，故用玉碗行之。

乾隆皇帝对玉碗如此偏爱还有一个深层次的原因。乾隆看到玉碗，就想起《韩非子·外储说》的一句话："孔子曰：为人君者犹盂也，民犹水也，盂方水方，盂圜水圜。"[1]乾隆以碗代盂，人民如水，君主如碗，碗什么形状，水就是什么形状。所以，乾隆皇帝喜爱制作玉碗的原因正如诗中所说，"抚辰用惕民犹水，取象宛呈震仰盂"。百姓为水，水能载舟，亦能覆舟，以碗盛水，时刻提醒帝王对百姓要存安抚关爱之心。

---

[1] 元何犿注：《韩非子》卷十一，《四库全书》子部，法家类，韩非子·外储说左上第三十二。

这应该也是乾隆皇帝常常以碗做陈设的真实用意。

乾隆皇帝珍视玉碗也喜欢旧物，看到商代的有领玉环内径放碗十分合适，便将其视为碗托子。所以在清宫中，这样的碗与有领玉环配对的例子还有几件，例如乾隆皇帝曾给宋代的一件定窑白瓷碗及一件汝窑碗各配了商代的有领玉环。而这件和田白玉碗则是专为有领玉环制作，配套放在一起的。乾隆虽不明白商玉的价值，但也知是个古物，重新利用之下使今人知道了乾隆时期对这类玉器的认识。早年故宫登记做账时，也依然将错就错，将玉碗纳入文物，给文物号，而这件商代有领玉环反倒成了附件，连自己的文物号都没有。所幸如此编号，两物再无分离。

商代类似这样内沿出廓的玉器不仅有玉环，也有玉璧，也有人称其为凸唇璧或凸缘璧，以安阳殷墟及四川金沙遗址出土最多，出土时有些套于人手腕处。故有学者认为可能是套于手腕上的装饰，又有保护手腕免于在争战械斗中受伤的功能等。[1] 这类玉器故宫藏有多件，有环也有璧。不过清宫旧藏的多改为碗托使用，部分有染色现象，而20世纪50年代以后进入故宫的此类玉器则基本保持了出土时的原貌。

1　朱乃诚：《殷墟妇好墓出土有领玉璧与有领玉环研究》，见《江汉考古》2017年3期。

商代有领玉璧，故宫博物院藏（新 116043）

来自殷墟的玉戈

在故宫收藏的早期玉器中,玉戈的数量不少,有代表性的是一件殷墟出土的玉戈。

这件玉戈体型较大,通长 47.7 厘米,宽 10.5 厘米,整器呈牙白色,已看不出玉质。玉戈光素,完全保留着出土时的模样,一面有部分土斑,另一面则满布泥土,同时还粘连些许骨质物。这些骨质物目前还很难推测是人的骨骼还是动物骨骼,需要科技手段检测研究。

这件玉戈是 1970 年由王文昶、霍子威两位先生捐献给故宫博物院的。捐赠记录玉戈为民国时安阳出土,两位先生花了八千大洋将其

商代玉戈，故宫博物院藏（新 168879）

购买下来。王文昶先生是故宫老一辈的文物鉴定专家，1949 年以前曾为琉璃厂商人，河北人，进入故宫工作后将自己珍藏的各类文物捐给了故宫。

故宫收藏的商代玉器大多数是民国时期殷墟出土的，它们大部分带有出土时的痕迹，就是古玩商说的"生坑器"。民国时期殷墟墓葬盗掘严重，北京、天津的古玩商常常亲自或派人驻守在殷墟，只要发现古墓就前去收购。相比之下，清宫旧藏的商代玉器则较少，也说明民国以前商墓被盗的现象并不严重。

大约在公元前 1600 年，商汤灭夏，建立商王朝，早期以郑州为都城，称为亳都。早期商代的都城一直有变化，曾多次迁都。到公元前 14 世纪，商王盘庚将都城迁至殷，就是安阳小屯村附近，直至帝辛，未再迁都。帝辛就是史上有名的商纣王。所以我们常常以盘庚迁殷为标志，将商王朝分为前后两期，也常常把安阳小屯村为代表的商代称为殷商。

商代前期的玉器主要以郑州商城出土者为代表，大约有 200 件，相比商代后期少很多。商代后期的玉器主要在殷墟，虽然民国时盗墓猖獗，十墓九空，但是有一个墓葬却保存完好，且举世闻名，那就是

来自殷墟的玉戈　177

玉人，妇好墓出土（引自《中国出土玉器全集》卷5第24页图）

大名鼎鼎的妇好墓。妇好是商王武丁的妻子，是王后也是大祭司，墓中出土的一件衣着华丽的玉人常常被推测可能是妇好本人形象。我们在研究商代玉器时，都绕不开妇好墓，以妇好墓出土的玉器为断代标准器。唯一可惜的是，因为发掘时间较早（1976年），当时的发掘条件远不如现在这样先进，墓葬中又有积水，玉器大多是一件件从水中捞出的，所以它们的出土位置和组合关系不是特别明确。如果放在今天，这么重要的墓葬一般会整体取出后在实验室进行剥离。

商代考古发掘的重要墓葬还有安阳花园庄54号墓，这是一座完整的中型墓葬，出土玉器非常多。安阳西北郊郭家庄商代墓葬中的160号墓也是一座完整墓葬，出土了33件玉器。除了安阳外，山东滕州的前掌大、山西省灵石县旌介村、四川广汉的三星堆祭祀坑、江西新干县大洋洲等地也发现了一批商代墓葬，出土玉器为数不少。这些安阳以外的商代遗址很可能是作为一个个方国存在的，它们不一定受商王朝直接管辖，但许多玉器的造型纹饰受到了商王朝的影响，是我们研究商代玉器不可或缺的重要对象。

再说玉戈。戈是一种兵器，有横向平出的刃，就是援。援后有延出的插在木柄上用于固定的平板部分，称为内。戈援下刃接近木柄的弧曲下延，并设有缚绳的穿孔，这部分称为胡。商代的青铜戈常常有胡，玉戈有时没有胡，分曲内戈和直内戈。戈的出现与战争规模和战争形式的变化有很大关系。

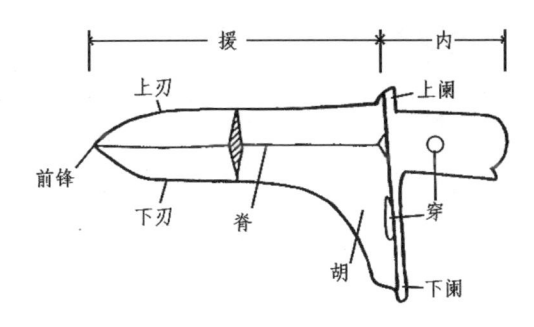

戈的各部分名称

关于戈的起源，还有许多需要探讨的地方。邓淑苹先生认为玉戈应该源于华西地区。在齐家文化的喇家遗址以及陕西神木石峁文化遗址曾发现有较为古拙的玉戈。夏王朝时期出现了具有成熟器形的青铜戈和玉戈。[1] 商代铜内玉戈也十分普遍，常常会在铜内上嵌有松石。

夏王朝时期，青铜制作的戈形器有很大的杀伤力，其尖刃锋利好用，是当时最重要的兵器之一。玉戈虽然不具有真正的杀伤力，但具有象征身份的功能。二里头遗址曾出土三件玉戈，分属于二里头文化的第三、四期，都已是非常精美的成熟作品。商代出土的玉戈多是直内戈，无胡，援的两侧

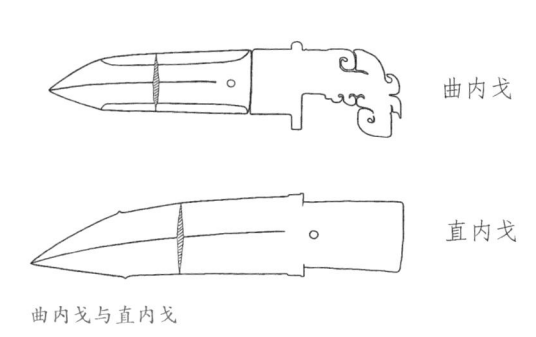

曲内戈

直内戈

曲内戈与直内戈

---

1 邓淑苹：《万邦玉帛——夏王朝的文化底蕴》，见许宏主编：《夏商都邑与文化（二）》，中国社会科学出版社，2014年。

来自殷墟的玉戈　　179

嵌松石铜内玉戈,故宫博物院藏(新 117319)

为双面刃。故宫所藏的这件玉戈就是直内无胡的大玉戈。许多商代玉戈器形较大,不可能像青铜戈一样具有实用性,而是具有象征意义的玉礼器。玉戈到西周以后逐渐变少,很可能在后世发展成了尖首圭。

景仁榜中的传奇：
两件商代玉器

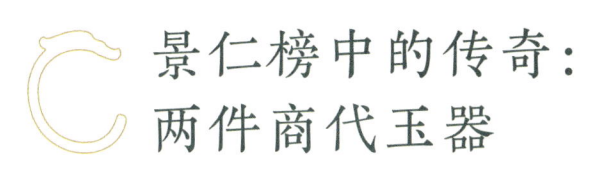

紫禁城的东六宫中有一个景仁宫，原是明清时期后宫嫔妃的居所。顺治皇帝的皇后佟佳氏以及光绪皇帝的珍妃曾经居住于此，康熙皇帝也出生于此。这里现在已成为对外开放的展厅。在景仁宫前院正殿两侧梢间的墙壁上，镌刻着故宫的景仁榜，榜上刻有历年来向故宫捐献文物的人员姓名。景仁宫也经常举办故宫的捐献文物展。

景仁榜之名取自景仁宫"景仰仁德"之意，榜上捐献者不乏历史文化名人以及爱国人士。故宫收藏的玉器中，有一些精品就曾是这些名人的旧藏珍爱。在此介绍两件商代玉器，它们不仅是景仁榜中人物

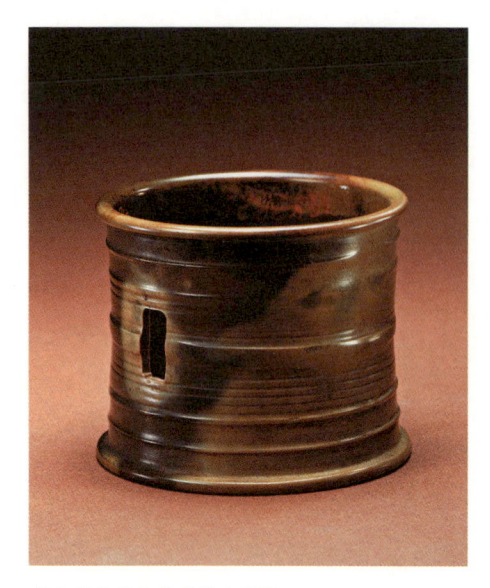

商代刻铭弦纹筒形器及刻铭，故宫博物院藏（故 83925）

的旧藏，也承载着一段传奇的历史。

第一件是玉弦纹筒形器，口径 6.6 厘米，高 5.4 厘米。玉质本身是青绿色，但已受沁为牙白色和褐色。玉筒上下边缘向外翻卷，一侧有长方形竖穿孔。筒身有多道凸弦纹，中间一条宽粗，上下多道弦纹对称分布，宽窄相间。

这件玉器在一侧靠上部有几个铭文，已被打磨掉一部分，有些字看不清楚，只能隐约辨别出一个"妇"字，和妇好墓中出土的带有"妇好"二字的青铜器上的"妇"字一样。商代称"妇某"的很多，如妇好、妇姘（母戊）、妇嫊、妇周等，此妇为谁？因下面的字迹不清楚还很难说。但是此字刻琢打断了筒形器连续的弦纹，后来又被部分打磨掉，应该是不同时

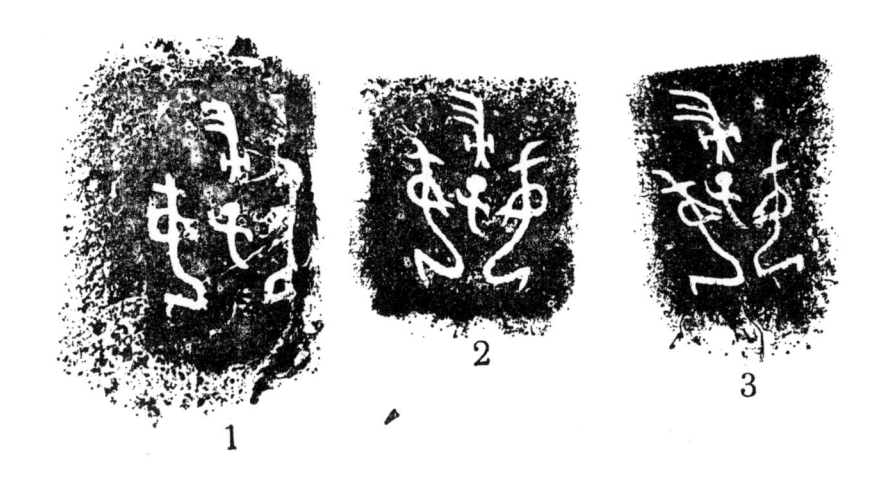

青铜器上"妇好"二字铭文,妇好墓出土(引自《殷墟妇好墓》43 页图)

期所为。

  玉筒形器从造型、纹饰看均具有商玉特征,但是用途不明,原来叫"韬发玉琮",现在看来和玉琮没有什么关系,它的弦纹和商代有领玉璧上常见的弦纹类似,但器物上的长方孔用途不明。至于它是为束发所用,还是套于手腕上的玉器,则有待探讨。铭文中有"妇"字,可能为商代王室用器,之所以铭文被磨掉许多,估计与周人俘商,将缴获的商器磨掉铭文,重新使用有关。

  此器 1948 年由冯恕先生之子冯大生先生捐献给故宫博物院。冯恕(1867—1948),字公度,号华农,是民国时期著名的藏书家、文物收藏家、书法家,原籍浙江,清光绪进士,晚清翰林出身,曾任大清海军部军枢司司长、海军协都统,晚年定居北京。他善写颜体字,琉璃厂商店的牌匾多出其手,当时北平的商号匾额几乎是"无匾不恕"。1948 年,冯公度先生收藏的 148 方古砚、2 件石屏及 2 件古玉由其子

景仁榜中的传奇:两件商代玉器   183

冯大生捐献给故宫。这两件玉器一件就是玉筒形器，另一件是一个大玉戈。

由此我们看第二件玉器——商代大玉戈。玉戈长 62.6 厘米，宽 10.1 厘米，厚 0.6 厘米。玉质本身颜色为不透明的青绿色，现已受沁为青灰色。玉戈呈宽长条形援，前锋边刃锐利，长方形内，内尾端装饰五对扉牙，每对两牙。戈内前段有一穿孔，单面钻孔制成。内中脊及两侧有三组横向阴刻线，每组有二到四条阴线。整体抛光精细光润。从玉料、造型、纹饰、沁色及制作工艺看，玉戈与妇好墓、湖北盘龙城、山东滕州前掌大等出土的商代玉戈类似，只是在纹饰及扉牙处稍有不同，当为商代玉器。

在这件玉戈的盒盖内，有冯公度先生自书的两件古玉的来历：光绪二十七年（1901 年），陕西岐城西南八里的刘家原修召公祠时，陕西举人武君诚（武敬亭）于掘土中偶得几件玉器（现在看来是 3 件），即韬发玉琮（就是这件玉筒形器）和两件玉戈。武氏将一件玉戈献于端方，但是私自藏了另一件完好无损的玉戈，所谓"自藏其完好者"。武君诚第二年到四川后，因资金紧张，就将私藏那件完好的玉戈卖给了川北道的某个观察使。1911 年，辛亥革命爆发，此位观察使北归回到北京，将玉戈售予了冯恕。1912 年武君诚到北京后，还惦念着自己的那件玉戈，所以遍访玉戈下落，后来得知在冯恕处，认为物得其所，

商代刻铭大玉戈，故宫博物院藏（故 103948）

于是将他同时同地所得的韬发玉琮，也就是前文所述刻有铭文的玉筒形器也给了冯恕，使两物再合一处。

冯恕得到玉筒形器狂喜不已，酬以多金，并洁修一室，名曰"宝谷"，命令"子孙百世万年永宝存之，不得赠人售卖"。但是到1948年冯恕先生去世后，他的儿子冯大生先生出于爱国之情将这两件重要的商代玉器捐献给了故宫博物院。故宫为了感谢冯先生的义举，将其名字刻在了景仁榜上。今天大家参观故宫还能看到。

这件玉戈最重要的地方在于近内处有两行铭文，共二十九字，曰："六月丙寅，王在丰，命太保相南国，帅汉徙守南，令奄侯俘，用赍十朋，走百人。"[1] 铭文讲述西周初期召公奭

商代大玉戈铭文拓片，故宫博物院藏（故 103948）

到南方的事情。此铭文内容与现藏于美国弗利尔博物馆的"大保玉戈"类似，只是刻琢得更为清晰有力。弗利尔博物馆收藏的那件大保玉戈就是武氏献给端方的那一件。端方玉戈于 1919 年经上海博远斋出售给

---

1 本铭文考释根据杨调元先生文章。杨调元：《周玉刀释文》，见《国学》民国四年（1915年）第 3 期。

陕西出土大保玉戈，美国弗利尔博物馆藏（笔者摄影）

了美国大收藏家弗利尔先生，后藏于弗利尔博物馆。

曾任陕西多地知县的杨调元先生在《周玉刀释文》中介绍了两件玉戈（当时误认为是玉刀）的出土经过："周召公玉刀，为岐山武敬亭茂才建召公祠时掘土所得，凡有二，俱长今营造尺二有奇，博三寸，一无铭，一铭二十九字，横刻柄之上。"弗利尔玉戈总长66.5厘米，宽9.2厘米，宽8.8厘米。从尺寸大小看，确实与故宫玉戈相差无几，且两者都符合杨调元所述尺寸，只是弗利尔玉戈无扉牙，近内处有阴刻斜方格纹装饰。

杨调元虽为官，但平生嗜书史，勤纂述，刊有《驯纂堂丛书》，在1911年辛亥革命时因民变殉难。《国学》杂志关于玉戈的记录及考证为其遗稿，可见杨调元在1911年以前看到过武敬亭所得的两件玉戈，其考证出来的铭文即上述故宫玉戈铭文，为二十九字。而弗利尔玉戈铭文曾经陈梦家、庞怀靖和李学勤等先生考证，认为铭文是二十七字，内容和故宫玉戈基本一致，唯个别字的考证有所不同。从有关弗利尔玉戈的文章看，这些考证均是在不知有故宫玉戈的情况下做出的。

现在看来，武敬亭当年确实得到了两件大小相似的玉戈，一个有铭文，一个无铭文。这两件玉戈就是故宫玉戈和弗利尔玉戈，其中应该有一件玉戈上的铭文是仿造有铭文的那件刻上去的。从目前学者的考证看，初步认为故宫所藏玉戈的铭文可能是仿刻了弗利尔所藏玉戈的铭文[1]，也就是说，冯恕先生得到的大玉戈上的铭文很可能是武敬亭伪刻的。这一结论是否正确，抑或弗利尔玉戈的铭文也是伪刻，还需进一步论证。

1　据故宫博物院器物部金石组陈鹏宇副研究馆员考证。

一枚印章带来的惊喜：燕家院子的玉牙璋

2019年底，四川成都金沙遗址博物馆举办了一个《金玉琅琅——清代宫廷仪典与生活》展，展品均来自故宫博物院。筹展之时，笔者特意放了一件自认为是古蜀地区的玉器，一件三星堆文化的玉牙璋。这件牙璋长37.3厘米，最宽11.8厘米，柄宽5.6厘米，厚0.6厘米，形体非常宽大。牙璋已受沁为褐黄色，表面还有部分丝网状的白色水沁。牙璋为扁平体，首部为刃边，内凹成倾斜月牙状，柄略呈长方形，一边为斜边，近栏处有一单面穿孔，阑部装饰复杂，有四组阴刻平行线，侧边出两组四个齿牙及一对张嘴兽首，兽首上亦有错落有致的齿牙。这件牙璋作为礼仪用玉放在展厅第一部分的显眼位置。

布置完展览回到北京后没多久，笔者的一位在金沙博物馆工作的学生袁梦忽然发给笔者一张照片，问："老师，您看看这是不是一个印章啊？"笔者一看，就是故宫那件玉牙璋，在牙璋的柄端，隐约能看出一个方形的印章形状，而且还有四个字。笔者赶快告诉她："是印章，拍个清晰的照片给我，查查上面的字。"没多久，袁梦发来几张不同角度的照片，确实是个印章，印文是："燕仁安印"。这一发现非常令人兴奋，这件玉器竟然是在三星堆最早的发现地"燕家院子"出土的，这件牙璋因此可以确定为月亮湾文化玉器无疑。

燕仁安是谁？燕家的玉牙璋又是怎么来到了故宫博物院的？

要解释这些，得先从三星堆讲起。近几年三星堆的考古发掘不仅是中国考古界的热门话题，也引起了世界考古人的关注。

三星堆的发现最早可以追溯到1929年（也有学者说是1927年）。三星堆位于四川省广汉市西北的鸭子河南岸，是一个村子的名字，因为村旁边有三个土堆，所以称为三星堆。三星堆村有一个叫月亮湾的地方，其中有一户人家姓燕，主人名叫燕道诚。1929年农历四月，燕家要挖一个水坑蓄水。燕道诚的二儿子燕青保在挖水坑的时候发现了

玉牙璋，三星堆月亮湾出土，故宫博物院藏（新63135）

一枚印章带来的惊喜：燕家院子的玉牙璋　　189

许多大大小小的石器，后来又发现了玉器，有玉圭、玉牙璋、玉璧、玉斧等等，据说有四百多件。这位燕青保就是燕仁安，仁安可能是他的字。

这批玉器发现后，当时就有散失，广汉出玉器的消息也传了出去。据四川大学教授冯汉骥、童恩正先生撰写的文章，消息被华西大学一位美国来的博物学家葛维汉教授知道后，1933年到1934年期间，华西大学的考古人员到月亮湾进行了试掘。由葛维汉与林名均两位先生组成的发掘小组发现这里是一个高起的台地，在燕家院子旁又发现了200多件玉石器，主要有牙璋和玉琮、玉璧、有领玉璧、玉璜、玉环等等。

燕仁安发现的玉石器大部分陆陆续续上交给了国家，其中一部分收藏于四川省博物馆，一部分在四川大学历史系博物馆。据林名均先生文章中记载，燕氏本人还藏有完整的琬圭、琰圭各一柄，玉琮一个，残圭半截及石璧数件。当时人们认为的琰圭可能就是牙璋。不过燕家到底藏了多少件玉器以及卖出去多少件玉器没有人知道，林名均先生写的数字也不一定准确。1951年广汉县人民政府文物管理委员会成立时，据说燕仁安是第一个带着自己珍藏多年的古代文化珍品，推着鸡公车向人民政府捐赠文物的。据记载，当时燕仁安取下车上的几块大石璧，又忙着解开拴得紧紧的布口袋，取出一只琬圭、一只琰圭、一只已经折断的褐色玉磬、一只黄褐色的琮，并且深带惋惜地说："可惜啊，还有一两件红色玉器，我晚上悄悄把它们埋在鸭子河滩了，后面就找不到了。"由此可见，燕仁安并没有把所有的玉器捐给国家，这期间估计有卖掉的也有丢失的。不过燕仁安偷偷在自己收藏的玉器上盖了印章的事没有人知道。

翻看故宫文物账册，可以查出牙璋是1957年6月由故宫收购的，但没有更为详细的来源地。2020年初金沙博物馆的展览结束后，这件玉牙璋回到了故宫。笔者又对它进行了仔细查看，并请专业摄影师来拍摄，发现在牙璋柄部不止一处盖有印章，正反两面均有，而且放大后发现有朱文印泥的痕迹，可见原是盖的朱文印章，只是红色的印泥

玉牙璋上的"燕仁安印"，故宫博物院藏（新63135）

已掉落不见，只留下印油的痕迹沁入玉质。因为牙璋本身有沁色斑驳，如果不知有印章的存在，即使仔细寻找也很难发现。

这件玉牙璋从出土到1957年进入故宫，其间的经历已无可考。牙璋入宫已有60余年，期间也常有展出，故宫一直将其定为商代玉器，并不知道它有燕仁安的印章。在金沙博物馆这次展览中，印章的偶尔显现使我们发现了这段尘封的历史。这件事使笔者和金沙博物馆的王方副馆长都唏嘘感慨：这件牙璋其实曾在故宫许多展览中展出过，从来没有人发现过上面的印章。我们两人在金沙展览前都曾上手细细观摩，也没有发现上面的印章。我们推测其为三星堆玉器也是凭借考古出土玉器的佐证和经验。但是这次金沙之旅，牙璋回到了古蜀故乡，似乎是某种神秘的召唤，在恰当的灯光和摆放角度下，牙璋显出了印章，让我们看到了它的来源证明，也带给我们一个大大的惊喜。

除了故宫这件明确为燕家院子出土的玉牙璋以外，月亮湾出土的

玉牙璋，月亮湾出土（笔者摄影）　　　　　　玉璧、玉环、玉瑱等，月亮湾出土（笔者摄影）

  牙璋目前留在四川的有 5 件，其中收藏于四川省博物馆 3 件，四川大学博物馆 2 件。北京故宫及台北故宫还各有 1 件，经检测均为闪石玉。这几件牙璋有一个共同的特点，就是阑部两侧有"兽首式扉牙"。邓聪先生认为兽首其实是龙首，所以称之为龙牙璋。[1] 这种龙牙璋最早在陕北的石峁文化中已有出现，可以看出陕西石峁文化与月亮湾文化之间有着密切的关系。很可能石峁文化直接影响了月亮湾文化，或者有一批石峁人来到了古蜀地区的月亮湾生活，带来了石峁文化的龙牙璋。

  月亮湾这里前前后后出土了几百件玉石器。从考古发掘以及器物造型上看，这里可能有个玉石坑或祭祀遗址，但是年代比后来发现的三星堆祭祀坑要早。现在看来，月亮湾遗址与三星堆遗址虽然仅隔了一条马牧河，但并不是前后衔接的两个考古学文化，所以有学者建议将月亮湾单列出来，称之为月亮湾文化。月亮湾文化的时代与二里头

1　邓聪：《东亚视野下金沙玉璋源流》，见邓聪主编，郑州市文物考古研究院、香港中文大学中国文化艺术研究中心编：《牙璋与国家起源——牙璋图录及论集》，科学出版社，2018 年。

文化第三、四期同时，相当于中原地区的夏王朝时期。不过因为早年月亮湾出土的玉器太过分散，考古学者常常将月亮湾文化作为三星堆文化这个大文化概念中较早的时期看待。

三星堆遗址在月亮湾的西南方，它的发现也颇有戏剧性。因村旁边有三个土堆，1980年以前，村民一直在这里取土烧砖，两个土堆已被取完，现在还留有半个土堆。到1985年，考古人员才发现这些土堆不是自然形成的，而是人工堆筑的，进一步发现这是一道城墙的遗存，从而发现了三星堆古城。这座城大约建于公元前2000年，废弃于公元前1000年左右，即在西周初期左右被废弃，占地大约3.5平方公里。

1986年，当地砖厂的工人在取土时发现了十多件玉器，报告给考

三星堆和月亮湾的位置图

古人员，这才有了震惊世界的两个祭祀坑的发现和发掘，即一号坑和二号坑。这两个大型祭祀坑出土的玉器多达 600 余件，成为三星堆玉器的典型代表。出土玉器主要以几何形为主，有玉璋、玉戈、玉璧、玉琮、玉刀、玉矛、玉斧、玉锛、玉凿、玉戚、玉坠饰及玉环等等，并不见像殷墟那样多的象生形动物玉雕，其中刻有祭山图的玉边璋显示了璋在古蜀地区使用的方式和祭山的功能。

目前最轰动的是 2019 年在这两个祭祀坑旁边新发现的六个祭祀坑，一直到现在还在发掘。至于是叫祭祀坑还是器物坑，还是祭祀器物的掩埋坑，目前还在研究之中，但至今已经发现了 14000 多件器物，其中有很多玉器，比如玉凿、玉牙璋、玉有领璧、玉琮等。其中三号坑出土了一件神树纹的玉琮，玉琮本身造型明显是齐家文化的风格，但是上面阴线雕刻的神树纹又是典型的三星堆风格，和三星堆的青铜神树有非常大的相似性。三号坑还出土了一件器座形玉器，四面雕刻了满满的纹饰，有兽面纹、神面纹、凤鸟纹等等，这些纹饰原来在青

祭山图玉边璋，三星堆二号祭祀坑出土（笔者摄影）

兽面凤鸟纹玉方座，三星堆三号祭祀坑出土（笔者摄影）

铜器上时有出现，现在发现玉器上也有雕刻。七号坑的龟背形网格状铜器里也放了一件玉龟形器，但具体模样还是一个待解之谜。

三星堆祭祀坑的年代集中在距今 3200 年至 3000 年之间，相当于中原的商代晚期。这里的玉器主要是当地所做，也有一部分外来玉器。

邻近三星堆遗址的成都金沙遗址在 2001 年发掘，也是震惊世界的大发现，至今已经发掘了 20 多年，不过遗址核心区出于保护目的没有再继续发掘。金沙遗址有很明确的功能分区，城址分布状况与三星堆相似，出土的珍贵文物有上万件，其中玉器有 3000 多件，主要出土在祭祀区。金沙遗址第一阶段约相当于中原的殷墟一、二期，多使用石质牙璋，当时正是三星堆文化的强盛时期。约商晚期后段至西周早期，三星堆文化已经消亡或式微，金沙遗址先民才大量使用玉质牙璋，甚至出现了许多微缩版牙璋，它们很可能是大型礼制牙璋的明器化或佩饰化产物。不过种种现象都说明三星堆和金沙之间有权势兴衰更替与政权中心转移的现象。

月亮湾文化、三星堆文化和金沙文化均在川西的成都平原，三者相距不远，关系密切。三星堆、金沙各出土 96 件与 300 余件牙璋（包括少量璋形器），可以说是继石峁文化后牙璋发展的又一个辉煌时期，也是古蜀文化中十分重要的一类玉器。

微缩版玉牙璋，金沙遗址出土（笔者摄影）

一枚印章带来的惊喜：燕家院子的玉牙璋

神秘的西周玉柄形器

在故宫收藏的西周玉器中,有一类至今学者们也没有实证其功能的玉器,那就是柄形器。我们先看两件故宫收藏的一级品。一件是龙凤纹青玉柄形器,长17.1厘米,宽3.7厘米,厚0.7厘米,青玉质,玉质温润细腻。器体呈长条形,片状,两面纹饰相同,柄首有对称的出戟,上部镂雕心形孔,孔两侧对称雕琢两个凤鸟纹,相向而立。柄器腹雕琢一昂首、高翎、勾喙、圆眼的凤鸟,足踏于下部夔龙的头顶。夔龙臣字眼,卷鼻,屈身。柄形器底部有短榫,作扦插使用。另一件是人龙复合纹玉柄形器,长14.7厘米,宽3.4厘米,厚1.2厘米,青

青玉龙凤纹柄形器，故宫博物院藏（新77220）

人龙复合纹玉柄形器及拓片，故宫博物院藏（新77221）

白色的玉质，表面有白色水沁及褐色沁，体为扁平长条形，两面纹饰相同，上端雕琢一侧身人形，大眼、翘鼻、涡形耳、涡状嘴，发丝细密整齐。人身与下部一龙相交。龙臣字眼，身体卷曲，饰以鳞纹，下端有一斜榫，榫上有一穿孔。

两件玉柄形器上的纹饰均采用西周常见的"一面坡"雕琢工艺。所谓"一面坡"，就是使用斜砣技法雕琢阴线，使阴线呈现斜坡状，线条流畅优美富有立体感。柄形器上的龙、凤、人物都是西周时期玉器上的经典纹饰。河南三门峡虢国墓地及山西晋侯墓地也出土过类似的柄形器，相比之下，故宫这两件玉柄形器纹饰的雕琢更为细腻精致。

柄形器在先秦玉器中一直是比较神秘的存在。由于这种形状的玉器在任何文献中都没有明确的记载，所以它出土以后就引起了很多学者的关注，也得到了诸多考证。柄形器最早发现于二里头文化，流行于商与西周时期，在西周中期达到了鼎盛期，但基本不见于春秋中期及以后各代。柄形器的出土分布范围基本以每个朝代的都城为中心向四周扩散，如夏代主要分布在河南偃师二里头，商代主要分布在河南安阳，而西周时期主要分布在陕西长安、宝鸡、扶风等地与河南洛阳周围，这几处皆是当时的宗周与成周所在地。同时柄形器主要分布于大中型墓葬中，墓主人身份也皆是王室成员与贵族。

目前出土的玉柄形器主要分为两种，一种是没有装饰附件的玉柄形器，就是单体玉柄形器，如故宫的这两件柄形器就是单体的。另外一种是一件单体玉柄形器与各种玉片或绿松石片等组合在一起的组合玉柄形器。

单体玉柄形器总体形状大多是扁平形，上有柄首，下端或平或尖或有榫，长短不一，短小的从4、5厘米到十几厘米，长的超过20厘米。大多数玉柄形器素面无纹或仅有几道弦纹，带有纹饰者偶见于夏商两代，以西周时期为多。纹饰精美的柄形器都出土于大型墓葬。单体玉柄形器存在时期较长，夏商周三代皆有出土，数量较多，范围也较广。

组合玉柄形器大多集中出现于西周时期，商代晚期偶有出土，流行的时间在西周早中期，至西周晚期已经衰落。组合玉柄形器的长度大多比单体的长，一般在十几厘米左右。组合的意思就是在单柄的柄形器下方还有成组的玉片或松石片铺排。这些玉片应该是镶嵌饰片，有的出土时四周有木迹和漆片的痕迹，有的还束有金箔，估计是玉柄与带有漆木的镶嵌器，或者漆质的鞘形器组合而成。

玉柄形器出土的位置十分复杂。二里头文化玉柄形器大多出于人体腹部或下肢左侧，或是腰部、头侧等；商代玉柄形器大多出土于人体腰部或胸部。西周时期的玉柄形器除了在以上各位置外，还会出现

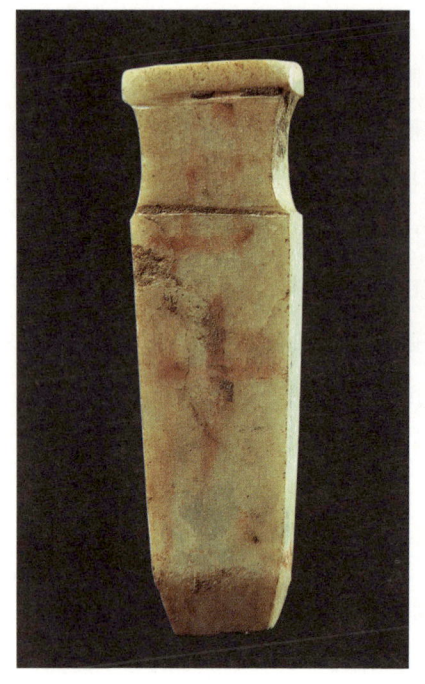

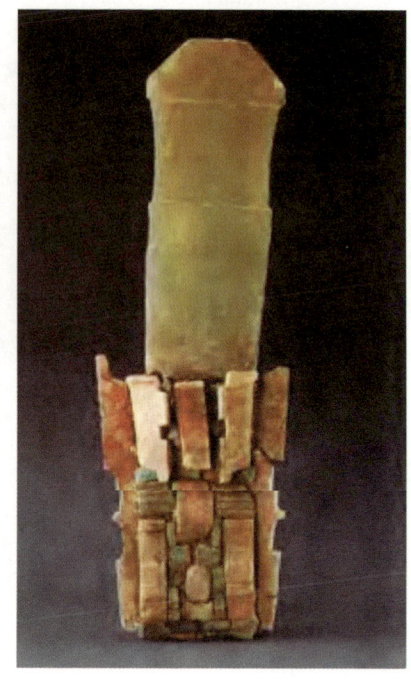

商代玉柄形器，安阳后冈出土（引自《中国出土玉器全集》卷5第81页图）

组合式玉柄形器，张家坡西周墓地出土（M302：15）[1]

于棺盖上或在人手中。大型墓中的柄形器会与玉戈相叠放，而有装饰的玉柄形器握柄的地方和墓主人头向一致。

因为玉柄形器出土量较多，也没有文献参照，对于它的名称有多种说法。清末民国时期这类玉器常常被称为琴拨，故宫的文物旧账中至今还有这样的记载。估计古人认为它是用来作为琴弦拨子的。考古报告中也存在各种名称，如玉圭、玉簪、玉璋、剑柄、玉柄形器等等。

1　图片引自中国社会科学院考古研究所编著：《张家坡西周墓地》，见《中国大百科全书出版社》，1999年，彩版16。

不过因为没有统一认识，大家对这类玉器进行考察时直接称为玉柄形器比较合适。

定名的不明确其实就源自对这种玉器功能的不明确。

一直以来，大家对这种器物的用途有过各种解释，因太多且复杂，在此仅列举一二。邓淑苹先生认为它是古人为纪念祖先亡灵所琢制的一种高级祭祀性礼仪玉器，是玉质的祖先牌（如近代的木制灵牌）。[1] 李学勤先生认为柄形饰是《周礼·春官·典瑞》所记载的"祼圭有瓒"中的"祼圭"。[2] 王永波先生认为它是"以起军旅"的牙璋或是平首圭。[3] 石荣传先生认为西周组合的玉柄形器就是文献中的命圭。[4] 严志斌先生根据天津博物馆收藏的一件据说是20世纪20年代安阳殷墟出土的带有"小臣"等刻铭的玉器，考证出其中的一个字为器物名称，这个字就是"瓒"。"小臣"是殷商地位较高的官职。"瓒"字是复合体玉柄形器的象形，玉柄形器应定名为"瓒"。[5]

虽然玉柄形器定名不同，但大家目前都认为这是一种礼仪用玉，如果按小臣玉柄形器自名为瓒，那么玉瓒是三代祼祭用玉之一。在祼礼时，将鬯酒灌注于玉瓒美食，贡献给祖先神灵歆享，应是祼祭的核心内容，也是"祼"字的本义。当然，以上功能的解释还需要更多的考古实证。

---

[1] 邓淑苹：《万邦玉帛——夏王朝的文化底蕴》，见许宏主编：《夏商都邑与文化（二）》，中国社会科学出版社，2014年。

[2] 李学勤：《〈周礼〉玉器与先秦礼玉的源流——说祼玉》，见《东亚玉器（Ⅰ）》香港中文大学中国考古艺术中心，1998年。

[3] 王永波：《牙璋新解》，见《考古与文物》1988年第1期。王永波：《耙形端刃器的分类与分期》，见《考古学报》1996年第1期。

[4] 石荣传：《再议考古出土的玉柄形器》，见《四川文物》2010年第3期。

[5] 严志斌：《小臣玉柄形器诠释》，见《江汉考古》2015年4期。

人神合一的时代之变：
西周人龙合体玉佩

在西周玉器中，常常能见到一种人和龙或凤或龙凤共体的玉器，纹饰复杂，线条婉转流畅。我们以故宫博物院收藏的一件玉器为例，来解读其象征意义。

这件玉器较小，是一件佩饰，白玉质，表面有些铁锈褐色沁斑，片状器形，略呈弧形，长 6.9 厘米，宽 2.6 厘米，厚 0.5 厘米。整器雕为人龙纹，两面纹饰相同，上部雕琢人首，五官清晰，杏核眼，脑后匍匐一条小龙。人物呈侧身屈膝蹲踞状，胸前又雕琢一条卷曲的龙。龙张口吐舌，卷鼻上翘，人物和胸前龙首共用一体。人的脚部另踩一

人龙合体玉佩，故宫博物院藏（故 84742）

条小龙。这件玉器一直深藏清宫，溥仪出宫时将其带走，1948年由公安部没收后送回故宫。玉器做工十分精致细腻，已经盘玩纯熟，光泽内蕴，可见其深受清帝的喜爱。

以人与龙为组合图案的玉佩在西周玉器中出现较多，但在商代玉器中却不见。西周玉器相比于商代玉器，已有很多变化。

商和西周无论在玉器制作，还是在政治制度、文化上都有一个巨变，这就是很多学者讨论的殷周之变。王国维先生曾经在《殷周制度论》一文中指出"殷周之变"，认为夏商之变不如殷、周间之剧烈。殷、周之间的大变革，表面看不过是一姓一家的兴亡和都邑的移转，但实质是旧制度废而新制度兴，旧文化废而新文化兴。"它的变革在于：'一曰立子立嫡之制，二曰庙数之制，三曰同姓不婚之制'。"[1] 傅斯年先生则认为：殷周之际的大变化，未必在宗法制度。既不在物质文明，又不在宗法制度，而在人道主义之黎明。[2] 西周是讲究天命的，认为自己取代商是上天庇佑的结果。很多铭文及文献都提到"文王受命"的问题，文王受天之命取

人龙合体玉佩拓片

---

[1] 王国维：《殷周制度论》，见《观堂集林》第2册卷十《史林二》，中华书局，1959年。
[2] 傅斯年：《夷夏东西说》，见《历史语言研究所集刊》（外编），台北中央研究院历史语言研究所，1933年。

代商,故周革殷命合法。因商无德而革命,而周是讲德的,所以孔子玉德观的思想根源其实来源于西周。

如果从玉器角度看,殷周之变则是从早期中国和商时期的神本主义"巫玉时代"走向人本主义"王玉时代"的一个重要节点。

商代是一个敬鬼神的社会。商人属东夷族群,玉器中的象生器非常之多,这个传统很可能来源于史前东北地区的红山文化,所以商代动物形玉雕的数量和种类丰富异常。如妇好墓出土的755件玉器中,动物类象生玉器就有155件之多,约占出土玉器的五分之一,种类达24种。其中兽畜类有牛、马、羊、兔、狗、虎、熊、鹿、象、猴;禽类有鸟、鸮、鹰、鹤、鹦鹉、燕、鸽、鹅、鸬鹚、凤;还有两栖类的蛙、龟;鱼类;昆虫类的蝉和螳螂。可以说天上飞的、地上跑的、水中游的应有尽有,不少还是圆雕件。商代很多氏族都以动物为图腾,如牛、虎、鸮、龙、象、熊、鹿等。商人好祭祀,商代是一个"国之大事,在祀与戎"的朝代。王后妇好经常受命主持祭天、祭祖、祭神等各类祭祀活动。祭祀活动中大量的动物是重要的角色,在沟通人与神以及祖先之间发挥着特殊的桥梁作用。

而到了西周时期,我们看到不管是宝鸡㠚国墓地、三门峡虢国墓地还是山西的晋侯墓地,出土的象生玉器大大减少,动物种

玉熊,河南安阳小屯出土(引自《中国出土玉器全集》卷5第110页图)

类也大大减少,相反以龙凤为主题纹饰的玉器则大大增多。这意味着殷商时期多元动物崇拜的意识形态逐渐向较单一动物崇拜的意识形态转变。

西周时期的玉器在造型纹饰风格上也和商代截然不同。以故宫所藏的这件西周玉人和商代玉人比较:商代玉人一般是圆雕的玉人,是单独个体的玉人。但西周时期很少见到单体的纯人形玉人,而是常常将人与龙、与凤组合,成为一种复合的人,这里的人就不再是一个现实世界的人,而成为一种神人。龙或凤本身所带的神性与人的神性结合在一起,就形成了一种信仰的力量。人龙复合式玉人,甚至人龙凤复合玉器表现了人、龙、凤的交融合一,有着独特的艺术形象和艺术蕴涵,充分体现了周人在史前乃至商文化的基础上,逐渐形成了自己的文化观念。在这种复合玉器中,人是主体,龙或凤是一种赋予人神性的象征。人和动物神灵结合在一起,透露出周人对于自身认识、自身地位的提高。所以这种复合的人龙合体玉器,已经不是对鬼神的崇拜,而表达了一种人神合一的思想,一种对天命的继承。

纵观商代玉器和西周玉器纹饰,我们还会发现一个重要的变化,就是西周玉器的线条非常柔和、流畅,多以曲线表达,很少再见到商代玉器上那些刚直的硬线条。从审美角度也可以看出西周

玉人,殷墟妇好墓出土(引自《中国出土玉器全集》卷 5 第 23 页图)

双人首龙凤纹玉佩、人首龙凤纹玉佩，陕西张家坡157号墓出土（引自《中国出土玉器全集》卷14第77、78页图）

玉器比之商代玉器要更有曲线美，立体感更强。在西周的礼仪制度下，玉器上也体现出了柔而不刚的人物性格，这也是玉德观逐渐形成的一种表现。

独特的秦式玉器

在中国古代玉器长河中，最难找到实物对应的朝代是秦代。但是秦代以前的秦国玉器却因为有着独特的纹饰特征而极易辩识。在此以故宫博物院收藏的秦国玉器为例，一窥秦式玉器的风采。

这是一件青玉龙，直径大约 12.2 厘米，厚 0.4 厘米，青绿色的玉质，有少许白色的水沁。器体扁平，两面饰纹相同。龙尾向后曲折，通身装饰着几何形小龙纹。龙身中部有一小圆孔，可系挂。这件玉器的造型纹饰都十分独特，尤其是纹饰，用细细的阴刻线刻琢几何形的小龙纹，各个龙纹排列紧密，布满玉器表面。这种雕琢和纹饰排列的方式与春秋时期生活在黄河中游地区的秦国晚期玉器十分相似，是典型的秦式玉龙。

秦人长期生活在西北地区，与东边的中原诸国相比，秦立国较晚，一直与东方诸国处于一种互相对立的状态。秦经营着陕西关中之地，具有一定的半隔绝性，在接受周文化的基础上逐步发展出一种地域性和民族性较强

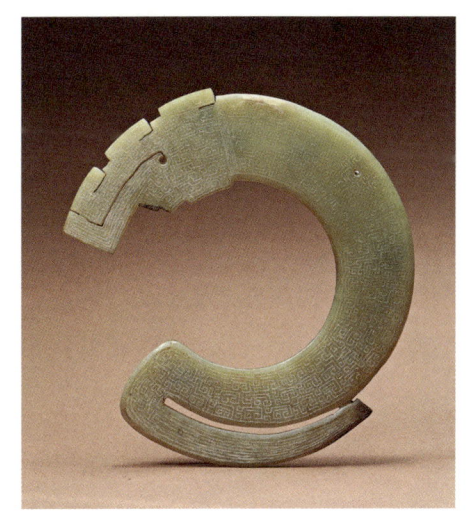

春秋秦式玉龙，故宫博物院藏（新107419）

且独具特色的秦文化。秦国的青铜礼器、仿铜陶礼器、金器、玉器等，其器物造型、纹样及制作工艺均与东方诸国不尽相同。比如春秋时期的楚国玉器，常常是高浮雕的各种小虺龙纹，纹饰间再杂有阴刻线装饰，复杂多变，制作繁缛。但是秦国玉器就简单太多，主要以阴刻线组成纹饰，很少减地，基本不见浮雕，镂雕之处也非常原始，有着较为鲜明的特征。我们将这些造型和纹饰都很独特的秦国玉器称为"秦式玉器"，将秦式玉器上几何形的阴刻玉龙纹饰称为"秦式玉龙"。故宫这件玉龙即是秦式玉器中的玉龙，又刻着典型的秦式玉龙纹饰。

秦式玉器的纹饰起源于春秋中期的秦地。在1974年凤翔县姚家岗建筑基址出土的龙首纹玉玦上，就有简单的阴线刻出的秦式玉龙，只是龙纹分布稀疏。整体来说，春秋中期秦式玉器的数量还较少。而在春秋晚期遗址，如陕西凤翔县秦都雍城遗址、南指挥村的秦景公大墓、宝鸡市益门二号春秋秦墓、秦都咸阳城遗址等多处墓葬遗址中都发现

独特的秦式玉器　209

了成熟的秦式玉器。

1972年，凤翔县南指挥乡河南屯村民在村东平整土地时，在距地表4米深的断崖处，发现了两块平置的大型玉璧，这个地方离秦都雍城城墙不远。出土最大的一件玉璧直径达29.7厘米，是迄今发现春秋时期形体最大的玉璧。这件玉璧以少见的碧玉制成，两面都雕琢了细阴线组成的四圈环带状秦式玉龙，龙头部互相勾连纠结，身尾为勾连云纹组成的斜三角形。两条龙为一组，身尾互相叠压，据统计，两面龙纹合计有98条。

在陕西南指挥乡南指挥村发现的秦公一号大墓规模空前，墓主人是在秦国执政四十余年之久的秦景公（公元前576年至公元前537年在位）。墓中出土了几千件随葬品，其中有近千件大大小小的各式玉器，许多玉佩也雕琢着秦式龙纹。不过目前为止，在考古出土品中还未发现和故宫所藏的这件玉龙一模一样的秦式玉器。

秦式龙纹玉璧，凤翔县南指挥乡河南屯出土（张俊韬摄影）

灯笼型玉饰，陕西省凤翔县南指挥村秦公一号大墓出土（引自《中国出土玉器全集》卷14第87页图）

玉覆面，山东长清双乳山济北王墓出土（引自《中国出土玉器全集》卷4第230页图）

  战国时期，秦式玉器虽然仍有延续，但总体呈衰落趋势。秦式玉器流传到汉代，成为一种被珍视的古董玉器，因为它有独特的纹饰特征，我们很容易在墓葬中找到这样的典型器。比如在山东省长清县发现的双乳山汉墓，墓主人是西汉济北国最后一代王刘宽，他在汉武帝后元二年（公元前87年）谋反败露后自杀。刘宽墓中出土了一件玉覆面，由18件玉器组成，其中17块光素，制成额、腮、颊、颌、耳等，左右对称，唯独中间的鼻罩为整玉透雕而成，呈立体鼻形，形如半锥体镂空，上阴刻秦式玉龙纹。玉鼻罩的立体造型与其他部分的平面形成了鲜明的对比。从造型纹饰看，这就是一件春秋晚期的秦式玉器，很可能就是春秋时期玉覆面中的鼻罩。为了充分利用这件秦国的玉鼻罩，汉代玉工设计了眼、面颊、嘴、上额、下颌的玉器形式，可见刘宽的这件玉覆面完全是围绕着这件秦式玉鼻罩来设计制作的。

  狮子山汉墓出土的玉枕也有类似设计。复原后的玉枕似一小长凳，在玉枕面板中间亚腰形的玉器就是秦式玉器，以其为中心进行设计，

独特的秦式玉器   211

玉枕，狮子山汉墓出土[1]

可见对这件亚腰形秦式玉器的重视。

  这些汉代墓葬中发现的秦式玉器，很可能是刘邦将秦宫玉器洗劫后带入汉宫，而后由皇帝赐给诸侯王的。因为它是皇家特赐，又是早期之物，在人们眼里自然珍贵，为其专门设计、配成完整的一套玉面罩和玉枕随葬墓中实在无可厚非。从这两件玉器的设计来看，玉覆面和玉枕并非仓促制作，而是以秦式玉器为中心，在充分构思下完成的，也足见汉人对秦式玉器的珍视。

---

1 图片引自北京艺术博物馆、徐州博物馆：《龙飞凤舞——徐州汉代楚王墓出土玉器》，北京出版集团公司、北京美术摄影出版社，2016年，第89页图。

飞扬灵动的战汉玉龙佩

龙在中国古代文明中起源很早，红山文化和凌家滩文化就出现了中国最早的玉龙。前文所述的红山文化玉 C 龙和玉猪龙就是龙的原始形态。龙可能是史前人们在不可抗拒的大自然面前，不自觉想象出的神灵动物，是人们所见动物的集合体，是可以寄托人们无穷意愿的神兽。

龙在中国玉器发展的历史中，有一个从幼年到老年的过程。史前的玉龙就像人类的幼年一样，头部很大，类似于幼年或者胚胎的样子，以后逐渐长大，出现了角、爪趾、鳞片等等。直至发展到清代，变成

战国龙凤纹玉龙，故宫博物院藏（故 84359）

了须发喷张、老态龙钟的龙，大家可以想象一下清代龙袍上的龙。在这漫长的发展历程中，最具生命力且有着优美曲线的龙是战国到两汉时期的龙，就像是一位十八九岁的青年，充满朝气，生机盎然。

　　战国时各种龙形佩大量出现，多为单体玉龙，也有龙凤合体者。故宫博物院收藏有多件战国时期的玉龙，形状各异，但基本都有 S 形的曲线。我们重点介绍一件 S 形龙凤合体形佩。它长 16.5 厘米，宽 2.2 厘米，厚 0.7 厘米，青白玉质，不过表面已受沁为红褐色，扁平体，身体呈优美的"S"形曲线，两面纹饰相同。两端各精工细琢龙首和凤首，龙凤共用一身。龙首张口，椭圆形眼，上唇向上卷曲，下颚短，脑后凸起一角。凤首勾喙、杏核眼，一爪向上弯曲。共身中部从头至尾蜿蜒一小螭龙，似蛇，两边阴刻双 S 纹、勾云纹及网格纹作为辅助纹饰。器身中部有一佩孔，可用于系挂。整器阴刻线细如发丝，纹饰设计十分复杂。

S形龙凤合体玉佩，故宫博物院藏（故 103983）

    这件玉器原藏养心殿，至少在乾隆时期就已经进入宫廷，深受乾隆皇帝的喜爱，并特意将它放在一个大的黑漆描金箱子内。箱内码放着 45 件抽拉式的套匣，里面装着各类玉器。套匣根据所装玉器不同，按一至九序号命名，如"一统车书""二仪有象""三光协顺""三山胜境"

黑漆描金"一统车书"玉玩套装箱，
故宫博物院藏（故 208875）

"一统车书"匣（故 208875）

飞扬灵动的战汉玉龙佩　　215

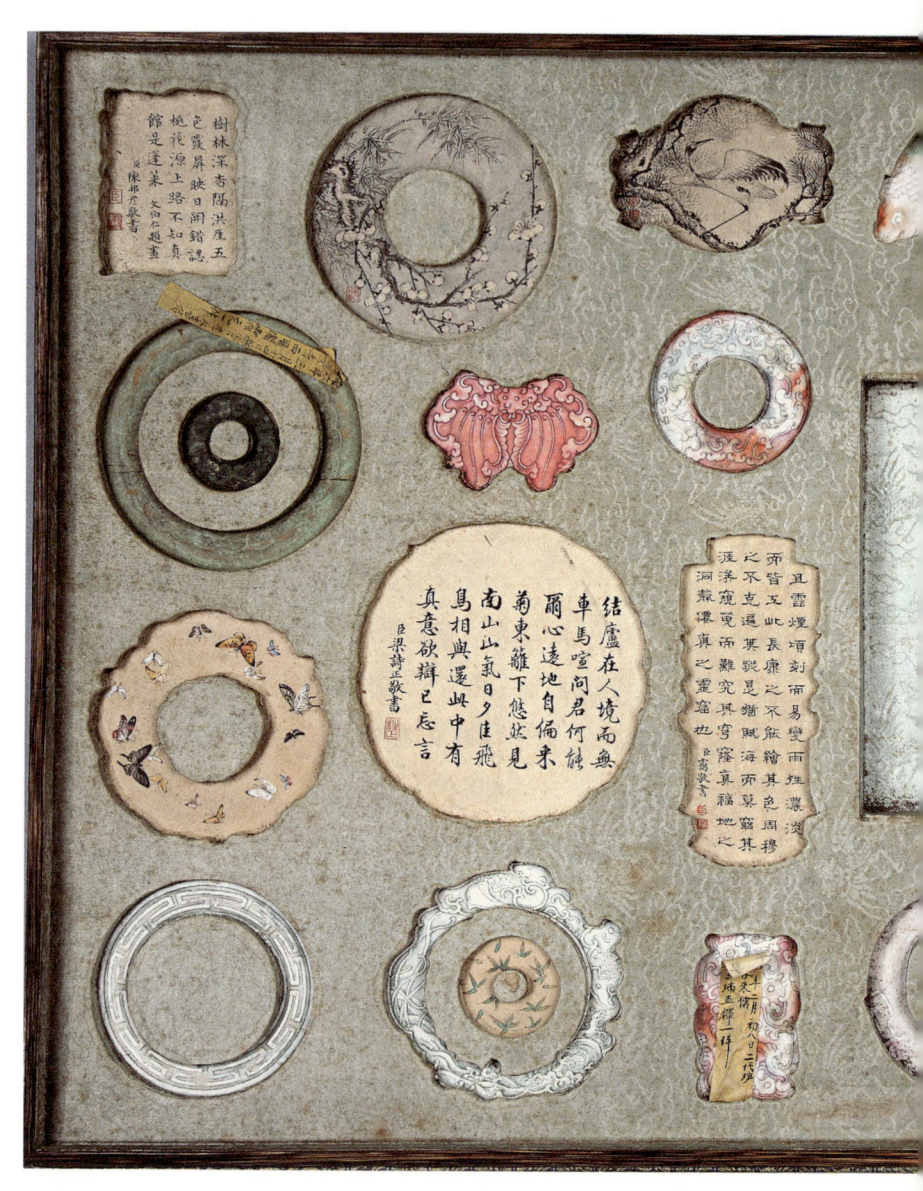

匣内玉器卧槽

216　商周时期

飞扬灵动的战汉玉龙佩　　217

玉器卧槽上覆盖的绘有玉器图样的锦缎

飞扬灵动的战汉玉龙佩 219

等等。为此，我们将这个箱子命名为"一统车书"玉玩套装箱。因每件玉器都有卧槽和对应器物形状描绘的锦缎覆盖，至今我们还能按图索骥找到这件玉龙凤佩放置的地方，就在命名为"一统车书"的套匣内。

"一统车书"玉玩套装箱一共两套，放置的都是乾隆皇帝喜爱的古代玉器，平时就放在养心殿供皇帝随时拿出玉器把玩。清末溥仪出宫时将箱内玉器偷偷带出紫禁城，这件战国玉龙凤佩就在其中。溥仪作为战犯被捕时，玉佩被收缴，1948年由有关部门移交回到了紫禁城。这件玉佩构思独特，工艺精湛，我们至今也未在考古出土品中发现同类器。于是它成为传世孤品，被定为国家一级甲等文物。

玉龙发展到汉代，其造型更为丰富多变，尤其是西汉早期的玉龙，飞扬灵动，多姿多彩。目前发现的玉龙以徐州狮子山汉墓出土的最多，有单体龙、同体双龙、连体双龙、出廓玉龙等等，多为白玉，龙体也多呈"S"形曲线，均穿孔可佩挂。故宫博物院也收藏有类似狮子山汉墓出土的单体玉龙。

广州南越王墓出土的连体双龙佩形制特殊，长10.2厘米，青玉，扁体椭圆形，透雕两龙相对，两龙间有一兽面，吐长舌与龙前爪相连。在佩边缘各

西汉单体玉龙，故宫博物院藏（故83982）

处，分别钻有五个小孔，用于系佩，为组玉佩中最上一件，起珩的作用。

南越王墓也出土了一件最为精美的龙纹玉器精品。这是一件透雕的龙凤纹玉环，外径10.6厘米，内径5.2厘米，分两环，一条游龙置身于内环中，前爪与后腿伸入外环，一凤站于龙前爪上，回眸与龙对视。龙身扭曲成S形，充分显示了肌肉的遒劲有力，这种充满动感的张力是汉代龙纹中特有的。整个纹饰细部以水滴、双"S"纹装饰，整体龙凤纹构图

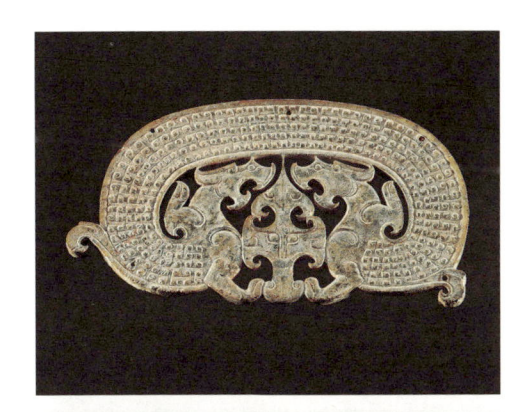

广州南越王墓出土双龙合体玉珩和玉环（引自《中国出土玉器全集》卷11第94、91页图）

带来的艺术冲击力可以说达到了中国玉器古典主义时期的最高峰。

古人认为龙能致雨，常常把龙和云纹相组合。文献中有许多关于龙的记载，比如《论衡·乱龙篇》中说：

> 董仲舒申《春秋》之雩，设土龙以招雨，其意以云龙相致。

并引《易》曰：

云从龙，风从虎。[1]

《说文》中：

珑，祷旱玉，龙文，从玉从龙，龙亦声。

龙，鳞虫之长，能幽能明，能细能巨，能短能长，春分而登天，秋分而潜渊，从肉飞之形……象宛转飞动之貌。[2]

但汉代的玉龙佩已不仅仅有祷旱致雨之功，据《史记·历书》记载：

至孝文时，鲁人公孙臣以终始五德上书，言"汉得土德，宜更元，改正朔，易服色。当有瑞，瑞黄龙见"。[3]

可见玉龙还有一定的祥瑞之意。这些玉龙伴随着汉人祈求长生不死、羽化登仙的神仙思想，以天空为家，自由矫健，成为地上人间与天上神仙进行交往的重要媒介。所以战汉时期的龙与凤自然也成为四灵中的主角，如《礼记·礼运》中就有提到：

---

1 黄晖撰：《论衡校释》，卷第十六，乱龙篇，商务印书馆发行，第691页。
2 汉许慎撰：《说文解字》，卷一上，卷十一下，中华书局，1963年，第11页，第245页。
3 汉司马迁撰、宋裴骃集解、唐司马贞索隐、唐张守节正义：《史记》，卷二十六，历书第四，中华书局，1959年，第1260页。

西汉玉龙，故宫博物院藏（故 103988）

何谓四灵？麟、凤、龟、龙谓之四灵。[1]

四灵在汉代皆为瑞征，它们的出现被认为是圣人降生、天下大治的征兆，故玉龙佩在汉代成为瑞玉佩饰件。

两汉玉龙除带钩外，呈现在我们面前的均是侧面龙的形象，龙身弯曲度大，多呈"S"形；西汉早中期龙眼多优美的杏核眼，有单阴线、双阴线、双眼皮，甚至有些刻画出瞳孔，此时也是中国玉龙眼睛最美的时期。东汉卷尾玉龙多见，造型正如王充在《论衡》中提到的："世俗画龙之象，马首蛇尾。"总体来说，汉代玉龙好似一青年男子的形象，强壮有力，肌肉感强，张力实足，飞扬灵动。

1　杨天宇撰：《礼记译注》，礼运第九，上海古籍出版社，1997年，第380页。

钩弦发羽话玉韘

在中国古代玉器中，有一类流传很久的玉器，它的发展演变起起伏伏，造型从简单到复杂，再回归简单，实用性和象征意义轮换，颇有变化。这种玉器就是玉韘。

我们先从故宫收藏的一件战国玉韘讲起。这件玉韘长 4.5 厘米，最宽 4.2 厘米，高 1.2 厘米，白玉质，玉质温润细腻，有黑褐色沁斑。器中部有一圆孔，后侧有象鼻穿孔。左侧凸出并雕有一凤，昂首张口，长尾；右侧凸雕一螭，紧贴器壁。玉韘一端成斜坡，上面雕饰有勾云纹及凤鸟纹。从造型和纹饰来看，这是一件战国时期的玉韘。

战国凤螭纹玉韘，故宫博物院藏（故 84194）

韘这种器物和古人拉弓射箭有着密切的关系。《说文解字》中有对韘的定义："韘，射决也，所以拘弦，以象骨，韦系，箸右巨指。"韘是射箭时用来勾弦的器物，一般用皮革或者骨头制作，套在大拇指上。韘的起源应该是用软皮子裹住拇指，以免弓弦勒伤手指，所以字体结构是繁体的韦字旁，韦就是熟皮子的意思。因为柔软的皮子会使弓弦黏着不爽利，就用骨头或玉来制作，这样容易控制弓弦。

用玉材做韘等级非常高，应该是王或者侯一级的人物才能使用。目前考古出土品中发现最早的玉韘在商代晚期。安阳殷墟妇好墓出土有一件玉韘，斜筒状，可套入拇指，正面雕饰兽面纹，背面有用于勾弦的凹槽，并有两孔用来绑缚，一般是穿绳绑在手腕上以免玉韘掉下来。这是一件实用器，应该

商代殷墟妇好墓出土玉韘（引自《中国出土玉器全集》卷 5 第 48 页图）

钩弦发羽话玉韘 *225*

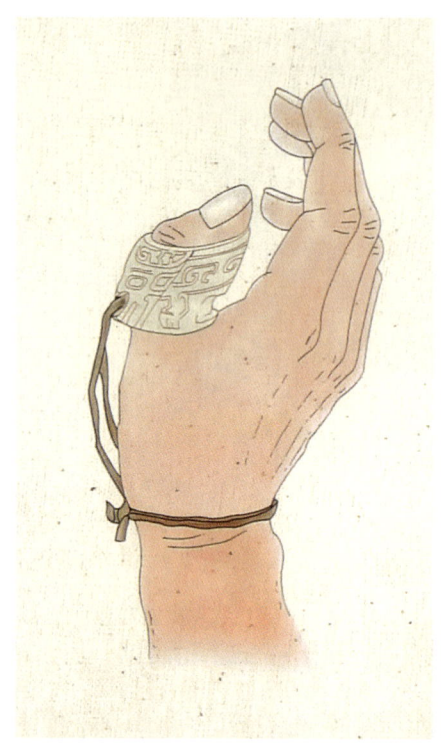

龙首纹商代玉韘，
故宫博物院藏（新 200459）

玉韘使用方式图

是墓主人生前使用的玉器。墓主妇好是商王武丁的夫人，也是中国历史上记载的第一位杰出女将军。出土的大量甲骨卜辞表明，在武丁对周边方国、部族的一系列战争中，妇好多次代商王出征，曾经统领万余人攻打羌方，俘获大批羌人。在冷兵器时代，战争中弓箭是最重要的武器之一。拉弓射箭时必定要用韘，玉韘也就成为高等级贵族的常用之物。故宫博物院也收藏有一些商代的玉韘，造型和妇好墓出土者相似。

西周至春秋战国时期，玉韘造型有所变化，但实用的性质以及使用的方式没有改变。故宫收藏的春秋时期夔龙纹玉韘，器身护指部位拉长。而前文所述的战国白玉韘，器形变得更扁，一侧伸出勾弦的扳耳，佩戴时需要穿绳绑缚在手腕上的穿孔仍在，只是穿孔处简化似鸡心上的小尖。

春秋时期夔龙纹玉韘，故宫博物院藏（新99947）

这个特征日后成为汉代韘形佩的重要标志。

玉韘发展到汉代，造型有了非常大的变化，实用功能已经荡然无存，完全演变成了一种装饰用的佩玉，所以又叫韘形佩。汉代的韘形佩另文专讲，在此不赘述。

可能很多人知道清代的扳指，其实扳指的前身就是玉韘，只是这时的玉韘造型又有了新的变化，成为上下笔直的圆筒形，又称为班指。它与商代的玉韘一样有实用功能，戴在大拇指上，但没有穿孔系绳。

清代苹鹿图白玉扳指，故宫博物院藏（故92489）

满族是马背上的民族，拉弓射箭对靠骑射夺天下的满族人来说意义尤为重大。满族的八旗子弟在弱冠前，都要照例在本旗的弓房练弓，所以拉弓时佩戴韘来保护手指又成了一种必要。随着清朝政权的巩固，征战减少，八旗子弟也忽视了骑射的本领，但是佩戴扳指的传统却保留了下来，扳

钩弦发羽话玉韘　227

乾隆御题碧玉扳指，
故宫博物院藏（故 106147）

指成为一种时尚的装饰品，质地多样，有象牙、玉、水晶、玛瑙、翡翠、瓷等。另外扳指还有表彰功勋的作用，如果有战功或功绩，皇帝会用它来赏赐。

乾隆皇帝是懂得扳指为韘的。他不仅自己常戴各种颜色的玉韘，还特别喜欢考证研究，写下诗文刻琢其上，诗题直接点明为玉韘，如《咏绿玉韘》《其相韘》《古玉韘》《题苹鹿玉韘》《题喻政玉韘》等。他在一首《古玉韘》诗中写道：

古玉实今韘，今韘犹古名。
古韘不适用，钩弦艰挽盈。
名实两俱收，四鍱如树呈。
何异序嘉宾，行苇咏岐京。

同时乾隆皇帝还思考了古韘和今韘的区别，在诗注中提到：

汉玉古韘今颇有，但其制椭而细，以为文玩。则可钩弦发羽，

228　商周时期

未若今韘之胜劲弓也。

乾隆皇帝认为清代的扳指更适用于钩弦发羽胜劲弓，想来他没有看到商代实用性极强的玉韘，而只看到了后世演变发展的春秋战国玉韘，甚或只是粗劣仿制的玉韘文玩。

扳指一直到晚清民国时还非常流行，不过都成为装饰品，难有实用功能。从大量存世的清代玉扳指可见当时之兴盛。

两汉时期

变幻多姿的汉代玉韘形佩

玉韘从商代发展到春秋战国,还具有一定的实用功能。但是发展到汉代,造型却有了非常大的变化,实用功能荡然无存,完全演变成了一种装饰用的佩玉,学术界称之为韘形佩。以故宫博物院所藏一件汉代龙螭纹玉韘形佩为例,我们看看玉韘的变化。

这件韘形佩高 7.6 厘米,宽 5.1 厘米,厚 0.5 厘米,呈扁平状,整体镂雕,中间有一大圆孔,圆孔四周实心部分的上部有一个小尖。圆孔和这个类似鸡心尖的造型是这件韘形佩的实际主体,四周纹饰围绕它们展开。两面纹饰不同,一侧镂雕回首的龙纹,一侧镂雕螭纹。圆

汉代玉韘形佩及拓片，故宫博物院藏（故 84391）

孔下部实体上浮雕了一个小螭龙。这些都是典型的汉代纹饰。

从这件韘形佩可以看出，战国时期玉韘的圆箍形完全变成了扁薄形。韘周围出尖和象征韦皮的部分加宽加长，上面镂雕或浮雕各种纹饰，但是商周玉韘的中心圆孔以及圆孔上部原来似鸡心尖的基本特征都还在。所以这时的韘形佩又被称为心形玉佩或鸡心佩。

两汉的玉韘形佩大部分都是各种透雕的韘形佩，主要特征是在玉韘鸡心的周围装饰各种纹饰，有螭龙纹、凤纹、云纹等，或在鸡心顶部附雕各种纹饰，或在鸡心两侧附饰。考古出土的玉韘形佩中也有精彩立体之作，我们目前看到最复杂的韘形佩是徐州北洞山楚王墓出土的一件三螭纹玉韘形佩，其中间圆孔也被匍匐在上的螭身填满，整体造型极具圆雕的立体感。

西汉时期的韘形佩鸡心尖一般都在玉佩的上部，到了东汉时期，韘形佩更接近玉佩。它的主体圆孔和鸡心尖部分由竖置改为横置，鸡心尖已不甚明显。例如河北定县东汉时期中山王刘畅墓出土的一件，整体已经拉长呈扇状，中孔变小，心形拉长，变为纯粹的装饰用玉。

玉韘形佩，徐州北洞山出土（引自《大汉楚王》第298页图）

玉韘形佩，东汉刘畅墓出土（引自《中国出土玉器全集》卷1第210页图）

  汉代不流行玉韘而流行韘形佩，这和当时贵族日常的穿戴有关。东周至秦汉时期，男性的王侯贵族们日常以剑为主要武器，男性在成人冠礼上也有佩剑仪式，汉代更是"天子及百官皆佩剑"。佩剑如此盛

变幻多姿的汉代玉韘形佩   235

行,弓箭的作用自然大大减弱,加之社会平稳极少征战,剑成为高级贵族日常随身标配,用来钩弦射箭的玉韘实用性大大减弱。

另外,从战国时期开始,在战争中弓已逐渐被弩所代替。弩是由弓发展而来的,但比弓的威力更大,射程更远。弩机的发明是冷兵器时代的一大进步,使用弩机则不需要人手去拉弓。所以,汉以后韘已经难以适应多种武器存在的战场,实用性进一步降低。

但是,整个先秦和汉代,尚武的习俗思潮并没有改变。《诗经·卫风·芄兰》:"童子佩韘。"注曰:"韘,决也。能射御则佩韘。"因为韘有射决的意思,可引申出"决""决断"的寓意,进一步表达佩韘的人具有一定的决断能力。用佩戴物来比喻君子的能力、品行是当时社会非常流行的一种方式。

当然,汉代韘形佩的流行也是中国古代射礼文化的一种反映。射礼作为中华民族重要的一种礼仪文化早已形成,男子成人之时都要行射礼。早期韘的佩戴也以男性为主,不过因为汉代韘形佩不再有实用功能,装饰意味浓厚,所以在男性、女性墓中均有出土。

汉代韘形佩虽然是装饰品,但内涵丰富,它的象征意义使得这种玉佩不同一般,为表明佩戴者有决断的能力,王侯贵族常常单体佩戴或与环简单组合佩戴,并没有使用复杂的组佩方式。这种单独佩戴韘形佩的方式更表明其内涵寓意的重要性。

寓意深刻的玉韘形佩必定也是要被作为艺术品来制作的。从器型到纹饰的设计均以此为出发点。所以我们看到的两汉韘形佩极少有对称的雕刻,纹饰布局十分自由随意,无论是螭纹、龙纹还是凤纹与云纹,都充满了千变万化的艺术韵律感,有着极强的创造力和艺术感染力。

魏晋六朝以后韘形佩逐渐衰落,纹饰雕琢趋于平面线刻,单调呆

透雕龙凤纹玉韘形佩，西安西郊汉长安城出土（引自《陕西出土汉代玉器》第208页图）

板，没有汉代的生动有趣。唐宋时期的韘形佩都是仿古之作。宋代沈括的《梦溪笔谈》中讲到，"所谓佩韘者，疑古人为韘之制亦当与芄兰之叶相似，但今不复见耳"。从中可知宋代人们对韘已经十分不了解。当时出土的韘形佩被看作古器物，常被称为蟠螭佩。清代玉韘又变成了玉扳指，不仅重新回归了实用功能，也成为重要的装饰玉器。

治烦决乱说玉觿

两汉时期除了鞢形佩外，还有一种寓意深刻的玉器，那就是玉觿。《说文解字》对觿的释义为："觿，佩角，锐端可以解结。"说明觿是用来解绳的，主要特征就是一端呈尖角。

觿在新石器时代就已出现，最早古人用兽角或兽牙制作，佩戴在身上用来解结。以玉制觿，其实已经抛弃了其原始的实用功能，使其成为模仿兽角或兽牙的象征性佩饰件。

故宫收藏的这件汉代龙形玉觿高 11.8 厘米，宽 5.3 厘米，厚 0.5 厘米，上部镂雕张口的龙纹，下部为觿的尖角，呈弧形弯曲。玉觿上

汉代龙形玉觽
故宫博物院藏（故 103963）

端有孔，显然可以系挂，为佩饰件。

考古出土品中西汉时期的玉觽较多，造型多变。有龙首、兽首、凤首等，也有复杂的出廓玉觽，东汉以后玉觽数量减少。从雕工看，汉代玉觽有实体玉觽、透雕玉觽和出廓透雕玉觽三种造型。实体玉觽较为少见，雕琢也较为简单，如徐州西汉中期"丙长翁主"墓出土的一件实体玉觽，仅以简单的阴刻线雕琢龙首及云纹，龙首端打一孔悬挂。汉代大多数玉觽为透雕玉觽，一般都是龙首、凤首等，姿态有昂首也有回首，身体部分有镂雕，饰涡纹或以细阴线将觽尖端分为两部分，每部分再刻饰"二"字纹，如故宫收藏的这件玉觽。出廓透雕玉觽较为少见，比如狮子山汉墓出土的青白玉龙首玉觽，体形较大，龙似半月形，身拱曲而尾尖，身下出廓透雕小游龙，龙耳部有圆孔可佩挂，造型十分别致。

汉代佩戴玉觽的寓意在相关文献中可见一斑：

西汉中期玉觽，徐州"丙长翁主"墓出土（引自《中国出土玉器全集》卷 7 第 114 页图）

治烦决乱说玉觽　239

西汉早期龙纹玉觽，西安窦氏墓出土（引自《中国出土玉器全集》卷14第114页图）

玉觽，徐州狮子山汉墓出土（引自《中国古玉器图典》第240页图）

《诗经·芄兰》曰："童子佩觽。"毛传曰："觽，所以解结，成人之佩也。"瑞辰按:《说苑·修文篇》曰："能治烦决乱者佩觽。"[1]

由此可见，觽在古人眼里有治烦决乱之意。佩戴玉觽，代表佩戴者有治烦决乱的能力。以玉制觽，取的是其象征意义。

前面提到玉韘有射御决断的意义，而玉觽则有治烦决乱的意义。那么将这两类玉器组合起来是否代表佩戴者希望自己兼具这两种能力？汉代确实有将玉觽与玉韘形佩合为一体的玉器。如河南永城僖山汉墓出土的觽韘合体玉佩，玉觽之尖占据显要位置，附于韘形佩之上。

故宫也收藏有一件觽韘合体的玉佩。韘形是主体，将主体拉长成狭长形，鸡心孔变小，在玉佩的一侧，雕刻出尖的部分就是玉觽。觽尾有明显长尖，整体修长。韘与觽的结合丝毫没有违和感，依然灵动优美。这类觽韘合体的玉佩主要从西汉中期以后开始流行。

1　清马瑞辰撰、陈金生点校：《毛诗传笺通释》，卷六，卫风，芄兰，中华书局，1989年，第216页。

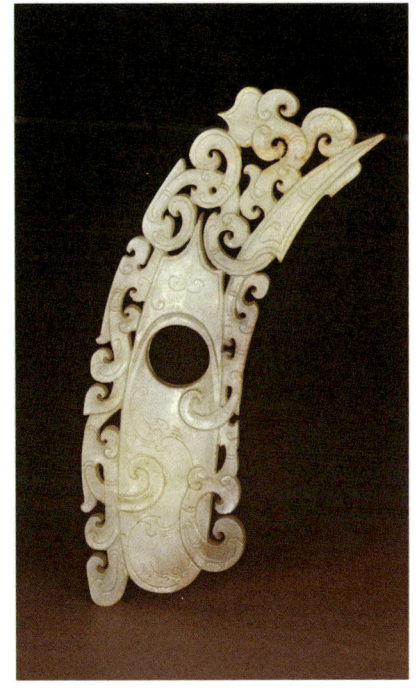

附觿合体鲽形佩，河南永城僖山汉墓出土（引自《中国出土玉器全集》卷5第224页图）

觿鲽合体云龙纹玉佩，故宫博物院藏（故85296）

汉代玉觿可以单独佩饰，也可以在组玉佩中成对出现。成对出现时常常在组玉佩的最下方，故玉觿还有玉冲牙的称谓，两者在不同使用方式下有不同叫法。郭宝钧先生认为："玉牙为兽牙仿制品，上大下锐而微曲，悬于冲玉两旁而鸣，制必为对，乃狩猎时代佩牙遗习，故亦袭牙名。玉觿为兽角仿制品，亦上大下锐而微曲，不必为对，可独悬之。亦狩猎时代佩角遗习。"这种说法从觿的起源看很有道理，但到战国以后，玉冲牙与玉觿从形制大小、纹饰上实难区分，所以要从佩戴方式上进行分析。在组玉佩中成双出现者可称为冲牙，《后汉书·舆

组玉佩，南越王墓部夫人 E 组出土（引自《中国出土玉器全集》卷 11 第 128 页图）

玉舞人腰前系璧及玉觹，江西南昌东郊汉墓出土（引自《中国出土玉器全集》卷 9 第 68 页图）

服》记载："孝明皇帝乃为大佩，冲牙、双瑀、璜皆以白玉。"故汉代的大型组佩是包括了冲牙在内的各类佩玉，冲牙均为成双佩戴，如南越王墓部夫人组玉佩中最下面两件即可称为冲牙。冲牙在组佩中的作用是相互撞击发出悦耳之声。

汉代许多玉觹为单件出土，应为象征解烦决乱的意义，单独或与璧环组合佩戴时称为玉觹更为合适。江西南昌东郊汉墓出土的一件玉舞人腰前即刻画有系璧及玉觹组合而成的佩饰。

奉酒为寿话玉卮

司马迁在《史记·项羽本纪》中记载了家喻户晓的鸿门宴故事。在鸿门宴开始前,有这么一个细节:"项伯即入见沛公,沛公奉卮酒为寿。"[1]

沛公刘邦奉上用卮装的酒以敬项伯(项羽的叔父),这里的卮本是周秦汉晋之际广泛使用的一种饮器。《说文》中有:"卮,圜器也。"[2]

---

1 汉司马迁撰、宋裴骃集解、唐司马贞索隐、唐张守节正义:《史记》,卷七,项羽本纪第七,中华书局,1959年,第312页。
2 汉许慎撰:《说文解字》,卷九上,中华书局,1963年,第186页。

带铭铜卮灯，满城汉墓出土

《礼记·玉澡》中郑玄注有"屈木所为，谓卮匜之属"。[1] 故卮本来是一种圆形器，以薄木片卷曲制成，形状为圆筒形，是一种饮器。出土实例中有满城一号汉墓中出土的两件铜灯，器身为圆筒形，深腹，有盖，一侧有环形鋬耳，器身和器盖所刻铭文自名为"卮锭"[2]，锭为灯意，卮锭即为卮形灯。安徽阜阳西汉女阴侯夏侯灶夫人墓出土有两件自名为"卮"的漆卮，也均为圆筒形，半环耳，直壁，无盖，有"女阴侯卮容五升"的铭文。[3] 这些自名为"卮"形器物的出土，可证文献所记无误，从而得出卮的最主要特点就是圆筒形器身，直壁，深腹，有环形鋬耳或半环耳，有些有盖，有些无盖。

铜卮、漆卮在汉代较为常见，以玉为卮则十分罕见。《汉书·高帝纪下》有："上奉玉卮为太上皇寿。"[4] 表明玉卮为饮酒器，但不同于普通酒器，一般在隆重的场合或酒宴敬酒时使用，以示对对方的尊敬。

汉代出土的玉卮不多，但十分精美，主要出土于王侯贵族墓葬

---

1 清朱彬撰：《礼记训纂》，卷十三，玉澡第十三，中华书局，1996年，第474页。
2 中国社科院考古研究所、河北省文物管理处编：《满城汉墓发掘报告》，文物出版社，1980年，第72页。
3 安徽省文物工作队等：《阜阳双古堆西汉汝阴侯墓发掘简报》，见《文物》1978年第8期。
4 汉班固撰、唐颜师古注：《汉书》，卷一下，高帝纪第一下，中华书局，1962年，第66页。

中，从制作工艺上可分为玉卮和鎏金铜框镶玉卮两大类。

故宫博物院收藏的一件夔凤纹玉卮就是纯玉卮的代表作。这件玉卮通高20厘米，最宽9.7厘米，口径6.9厘米，以一块完整细腻的白玉制成，不过玉料中带有部分糖色。器形呈圆形筒状，单錾耳，錾耳上阴刻龙首纹。盖顶浮雕三个几何云形捉手，中间凸起带有勾云纹的柿蒂形花蕊。卮身以勾连谷纹为地浮雕四只夔凤，两两相对，凤杏眼，勾喙，发后飘，几何形身躯拉长，与中间几何云纹相接。三兽蹄足，足上筒身部位浅浮雕三个兽面纹。

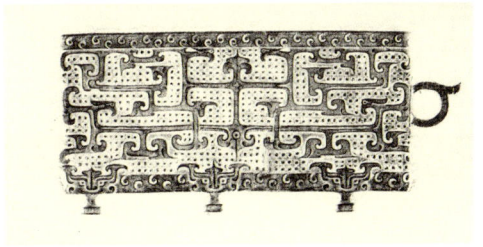

汉代玉卮及拓片，故宫博物院藏（故 104004）

这件玉卮挺拔有力，姿态优美。原为清宫旧藏，藏于紫禁城体和殿。

考古出土的玉卮最为精美者为安徽巢湖北山头汉墓的朱雀踏虎衔环玉卮，卮一侧高浮雕、镂雕朱雀踏虎衔活环，整体设计巧妙新颖，纹饰繁缛，集圆雕、透雕、浮雕、活环、阴刻于一身，代表了汉代玉雕的最高水平。同墓出土的带盖朱雀玉卮亦是精品佳作。湖南安乡县

朱雀踏虎玉卮,安徽巢湖北山头汉墓出土(引自《中国出土玉器全集》卷6第101页图)

玉卮,安徽巢湖北山头汉墓出土(引自《中国出土玉器全集》卷6第102页图)

玉卮,湖南安乡西晋刘弘墓出土(引自《中国出土玉器全集》卷10第237页图)

黄山头林场西晋刘弘墓出土的玉卮，器型与故宫玉卮相似，有环形鋬耳但无盖，器身纹饰以勾连谷纹为底，上浅浮雕两螭纹与凤纹，从纹饰特征看与魏晋器物不同，而有西汉早期风格，应为汉代流传下来的玉卮。

汉代玉卮大多有纹饰，也有一种素面小卮，如扬州邗江甘泉巴家墩西汉墓出土的小卮[1]，虽造型简单，但卮的基本特征——直壁圆筒形、环形鋬耳、三足均已具备。素面玉卮在汉代较为少见，应为实用器。

鎏金铜框镶玉卮以广州南越王墓和长沙马王堆軚侯利苍墓出土者为代表。南越王墓出土卮形器较多，除铜镶玉卮外，还有银卮、漆卮和金扣牙卮。铜框镶玉卮的出现补充了纯玉制作玉卮用料的不足。纯玉卮需用完整的一块玉料做卮，玉料要求形体较大，较为难寻。而用铜框镶嵌，则可使用较小且少的玉料做出一件大的器物。铜再经鎏金，

玉卮，江苏邗江巴家墩汉墓出土

玉卮，南越王墓出土铜框镶（引自《中国出土玉器全集》卷11第139页图）

---

1 扬州博物馆、天长市博物馆编：《汉广陵国玉器》，文物出版社，2003年，图98。

明仿汉玉卮，故宫博物院藏（故 96191）

金玉交相辉映，不仅弥补了玉料不足的缺陷，且绚丽夺目，比之纯玉卮毫不逊色。

从以上这些玉卮看，直壁圆筒形是汉代玉卮的主要特征。其腹部较深，一般多有环形鋬耳或环形耳，有三足，足多为三兽面蹄足，有盖或无盖。玉卮高一般在10厘米上下，口径一般8厘米左右，容量一般比铜卮或漆卮小。

《说文解字》中把卮分为大卮和小卮，有耳有盖的小卮可称为𫘫或𫞵。汉代的玉卮一般均为小卮，可供一人饮。

玉卮后世多有仿，以明清仿制较多，如故宫博物院藏有一件明代的夔龙纹玉卮，就是以宫廷旧藏的这件汉代玉卮为蓝本制作，只是将夔凤纹改为夔龙纹。北京师范大学小西天工地曾出土一件带盖玉卮，器身上刻有"子刚"款识，可能为明代晚期著名玉工陆子刚所琢。这些均是仿汉代玉卮的复古作品。总体看来，明代玉卮纹饰较为呆板，器型不够挺拔，工艺精细有余但气势不足。

驱疫避害玉辟邪

人们常说戴玉能够辟邪，现在有很多家长会给孩子买个小貔貅，认为这能辟邪。其实貔貅只是现代人们以为的辟邪，真正的辟邪源自汉代。

故宫收藏有多件汉代玉辟邪，我们以一件西汉白玉辟邪为例。它长 10.9 厘米，高 3 厘米，表面有红褐色的皮，显然是用一块带皮的和田玉子料雕琢而成。辟邪独角，角后端分两叉左右弯曲，张口露齿，身披羽翼，身体微微扭曲做伏行状，整体肌肉感较强，动感实足。

这样的玉器被称为辟邪，还要从中国古代的有翼神兽说起。

西汉玉辟邪，故宫博物院藏（故 104008）

  有翼神兽在中国起源很早，出土地点很多。在考古出土品中，商周的青铜器上就有有翼兽和羽人的图案。中国古代奇书《山海经》中，有翼神兽的记载颇多，如《海内北经》："穷奇，状如虎，有翼。"《东山经》还记载了有翼能飞的兽，如："耿山有兽焉，其状如狐而鱼翼，其名曰朱獳。"[1] 在《山海经》中，不但人、兽都生翼，而且还有鸟首兽身、兽首鸟身、虎首鸟身、鸟首龙身等各类和鸟结合的神奇动物。

  这是对各种能飞动物的向往，是人类共同的情感特征。在中国艺术史中，商代及以前就有大量的龙、凤主体，均是能腾云驾雾的神物，再给兽插上翅膀似乎也不是什么难事，这个过程可能受到外来的某种启发和影响，但中国人常常有迅速将外来艺术本土化的能力，所以中国的有翼神兽和西方的有翼神兽从开始出现就有所区别。

  先秦以前的有翼神兽，其整体特征更像龙或虎，尤其是战国有翼神兽的头部。如河北平山县战国中山国墓葬出土的错银铜双翼飞兽，就似龙插有飞翼。汉代的有翼神兽有两种类型，一种为继承先秦有翼兽造型，在西汉早期一些地区墓葬中还有发现，常为陶俑兽，如西安

---

1 清郝懿行笺疏：《山海经笺疏》，中国书店，1991 年。

龙首原西汉早期92号墓出土的陶翼兽。[1]

接受外来文化影响并发展出有中国自身特色的有翼神兽，最典型的就是辟邪，它的头部特征接近于狮子，这种似狮的辟邪造型可以说最初是受西亚文化的影响，西汉中期以后出现，一直影响到魏晋六朝，发展成为六朝大型的石雕辟邪。

关于玉辟邪出现的时代，目前所见，文献记载都在汉武帝以后，

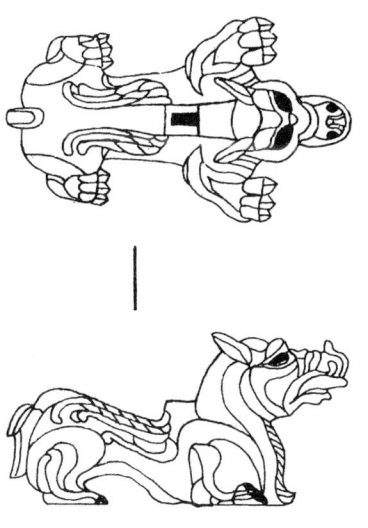

陶有翼兽，西安龙首原出土

这和汉武帝派张骞通西域后，狮子等兽才传入中国有关。《汉书·西域传》说："乌弋山离国……有桃拔、师子、犀牛。"孟康注说："桃拔一名符拔，似鹿，长尾，一角者或为天鹿，两角者或为辟邪。师子似虎，正黄有冄页髯，尾端茸毛大如斗。"[2]

经考证，乌弋山离国在现在的伊朗高原东部。《后汉书·班超传》中讲到："月氏尝助汉击车师有功，是岁贡奉珍宝、符拔、师子，因求汉公主。"注："符拔，形似麟而无角。"[3]

1　西安市文物保护考古所韩保全、程林泉、韩国河编著：《西安龙首原汉墓》，西北大学出版社，1999年，第121页。
2　汉班固撰、唐颜师古注：《汉书》，卷九十六上，西域传第六十六上，中华书局，1962年，第3889页。
3　南朝宋范晔撰、唐李贤等注：《后汉书》，卷四十七，班梁列传第三十七，中华书局，1965年，第1580页。

以上记载说明，汉代中期以后的有翼神兽主要是以西域进贡的狮子为原型创作的。当时对这些神兽按角的有无、多少分别命名：一角者名天禄，二角者名辟邪，无角者称符拔。

天禄和辟邪在文献及考古实物中都得到了证实。《后汉书·灵帝纪》中讲到："今邓州南阳县北有宗资碑，旁有两石兽，镌其膊，一曰'天禄'，一曰'辟邪'。"[1] 这两件石兽1957年在南阳市卧龙岗被发现，刻辟邪二字的为两角神兽，另一个刻天禄的兽为一角，和文献记载天禄独角的特征颇吻合。前述故宫所藏的这件白玉辟邪表现的就是独角的天禄。

不过，这些似狮子的有翼兽不管是一角也好，两角也好，无角也罢，并无必要一定要分别命名，它们的共同特征就是带有羽翼，头部似狮子，均为神兽，所以可以笼统地称之为辟邪。

在考古出土品中，也有几件国宝级的玉辟邪，那就是1965年底到1976年间，在陕西咸阳市渭城区周陵乡新庄村汉元帝渭陵附近的附属礼制建筑"长寿宫"遗址中，发现的2件玉辟邪，同地出土的还有玉鹰、玉熊、玉羽人骑天马等6件精美绝伦的玉器。经考证，这6件玉器可能原属汉元帝刘奭所有，其中5件可能是他生前使用的宫中陈设器。这些玉器原来可能放置在元帝孝元庙内。西汉末期，王莽毁坏孝元庙时，这批玉器就被掩埋于建筑废墟之中。

两件辟邪玉质洁白温润，均用和田上等带皮子料雕琢而成，材质十分精美，在汉代诸侯王墓葬中较为少见，显示了帝王用玉的最高等级。其中一件昂首挺胸，张口露齿，下颚胡须垂至胸前，身披羽翼，

---

1 南朝宋范晔撰、唐李贤等注：《后汉书》，卷八，孝灵帝纪第八，中华书局，1965年，第353页。

玉辟邪，陕西渭陵出土（引自《中国出土玉器全集》卷14第163页图）

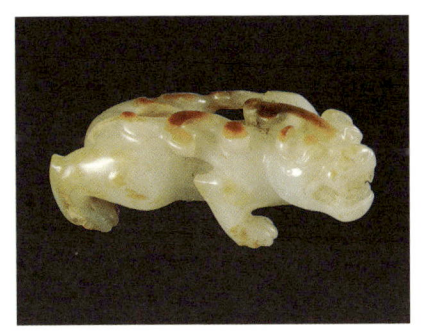

玉辟邪，陕西渭陵出土（引自《中国出土玉器全集》卷14第164页图）

以浅刻阴线表现腿部及羽翼处毛纹，整体肌肉感较强，另一件身体微微扭曲作伏行状，动感实足，头上有一角，角后端分两叉左右弯曲。

西汉的辟邪多为匍匐状，到了东汉，玉辟邪更为中国化，而且许多玉辟邪一改西汉的伏首前行姿态，出现昂首挺胸朝天吼状的辟邪，甚至有些呈蹲坐之态。

故宫博物院收藏的另一件玉辟邪高5.3厘米，宽4.7厘米，青白玉质。玉料用和田子料雕琢而成，带有黄色的玉皮。器体呈椭圆形，上窄下宽，内部掏空。外壁浮雕一大二小三只辟邪。大辟邪张口露齿吐舌，昂首前视，颔下有须，尾垂于地，腹下有羽翅，双足交叉呈坐态，身上攀附两只小辟邪作嬉戏状。

这件玉辟邪从造型、纹饰看均具有东

东汉玉辟邪，故宫博物院藏（故95820）

汉特点，腹部掏空，很可能原来是做丹药瓶使用。类似的玉器在扬州甘泉老虎墩东汉墓中也有出土。老虎墩的玉辟邪通高7.7厘米，宽6厘米，白玉质，圆雕一个坐姿的辟邪，身披飞翼，右手托灵芝，左手垂地，胸阔体健。辟邪内膛掏空，瓶口位于头顶，上置环钮银盖。这件玉辟邪最早被命名为飞熊水滴，笔者一直对此有所怀疑，专门去扬州看了这件玉器，发现其动物造型并不是熊。熊是尖嘴，这个动物却是阔嘴大鼻，它的面部特征、跪坐姿态与徐州土山汉墓出土的琥珀辟邪十分相似，而和北洞山汉墓出土的玉熊头部特征相距甚远，应是东汉流行的辟邪形象，而非熊的造型。另外，玉器有掏膛并有银盖，盖上有钮，更像是放丹药的小瓶子，而非文房用的砚滴，所以笔者曾在论文中将其命名为玉辟邪丹药瓶。

无论是西汉的匍匐状辟邪，还是东汉的跪坐状辟邪，汉代玉辟邪的造型艺术水平都很高。

这些玉器的出现直接反映了汉人的辟邪厌胜观念。汉人辟邪厌胜的目的首先是驱"疫"，在日常生活中借助佩玉，避免疾病灾祸的侵害。

玉辟邪丹药瓶，江苏老虎墩汉墓出土（引自《中国出土玉器全集》卷7第163页图）

琥珀质辟邪，徐州土山汉墓出土（引自《中国出土玉器全集》卷7第155页图）

羽人骑辟邪，美国赛克勒博物馆藏（图片来自赛克勒博物馆官网）

其次是扫除各种鬼怪。汉人认为，各种厉鬼是妨害人死后灵魂升仙的最大障碍。汉代的傩仪十分普及，傩事的目的即为逐疫驱鬼。因此，在入葬时举行大傩仪式，必须以戈击四隅，殴魍魉，进行打鬼。打鬼是手段，是为升仙扫清道路。所以使用辟邪的最终目的是升仙，东汉中后期的玉辟邪均没有了西汉辟邪的矫健身姿，表现出的是一种安静祥瑞的神仙长生之气，所以求长生、放丹药的玉瓶也雕成辟邪形象，这也是当时追求长生社会风气的反映。

在生前死后，汉人辟邪厌胜、驱疫逐鬼、压制邪祟等一系列过程都是通过用玉来表达和完成的，从而使形魄不朽进入神仙世界。两汉玉辟邪的出现就直接反映了这种思想的存在，美国赛克勒博物馆所藏的羽人骑辟邪也是这种思想的综合体现。

角色多变的汉代玉璧

玉璧在中国古代玉器中有着特殊的地位，它贯穿了从史前一直到明清的各个时代。《周礼》中，因为天形圆而色苍，故用苍璧以祀天。玉璧是重要的"祭器"之一。

商周以后，琮、璋、琥、璜这四种玉器的祭祀礼仪功能逐渐衰落，唯独留下玉璧和玉圭还一直在使用。不过除了祭祀功能以外，玉璧和玉圭越来越带有瑞器的特点。发展到汉代，玉璧虽然还是礼仪用玉的主角，但它作为祭祀礼器的因素在下降，作为日常瑞器的功能则大大增强。

汉代谷纹璧，故宫博物院藏（故 95751）　　汉代蒲纹璧，故宫博物院藏（故 84039）

　　瑞玉是指玉器变成了一种日常需要的礼仪用玉，是祥瑞符信的象征，比如在觐见、朝会时需要手持玉璧或玉圭做礼，玉璧成为符信的凭证。战国、汉代时流行的谷纹璧和蒲纹璧常常是王侯日常所用的礼仪用璧。

　　《周礼·大宗伯》中有"子执谷璧，男执蒲璧"的记载。古代王侯的爵位一般分"公、侯、伯、子、男"五个等级，谷璧、蒲璧也是常见的两种玉璧。故宫博物院藏有多件战国、汉代的谷纹璧和蒲纹璧。

　　谷璧是指器身满饰谷纹的玉璧。谷纹形似谷粒，饱满凸出，立体感较强。蒲璧就是雕琢蒲纹的玉璧，蒲纹是模仿古人铺的席子纹饰而来的。谷璧与蒲璧是战国、汉代常见的玉璧。谷璧的出现早于蒲璧。谷璧纹饰可能由春秋战国时期的小蟠虺纹而来，蟠虺慢慢省略了身体、头部，再慢慢简化为单个的小谷粒。因谷物和蒲席与人们日常生活密切相关，所以就简称为谷璧与蒲璧。两者成为重要的礼仪用璧，代表着持有者的身份地位，不同等级的贵族所执的玉璧颜色、工艺、大小也有所不同，成为重要的"瑞器"。

　　据《后汉书·礼仪志》记载，每年岁首是大朝贺的时间。按礼仪

角色多变的汉代玉璧　257

要求,在钟鸣开始受贺的时间,公、侯都要持璧进礼。[1]《后汉书·朱晖传》曾记载这样一件故事:东汉章帝建初七年,正月朔旦,东平王刘苍进朝入贺时,按照惯例,少府应该给每个王发放玉璧入贺,当时少府府卿阴就贵骄傲慢,不给刘苍玉璧。刘苍坐在朝堂,时间都要到了,还没拿到礼仪用的玉璧(漏且尽,而求璧不可得)。后来还是朱晖设计骗取了玉璧,才使刘苍可以执璧入朝。[2]

由此可见玉璧在汉代日常礼仪中的重要地位,进朝入贺均要手持玉璧。朝贺之时,公、侯皆持璧作为符信凭证。

玉璧也是奉祀、纳聘的礼仪用玉。比如汉宣帝在未央宫就将"玉宝璧"当作神明供奉祭祀。皇家在纳聘皇后,诸侯在嫁女儿时,玉璧也是重要的聘礼。甚至皇帝招聘特殊人才时也用玉璧作为重要的礼物。这些玉璧成为汉代上层社会日常生活中非常重要的瑞玉。

文献中作为瑞玉的玉璧主要指谷纹璧和蒲纹璧,但是在考古出土实物中,汉代的礼仪用玉璧就不仅有谷璧和蒲璧,还有素面玉璧,以及在谷纹和蒲纹之外添加夔龙或凤鸟等纹饰图案的双区玉璧和三区玉璧,甚至还有许多雕镂各种纹饰或者"长乐""延寿""宜子孙"等吉祥用语的玉璧。故宫就藏有东汉时期的多件吉语璧,有"长乐"玉璧、"益寿"玉璧等等。

汉代玉璧作为礼品使用不仅限于国内,也远播国外。笔者在日本宫崎县的西都原考古博物馆曾看到一件大玉璧。那件玉璧为三区的青

---

[1] 晋司马彪撰、梁刘昭注补:《后汉书志》,志第五,礼仪中,中华书局,1965年,第3130页。
[2] 南朝宋范晔撰、唐李贤等注:《后汉书》,卷四十三,朱乐何列传第三十三,中华书局,1965,第1458页。

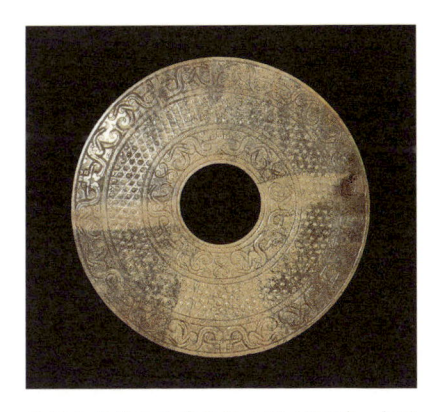

放置头箱的三区夔龙纹玉璧（D49），广州南越王墓出土（引自《中国出土玉器全集》卷11第42页图）

西汉双区夔龙纹玉璧，陕西西安枣园南岭出土（引自《中国出土玉器全集》卷14第128页图）

西汉神兽纹玉璧，湖南长沙市省财经专科学校出土（引自《中国出土玉器全集》卷10第209页图）

玉夔龙纹璧，玉璧的直径有33.2厘米，厚0.6厘米，里圈和外圈均是双身夔龙纹，中间为蒲纹。这件玉璧相传于日本文政元年（1818年）出土于宫崎县串间市，当时出土的地点在"日向国那珂郡今町村农佐吉"一个山顶上的石棺内。这座山后来因出土这座规格很高的石棺墓葬被当地人称为"王之山"，据报道，该墓共出土玉器与铁器约30件。日向国那珂郡今町村就是现在的宫崎县串间市。玉璧因出土年代较早，早期由三重县松阪市松浦武四郎收藏，现在由东京

角色多变的汉代玉璧　259

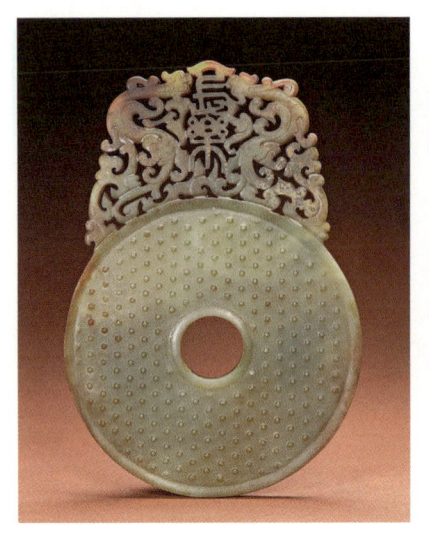

出廓长乐铭乳钉纹玉璧，
故宫博物院藏（故 95732）

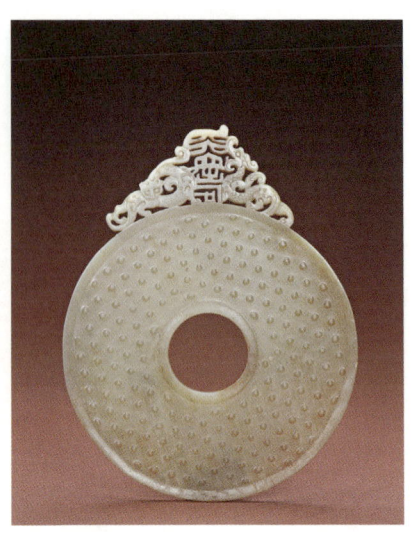

益寿铭乳钉纹璧，
故宫博物院藏（故 87285）

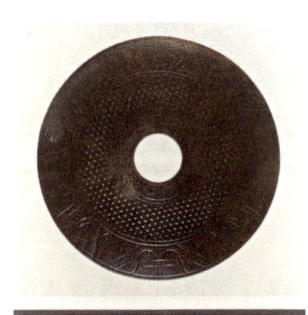

三区夔龙纹玉璧，传日本宫崎县串间市出土

都前田家族的公益法人前田育德会收藏。[1] 这件玉璧从器型、纹饰、玉质、工艺风格看，均可确定为中国战国晚期至西汉早期的玉璧，玉璧的尺寸与西汉南越王墓以及山东战国鲁故城出土的三区玉璧相似，应该是中国的玉璧传入了日本，只是传入的方式有待探讨。

日本京都大学的冈村秀典先生认为，这块玉璧是由朝鲜传到日本的。因为在战国至汉代，朝鲜和中国关系很好，地位也很高，而当时的日本还没有特别大的国家出现，所以不会受到中国皇帝的直接赐予。中国和日本早有来往，串间市在日本中古时期曾是日本与中国贸易船只出入的港口，这块玉璧也有可能是中国古代的皇帝直接赐给当时日本南九州的王的玉器。总之，不管以何种方式进入日本，这件玉璧都是一件礼仪用玉，具有典型的瑞玉身份。

除了日常礼仪外，也有一部分玉璧被用于丧葬礼仪。如在汉代的丧葬礼仪中，皇帝会特赐王侯重臣玉璧，用来作为赠赠之物，就是葬礼时送的礼物，以示助葬。广州西汉南越王墓就发现，古人将玉璧与玉璜成组使用作为丧葬礼仪用玉。另外，玉璧在丧葬中还有殓尸的功能。南越王墓、山东的巨野红土山汉墓以及河北满城汉墓等一些诸侯王墓葬中，尸身周围会出土排列有序的玉璧，作为裹尸玉璧。这也成为西汉诸侯王墓葬中较为流行的一种葬制，这里玉璧又有保存尸体不朽的功能，因古人相信玉是吸收山川精华的灵物。

汉代以后，玉璧一直是各王朝祭祀大典中最重要的礼仪用玉。故宫藏有多件清代的仿古玉璧，有些也作为祭祀大典重要的用玉。同时，

---

[1] 日本宫崎县立西都原考古博物馆曾举办过"玉与王权"展览，见北乡泰道主编：《国际交流展「玉与王权」》，田中印刷有限会社，2009年。书中收录邓淑苹：《日向国玉璧的启示——玉与王权专题演讲》及北乡泰道：《「玉」にみる王権の形》两文涉及这件玉璧。

成组殓尸玉璧，满城汉墓出土（笔者摄影）

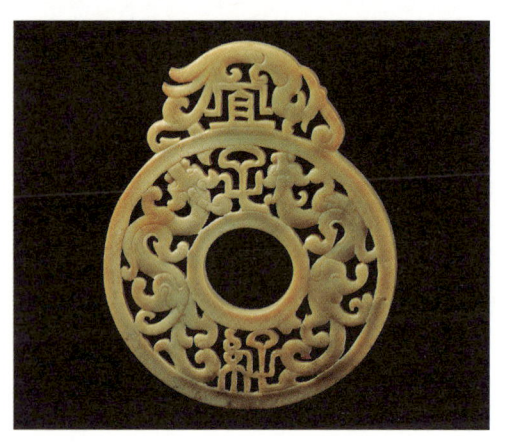

宜子孙璧，东汉中期扬州甘泉老虎墩汉墓出土（引自《中国出土玉器全集》卷7第161页图）

清代乾隆年制款长宜子孙佩，故宫博物院藏（故91165）

一些雕刻较好的玉璧也是常见的装饰和佩戴用玉。乾隆皇帝好古，宫廷中还会制作许多模仿东汉时期出现的"宜子孙"璧，作为日常的佩饰玉。

玉舞人与玉翁仲

传说汉高祖刘邦的戚夫人"善为翘袖折腰之舞",翘袖为举袖之意,折腰意为曲腰。汉代陶俑中多有这样的舞人形象,如北洞山汉墓出土的陶舞俑中就有上举衣袖、翘首折腰之俑。那么在汉代是否存在这样的玉器呢?

其实汉代不仅出土品中有不少玉舞人,传世品中也有多件,如故宫博物院藏有一件汉代玉舞人。它高3.9厘米,宽1.8厘米,厚0.3厘米,白玉质,器型不大,薄片状,以很简单的阴刻线,寥寥几刀就将一个起舞的玉人栩栩如生地刻画出来。

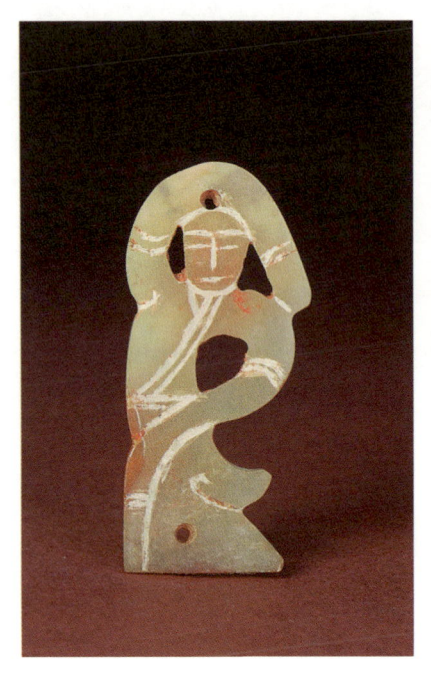

汉代玉舞人，故宫博物院藏（新143913）　　金链双联玉舞人佩，传洛阳金村出土，美国弗利尔博物馆藏（图片来源弗利尔博物馆官网）

玉舞人早在战国时期已经出现，以传说为洛阳金村出土的双联玉舞人最为精致。这件玉舞人梳扇形发髻，两侧有S形垂发，现藏美国弗利尔博物馆。两汉时期的玉舞人出土远较战国为多，且男女舞人均有，可见当时王侯贵族佩戴舞人的习俗之盛，这应和当时社会喜舞有关。

汉高祖刘邦的戚夫人善舞，汉武帝的李夫人也是"妙丽善舞"，汉成帝的赵皇后据传也能"掌上舞"。上如喜之，下必效之，汉代社会"百戏"盛行，舞蹈是一种最为常见的娱乐形式，上至王侯，下至百姓无不崇尚歌舞，尽情享受着歌舞百戏带来的快乐，这一点在汉代的画像

圆雕玉舞人，南越王墓出土（引自《中国出土玉器全集》卷11第122、120页图）

石刻中也常有发现。汉玉舞人中，女性细腰舞人最为常见，其风俗承袭自战国楚地，《韩非子·二柄》中就有"楚灵王好细腰,而国中多饿人"的记载。[1]

汉代玉舞人有女性和男性两种，舞姿基本相似，多为一袖上扬过头顶，一臂下垂或上举。女性舞人翘首折腰者多见，但雕工、玉质差异极大，有圆雕、片雕，有简刻、精工，有双人、单人，且多出土于女性墓葬中。

圆雕玉舞人出土较少，最为精致者是南越王墓出土的两件圆雕玉舞人，均通天孔，一舞人头右侧绾螺髻，身穿右衽长袖连衫裙，扭腰弯膝呈跪姿，一臂上扬，一臂下甩，张口似歌咏状，姿态优美，为西汉舞人的杰出之作。另一件翘首折腰，雕工细腻。西安杜陵出土的圆

1　陈奇猷校注：《韩非子集释》，第二卷，二柄第七，上海人民出版社，1974年，第112页。

玉舞人与玉翁仲　265

双联玉舞人，西汉杜陵出土

汉玉舞人，北京大堡台汉墓出土（引自《中国出土玉器全集》卷1第19页图）

男性玉舞人，南越王出土（引自《中国出土玉器全集》卷11第118页图）

雕双联舞人因形体较大，为陈设用玉而非佩饰用玉。[1]

片状玉舞人在西汉中期以后姿态越来越优美，常常是翘首折腰，有着优美的曲线，以北京大堡台2号墓出土的白玉舞人最为精致。这类舞人一般用于组玉佩的中部，所以上下都有穿孔。

汉代玉舞人中也有许多略具象形，刻画潦草，玉质较差者。其舞姿动作幅度大，有些躯体肥胖，人物形象古拙，有些为男舞俑。将这些雕工粗糙之玉作为装饰用玉似乎并不美观，那么佩戴这样的舞人有何意义？

徐州汉画像石上有一种戴假面具的"傩"表演。在盱眙东阳秦汉故城遗址出土的西汉木板刻画"巫舞"图中，其巫舞舞姿与今扬州地区"跳娘娘"等旋转扭体有惊人的相似。这种旋转扭体形式也类似于

---

[1] 刘云辉、刘思哲：《陕西出土汉代玉器撷英》，见《文物天地》2012年第4期，第47页。

一部分汉代玉舞人。江南歌舞较盛，追根溯源可能部分来源于巫舞。张衡在《舞赋》中讲到，在淮南观看的巫舞，有着特定的姿态与步法。所以汉代的玉舞人中不排除有些舞人属巫舞范畴，佩戴这种跳巫舞的玉舞人，有辟邪厌胜之意。

如果说佩戴玉舞人的辟邪厌胜之功还不十分明显的话，那么玉翁仲的出现则较直接地反映了汉人佩挂此物来驱邪辟疫的思想。

翁仲的起源与秦始皇有关，据《史记·秦始皇本纪》记载：

收天下兵，聚之咸阳，销以为钟镰，金人十二，重各千石，置廷宫中。[1]

谢承在《后汉书》中提出，"铜人，翁仲其名也"。《汉书·五行志》中亦有记载，秦始皇二十六年，

有大人长五丈，足履六尺，皆夷狄服，凡十二人，见于临洮。……是岁始皇初并六国，反喜以为瑞，销天下兵器，作金人十二以象之。[2]

为了威震匈奴、镇守秦咸阳宫，翁仲名遂传于世。汉以后，人们就把用于守护庙宇、陵墓的石人称为翁仲，直到明清还一直存在。玉

---

[1] 汉司马迁撰、宋裴骃集解、唐司马贞索隐、唐张守节正义：《史记》，卷六，秦始皇本纪第六，中华书局，1959年，第239页。
[2] 汉班固撰、唐颜师古注：《汉书》，卷二十七下之上，五行志第七下之上，中华书局，1962年，第1472页。

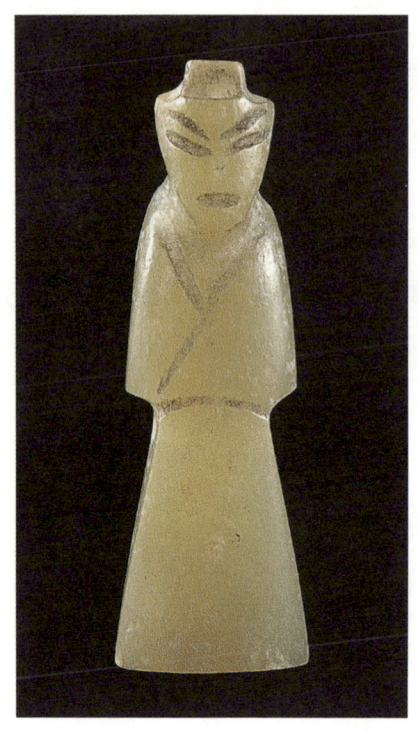

玉翁仲，刘荆墓出土（引自《中国出土玉器全集》卷 7 第 159 页图）

汉代玉翁仲，故宫博物院藏（新 200604）

翁仲即为铜、石翁仲的化身，人们佩戴玉翁仲，既有守护之意，又有辟邪之功，故汉代玉翁仲多为青年男子形象，身材劲健，雕刻线条粗犷有力，有汉八刀风韵，基本保留着翁仲为守护勇士的形象。出土者以刘荆墓玉翁仲为代表。故宫也藏有多件汉代的玉翁仲，形象十分简练。后世因不了解翁仲本义，所仿翁仲已多变为老年男子形象。

玉刚卯与玉严卯

两汉时期出现了一种新的玉器类型,那就是玉刚卯与玉严卯。它们个体不大,均是立方体,大小相同,常常成对出现。故宫博物院藏有多件这样的玉器,比如下面这对,它们用白玉制成,高 2.3 厘米,宽 1.2 厘米,厚 1.2 厘米,四面刻字,中间有穿孔。

考古出土品中刚卯、严卯的数量并不太多,而且都出土于东汉墓葬中。如安徽亳县凤凰台曹操长夫人丁氏家族丁崇墓中出土有一对,扬州双山 2 号墓广陵王刘荆及夫人墓出土有一件玉严卯(此墓被盗),河北景县广川汉墓中出土一件玉刚卯等等。它们所刻文字和故宫所藏

汉代玉刚卯严卯，故宫博物院藏（新99031）

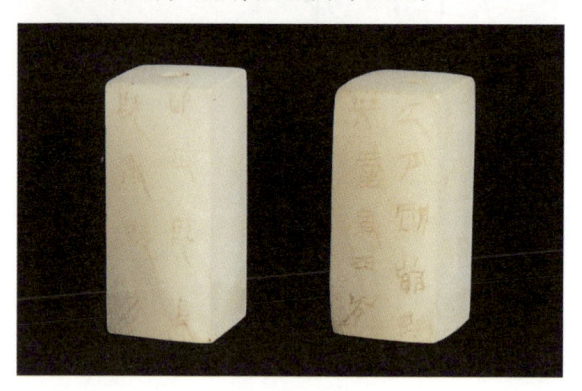

刚卯严卯，安徽亳县凤凰台1号墓（引自《中国出土玉器全集》卷6第154页图）

的这对玉器基本一样。

刚卯、严卯之所以引起大家的关注，皆因四面所刻的文字。故宫玉刚卯上刻的是："正月刚卯既央，灵殳四方，赤青白黄，四色是当。帝令祝融，以教夔龙。痒蠖刚瘅，莫我敢当。"玉严卯上刻的是："疾日严卯，帝令夔化，顺尔固伏，化兹灵殳。既正既直，既觚既方，赤疫刚瘅，莫我敢当。"刚卯34字，严卯32字，两者加起来共66字。

刚卯、严卯名称的来源，就是因为器物刻文起首一句为"正月刚卯""疾日严卯"而来。

这两段在玉器上刻的文字能够在文献中得到印证,只是疫名稍有不同。《汉书·王莽传》:

"今百姓咸言皇天革汉而立新,废刘而兴王。夫'刘'之为字'卯、金、刀'也,正月刚卯,金刀之利,皆不得行。博谋卿士,金曰天人同应,昭然着明。其去刚卯莫以为佩,除刀钱勿以为利。"注引服虔曰:"刚卯以正月卯日作佩之,长三寸,广一寸,四方,或用玉,或用金,或用桃,着革带佩之。今有玉在者,铭其一面曰:'正月刚卯。'"又引晋灼曰:"刚卯长一寸,广五分,四方。当中央从穿孔,以采丝茸其底,如冠缨头蕤。刻其上面,作两行书,文曰:'正月刚卯既央,灵殳四方,赤青白黄,四色是当。帝令祝融,以教夔龙,庶疫刚瘅,莫我敢当。'其一铭曰:'疾日严卯,帝令夔化,顺尔固伏,化兹灵殳,既正既直,既觚既方,庶疫刚瘅,莫我敢当。'"颜师古又注曰:"今往往有土中得玉刚卯者,案大小及文,服说是也。莽以刘字上有卯,下有金,旁又有刀,故禁刚卯及金刀也。"[1]

《后汉书·舆服下》:

佩双印,长寸二分,方六分。乘舆、诸侯王、公、列侯以白玉,中二千石以下至四百石皆以黑犀,二百石以至私学弟子皆以象牙。

---

[1] 汉班固撰、唐颜师古注:《汉书》,卷九十九中,王莽传第六十九中,中华书局,1962年,第4109页。

上合丝，乘舆以滕贯白珠，赤罽蕤，诸侯王以下以綟赤丝蕤，滕綟各如其印质。[1]

《说文》：

毅改，大刚卯也，以逐精鬼，从殳亥声。[2]

《后汉书》所载的佩"双印"可能是"双卯"的误写。

汉代出土的刚卯[3]，长2.2厘米，宽1厘米左右，这尺寸约合汉代的长一寸，宽（广）五分，可见晋灼与《后汉书》所记的尺寸较符合实际。

刚卯可能在西汉后期兴起，王莽时，因刚卯是颂扬刘姓天下的，（"劉"字拆成"卯、金、刀"），曾一度被禁。东汉时刘家再掌政权，当时统治者又提倡谶纬神学，故刚卯再度流行，并发展成为国家定制，凡着朝服，必需佩戴。故汉代刚卯、严卯的形状、大小均基本相似。只是目前出土者均为东汉时期，西汉者还没发现。

刚卯质地多样，所用质料也因佩戴者身份不同而不同。有玉、金、桃木、黑犀、象牙等。目前金属刚卯还未见，黑犀、象牙、木质刚卯又易腐烂，流传下来不易。故宫博物院藏有一对骨质刚卯，非常难得。据说与居延汉简一同出土的有两件桃木刚卯，其上文字与玉刚卯相似，

---

1 晋司马彪撰、梁刘昭注补：《后汉书志》，志第三十、舆服下，中华书局，1965年，第3673页。
2 汉许慎撰：《说文解字》，卷三下，中华书局，1963年，第66页。
3 为方便行文，刚卯、严卯合称刚卯。

骨质刚卯严卯，故宫博物院藏（新 107425）

但因未见报告，不能证实。现在考古发现者均为玉质刚卯。

因刚卯是颂扬刘家天下的，故只流行于两汉。其在文字中又直接表明了厌胜辟邪、驱逐精鬼之意，故后世也有仿，以明代最多。但汉代刚卯是一种特殊的"殳书"字体，有人认为是小篆的简笔字[1]，因为刻画而来，经常减笔假借，甚是难认。但后世仿者均非此体，且从器型、玉质上看也与汉代不同，较易识别。

关于刚卯形制来源，郭宝钧先生认为是由缀旒柱玉演变而来。[2] 马承源以刚卯文字为据，认为刚卯、严卯的正确器名当为"灵殳"，并结

---

1 王正书：《汉代刚卯真伪考述》，见《文物》1991 年第 11 期，第 72 页。
2 郭宝钧：《古玉新诠》，见《中央研究院历史语言研究所集刊》1949 年第 20 本下册，第 32 页。

合中国古代各期玉琮的研究,认为刚卯的祖型是长柱形琮和琮形管。[1]有学者不同意此观点,并据《后汉书·舆服志》认为刚卯是玺印的一种形式。[2]而那志良先生认为刚卯源于桃符,形制脱胎于方瑚。[3]

其实刚卯之名在《汉书》《说文》中均有提及,说明汉人已将其命名为刚卯,即使本义是"灵殳",也没必要重新定名。而关于其形制的来源,玺印之说并无说服力,《汉书》《说文》中均没提到双印,《后汉书》中出现的双印很可能为"双卯"之笔误,况且刚卯柱形特征与玺印并不相似,中间又有贯穿孔,明显为佩戴使用。

笔者认为,刚卯的形制来源可能和先秦玉管有一定关系,在汉代谶纬迷信、辟邪厌胜思想兴盛的前提下,将玉管由圆变方,四周刻字,并如玉管一样佩戴于身是件很容易想到的事。至于和良渚文化琮形管的关系,相信汉人使用时不会想到如此远古含义的流传,更何况汉人已不识良渚玉琮。

---

1 马承源:《从刚卯到玉琮的探索》,见《辽海文物学刊》1989年第1期。
2 魏彪、古方:《亳州曹操宗族墓地出土玉器研究》,见杨伯达主编:《中国玉文化玉学论丛续编》,紫禁城出版社2004年,第217页。
3 那志良:《中国古玉图释》,(台湾)南天书局1990年版,第317页。

西王母和胜形佩

故宫博物院收藏有这么一件玉器,它高 3.4 厘米,宽 1.8 厘米,厚 0.9 厘米,白玉质,主体造型为工字形联体柱,上方有一勺形,下端出短柱,中部有横贯穿孔。这种造型奇特的玉器到底是什么呢?

玉器上端的勺形器就像司南地盘上的勺子,因此有学者主张称其为司南佩。司南,又称指南,是古代的指南仪器,用于正方向,定南北。古代司南上有勺,下有地盘,无论地盘如何放置,勺如何转动,勺的定向始终指南。1948 年,王振铎先生从王充《论衡》等文献中考证出司南佩"如勺、如瓢、如北斗"的器型,应是仿古代司南而来,从而将其定名为司南佩。[1]此后多位学者曾围绕着司南佩的定名对其来源、功能进行了讨论。

台北故宫的邓淑苹先生认为司南佩的主体为两个厚实的"玉胜"，故应称作"胜形佩"。[2]王正书先生认为胜形上部的勺是西王母赐不死之药的工具，是药勺的象征，和司南没有关系。[3]这类玉器中占主体的是除勺以外的部分，这部分造型确实更接近汉代流行的"胜"。虽

汉代玉胜形佩，故宫博物院藏（故95647）

然出土实物中有带勺之玉，但西汉晚期出土的最早的这类玉器并不带勺，而更像西王母所戴之胜。以后虽然东汉有带勺的胜，但也有一半以上的出土者没有勺形部分，可见勺并非此玉的必要之物。所以，笔者个人十分赞同将其称为玉胜形佩。

胜形佩是汉代出现的一种新器型。目前考古所见的胜形佩数量比较多，不过西汉墓出土较少，多出土于东汉墓中。

胜形佩器型基本相似，主体都是一个"工"字形的联体柱，顶部有勺形和柱形两种。比如定县43号墓、安徽亳州凤凰台1号墓以及扬

---

1 王振铎：《司南指南针与罗盘经》，见《中国考古学报》第3册（1948年）。
2 邓淑苹：《由蓝田山房藏玉论中国古代玉器文化的特点》，见《蓝田山房藏玉百选》，1995年，第37、286页。
3 王正书：《"司南佩"考实》，见《文物》2003年第10期，第69—72页。

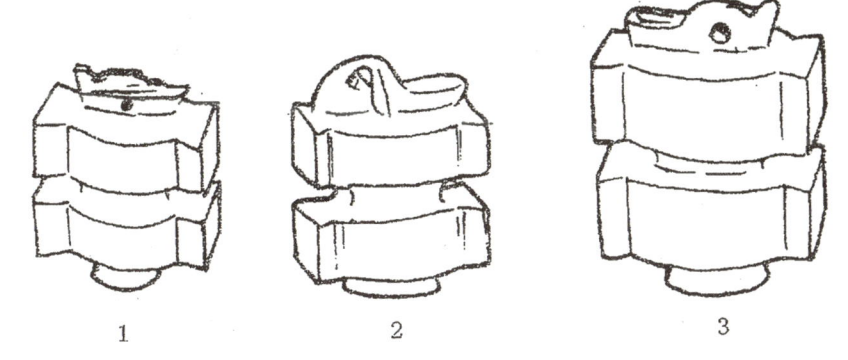

玉胜形佩，1、2为定县43号墓出土，3为安徽凤凰台1号墓（引自张明华《司南佩考》）

州邗江刘荆墓所出者均带有勺，只是勺的形状略有不同。西安南郊岳家寨西汉晚期墓、徐州土山汉墓和扬州甘泉姚庄101汉墓出土的胜形佩则在工字形方柱体上下出圆形头，没有勺形的结构。故宫博物院也藏有不带勺形的胜形佩。

胜形佩多出于王侯贵族墓中，有玉质、琥珀质、水晶质，但以白玉为多，玉质较好，与《后汉书·舆服志》记载的汉代王侯佩饰中"乘舆、诸侯、王、公、列侯以白玉"[1]相合，也与东汉上流社会推崇白玉有关。

西汉晚期到东汉玉胜形佩的出现，是汉

玉胜形佩，扬州邗江刘荆墓出土（引自《中国出土玉器全集》卷7第153页图）

---

1 晋司马彪撰、梁刘昭注补：《后汉书志》，志第三十、舆服下，中华书局，1965年，第3673页。

西王母和胜形佩　277

玉胜形佩，西安南郊岳家寨西汉晚期墓出土（引自《山西出土汉代玉器》第 234 页图）

玉胜形佩，徐州土山汉墓出土（引自《中国出土玉器全集》卷 7 第 151 页图）

汉代胜形佩，故宫博物院藏（故 93766）

琥珀胜形佩，扬州刘荆墓出土（引自《中国出土玉器全集》卷 7 第 152 页图）

山东沂南汉代画像石上的王母戴胜形象

代流行胜文化图像的一种物化表现。目前发现胜的形象均在汉代,如画像石、铜镜、摇钱树上的王母戴胜形象,河北定县汉墓也有金质胜出土。另外,我们看《事物纪原》里的记载:

> 人日剪彩为胜,起于晋代贾夫人所作,取"王母戴胜"之义也。[1]

所以,"王母戴胜"是汉晋之时十分流行的一种图像式样。至于王母为何戴胜而非别的东西?胜形器最早的原型是什么?笔者个人认为胜形佩的出现可能与"胜"的本义有"织机上持经线的轴"有关,王逸的《机赋》中有"胜复回转"之句。西王母可能是古代西方氏族部落的一个女性首领,很有可能以纺织工具为原型创制出一种类似的首饰。

因此,玉胜形象和王母戴胜密切相关。西王母是神仙的象征,将王母头上的首饰"胜"用玉制作,佩戴于身,应是和汉代神仙长生思想以及辟邪厌胜思想的流行密不可分。

---

[1] 宋高承撰、明李果订:《事物纪原》,卷八,彩胜,惜阴轩从书本。

玉具剑与玉剑具

2011年江西南昌海昏侯墓的发现轰动一时,想必看过海昏侯墓展览的人们都会惊叹于墓中出土的大量玉器,这其中就有50件左右的玉剑具。玉剑具顾名思义,就是装饰在剑上的玉具,而用玉装饰的铜剑或铁剑,我们称为玉具剑。玉具剑这个称呼汉代已有,《汉书·匈奴传》中记载,呼韩邪单于来朝贡天子的时候,天子赐以"玉具剑"。刘向《说苑》中也有玉具剑这个名称。所以玉剑具和玉具剑是不同的主体,前者以剑饰为主体,后者以玉装饰的剑为主体。

一套完整的玉剑具有剑首、剑格、剑璏和剑珌四件。剑首与剑格

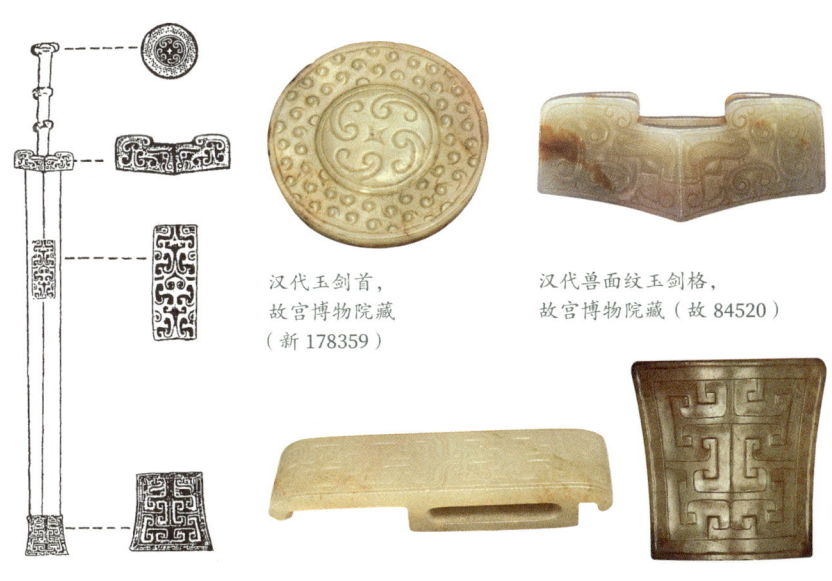

玉具剑各部分示意图（引自张明华：《古玉发现与研究100年》第331页图）

汉代玉剑首，故宫博物院藏（新178359）

汉代兽面纹玉剑格，故宫博物院藏（故84520）

汉代兽面纹玉剑璏，故宫博物院藏（新78669）

汉代云纹玉剑珌，故宫博物院藏（故84454）

是固定于剑身上的装饰，体型相对较小。剑璏和剑珌为附于剑鞘上之物，体型相对较大。故宫博物院就收藏有多件不同造型纹饰的玉剑具。

以玉饰剑，目前发现最早出现于西周。在三门峡上村岭虢国2001号墓地曾出土一把玉柄铁短剑，剑身长22厘米，由铁质的剑身、玉质的剑柄和铜质柄芯组成，铜芯插入玉柄，出土时剑身还裹有皮革缝制的剑鞘。[1]这是最早的玉具剑。和汉代相似的玉剑具出现于东周时期，春秋中期晚段至春秋晚期的墓葬中已经出现剑首、剑格、剑珌和剑璏

1　河南省文物研究所、三门峡市文物工作队：《三门峡上村岭虢国墓地M2001发掘简报》，见《华夏考古》1992年第3期，第104—113页。

铁剑上的玉柄，三门峡上村岭虢国2001号墓地出土（引自《中国出土玉器全集》卷5第133页图）

分别用玉制作的现象。战国时期玉剑具的四件玉饰也均有出土，但装在同一把剑上的现象还不算很多。山东临淄商王村2号战国晚期墓出土了一把玉具铁剑，随葬在墓主一侧，玉质剑首、剑格、剑璏、剑珌齐全。[1]重庆小田溪战国墓中出土了五件一套的玉具剑，较为少见。其他如辉县赵固1号墓虽出土四件，但不装在一柄剑上。

西汉时开始固定完整的四件一套玉剑具形式，徐州狮子山汉墓、广州南越王墓、河北满城刘胜墓、河南永城保安山2号墓、巨野红土山汉墓等均出土有一剑四件玉具齐备的玉具剑。东汉玉剑具造型纹饰均继承西汉风格，但出土数量不多。六朝玉剑具虽有发现，但已走向衰落，仅南京仙鹤观东晋高悝墓曾出土有一套完整的玉剑具。

各个玉剑具的定名在学术界还有异议，如剑首称标首，剑格称剑珥、剑镡，剑璏称剑璲、剑琫，剑珌称剑摽等。这些名称如果不统一，势必造成各种论述的混乱。结合考古资料和文献，目前大家基本统一以剑首、剑格、剑璏、剑珌来命名。这里比较特殊的是剑璏，它是附

---

[1] 郑同修：《山东出土战国汉代玉器概述》，见山东博物馆编：《山东馆藏文物精品大系·玉器卷·战国汉代篇》，山东美术出版社，2019年，第2页。

于剑鞘上、有穿孔可系挂在革带或服饰腰带上的玉器，也就是俗称的剑鼻。宋明之际，常将璲称为"瑹"，并谐音出"随人如意"的含义，成为单体佩挂的吉祥之玉，并出现仿古之作。

目前所见四件齐备的完整玉剑具多出土于诸侯王级墓葬中，说明此为当时流行的最高等级用玉。汉代冶铁技术发展成熟，铁剑比铜剑更为锋利，其等级地位相对要高，完整成套的玉剑具基本装饰于铁剑上。

两汉时期，同一把剑上的玉剑饰大多风格相近或一致。工艺有阴刻、浅浮雕、高浮雕、透雕多种，也有素面玉剑饰。质地以玉为主，也有水晶和玛瑙，如河北邢台刘迁墓出土的水晶玉剑具。

汉代浅浮雕的玉剑具纹饰有谷纹、云纹、蒲纹、兽面纹、螭纹等。高浮雕和镂雕玉剑具则有螭虎纹、凤鸟纹、熊纹、猴纹等多种纹饰造型，以螭虎纹多见。有些动物可呈立体圆雕状，十分精致，如南越王墓和满城汉墓出土的各类玉剑具，其剑饰上大多饰以螭虎图案，或高浮雕甚至圆雕部分身体，或单螭或双螭。螭虎首似猫，大眼外凸，阴线细眉上弯，耳呈曲折状，身为S形，尾多为绳纹卷曲，尾端分叉如云头。有些螭虎身躯还常伸出玉器主体之外，有些和凤纹组合，十分精美。故宫博物院也藏有类似的玉剑珌，高5.1厘米，宽6厘米，厚2.1厘米。龙螭纹穿云而过，飞扬灵动。

因玉剑具基本出于男性墓中，为男性使用，故纹饰多以螭虎、兽面为装饰。兽面纹常出现于剑格、剑璲、剑珌上，一般纹饰对称分布。凤鸟纹在两汉玉剑具上发现较少，最为精致者为南越王墓出土的一件透雕玉剑格，中脊凸出，下部为一兽面，以中脊为鼻梁对称分布，左右两侧镂雕对称凤纹，尖喙圆眼、羽冠、勾喙、腿关节处有如利钩，

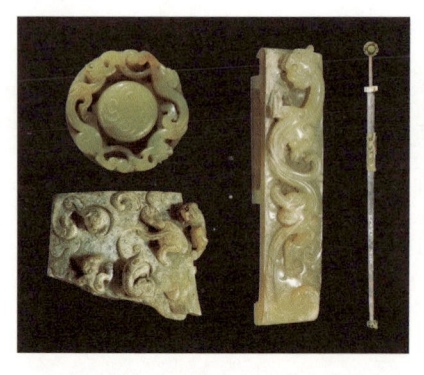

玉具剑，满城刘胜墓出土（引自《中国出土玉器全集》卷1第189页图）

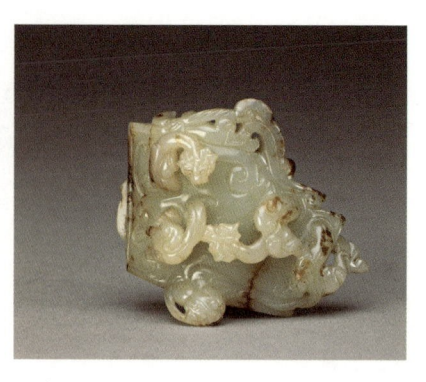

龙螭纹玉剑珌，故宫博物院藏（新200568）

镂雕玉剑格，南越王墓出土（引自《中国出土玉器全集》卷11第157页图）

表里均打磨光洁，平滑如镜。

汉代玉剑具的装饰功能远远大于实用功能，每一件玉剑具都是艺术品，尤其是等级较高的诸侯王墓出土者。这在剑璏、剑珌上表现得尤为突出，因二者均为剑鞘上的饰件，显露于外，故制作尤为精巧、华丽。

汉代佩剑之风盛行。《晋书·舆服志》记载：

> 汉制，自天子至于百官，无不佩剑，其后惟朝带剑。[1]

两汉尚武，男子成人礼时就有佩剑的仪式，佩剑是当时贵族重要的行头，也是一种重要的礼仪用器。玉具剑的佩戴彰显了一定的身份和地位，皇帝赏赐有功之臣会用玉具剑，王莽也会将玉具剑赠送孔休，其地位等级可见一斑。故玉具剑在汉代男性王侯墓中多有发现。汉董仲舒《春秋繁露·服制象》：

> 剑之在左，青龙之象也；刀之在右，白虎之象也。[2]

考古发现证实此记载与汉墓内随葬品基本相符，如狮子山汉墓陪葬者"食官监"左侧即放置铁剑四把[3]，这种现象在其他王侯墓中也有发现。出土刀剑的墓主一定为男性，玉剑饰上纹饰也会出现格斗等图案。女棺虽也有随葬刀、削者，但绝不随葬剑。

---

1 唐房玄龄等撰：《晋书》，卷二十五，志第十五，第771页，中华书局，1974年。
2 钟肇鹏主编：《春秋繁露校释》，卷六，服制象第十四，山东友谊出版社，1994年，第265页。
3 狮子山楚王陵发掘队：《徐州狮子山西汉楚王陵发掘简报》，见《文物》1998年第8期，第4—33页。

幻化成仙的汉代玉蝉

在清宫旧藏皇帝的文玩箱内，常常能发现玉蝉。例如在一件嵌玉的文竹盒内就放着一枚玉蝉，它长5.5厘米，宽2.9厘米，玉质洁白细腻，背面有子料的红皮，显然是用和田子料制作。玉蝉中部略厚，雕琢极其简练，嘴前伸，两眼外凸，翅尾尖。从上端的牛鼻孔看，似乎这件玉蝉是佩饰件。其实这件玉蝉的造型和工艺，都表明它是一件典型的汉代玉蝉，是作为口琀放入逝者口部入葬的丧葬用玉，原本并没有穿孔，后世不知，将其穿孔作为佩蝉使用。

从考古出土的汉代玉蝉看，以使用功能分主要有两种类型：佩饰

"汉八刀"型玉蝉,故宫博物院藏(故 84637)

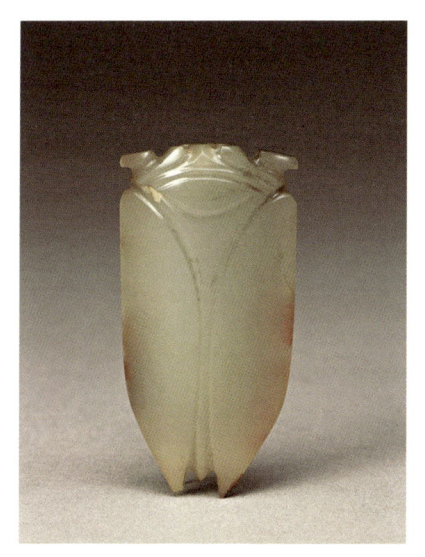

"汉八刀"型玉蝉正面,
故宫博物院藏(故 84637)

玉蝉反面子料玉皮

幻化成仙的汉代玉蝉　　287

玉佩蝉，徐州狮子山汉墓出土

西汉玉蝉，广州市西村凤凰岗出土（引自《中国出土玉器全集》卷11第137页图）

用蝉和葬玉用蝉。汉代的佩饰用玉蝉出土不多，主要发现于王侯墓葬中，如狮子山汉墓出土的两件玉蝉，大小如真蝉，雕工十分具象逼真，如雌雄一对，玉蝉顶部有一穿孔，显然是系挂之物。[1] 类似者还有徐州铜山县拾屯苏山头汉墓出土的玉蝉、广州市西村凤凰岗西汉墓出土的玉蝉。河北满城汉墓刘胜夫人窦绾墓中，在金缕玉衣内胸部也出土一件白玉蝉，以细阴线刻饰羽翼，形态逼真，体内从口至尾作贯通孔，表面涂朱。这些都是佩饰用蝉。在西汉，佩饰用蝉可能也是一种时尚。

在已发现汉代玉蝉中占大多数的是丧葬用的琀蝉。故宫所藏的这件"汉八刀"型玉蝉就是丧葬用玉琀的一种。"汉八刀"是对汉代一种玉雕工艺的俗称，其雕琢手法简单犀利，利用斜砣工艺寥寥几刀就勾

---

1 图片引自中国国家博物馆、徐州博物馆编：《大汉楚王：徐州西汉楚王陵墓文物辑萃》，中国社会科学出版社，2005年。

划出器物的外形，雕工刚劲有力，并非只用八刀制作。这种斜砣工艺也常用于汉代的玉握猪以及玉翁仲上。"汉八刀"型玉蝉以前不见，是两汉时期新出现的玉器品种。

另外还有一部分葬玉用蝉是那种极简练的玉蝉，也可称为简约型玉蝉。它只雕出极简的外形或者略具蝉的外形，大多为素面，连阴刻线条也少有。这类玉蝉一般体型较小。

无论是简约型玉蝉还是"汉八刀"型玉蝉，都是丧葬用蝉。"汉八刀"型的玉蝉在高等级墓葬中出土较多，简约型玉蝉则在等级较低的贵族墓葬中较为常见。在下层的平民墓葬中，则以滑石或其他材质代替玉来制作丧葬用蝉。

古人认为人死后不能空口而走，所以逝者口中一定得放东西，口中含物就称为琀。琀很早就有发现，新石器时代遗址中就发现有人死

西汉"汉八刀"型玉蝉，江苏泗阳泗水王陵出土（引自《中国出土玉器全集》卷7第135页图）

简约型玉蝉，江西南昌市老福山交通学校西汉墓出土（引自《中国出土玉器全集》卷9第62页图）

东汉玉窍塞和简约型玉蝉，天津蓟县东大井墓出土（引自《中国出土玉器全集》卷1第107页图）

幻化成仙的汉代玉蝉

后口中含石、陶小球的实例。玉琀的出现最早源于崧泽文化,为心形玉琀,大汶口文化中也发现墓主口中含有玉。口为人身体的一窍,"玉在一窍"可能是以后风行"金玉在九窍,则死人为之不朽"的前奏。

战国和西汉早中期,琀的种类很多,形式也不固定,可以有如文献所规定的有珠、玉、璧、贝之别,甚至其他之物。如1986年秦始皇陵考古工作队在临潼县岳家沟秦始皇陵园内清理了两座西汉初年高后时期的墓葬,两墓的主人均在口中含一件圆形的玉剑首。徐州奎山塔残基处发现有一座西汉初期墓葬,墓主口中含一残的战国玉龙佩。南越王墓以丝帛包裹珍珠塞入口中作琀,此可能遵循"天子含珠"的礼法。到了西汉中期以后至东汉,才开始大量以蝉为琀。

汉代含玉由各种质地、形制发展定格为玉蝉,表达了汉人对幻化成仙的美好愿望。

史前时期,人们可能已经意识到"蛹—蝉—蛹"周而复始的现象。汉代流行幻化成仙,人们认为肉体死亡、精神不灭的思想观念和"蝉蜕"的过程十分相似。

人是肉身凡胎,死后口中含蝉,就是希冀生命如蝉,从尸体中蜕解成仙,从蝉蜕转生而悟升仙再生。

含蝉还有另一种意义:在古人眼里,蝉是由污秽的幼虫,蜕化成高洁的成虫的。《论衡·无形篇》:

> 蝉蜕于浊污,以浮游尘埃之外,不获世之滋垢。[1]

---

1 黄晖撰:《论衡校释》第二卷,无行第七,(民国)商务印书馆,第58页。

《大戴礼记·易本命》：

> 蝉饮而不食。徐广曰：取其清高，饮露不食。[1]

如此"寻常枝以凌高""静无为以自宁""饥噏晨风，渴饮朝露"，超凡脱俗、不食人间烟火的蝉，就有了另一种神秘高洁的形象。

所以蝉代表了幻化与高洁两重含义。放蝉为琀，除了填充一窍，不能虚口而走的意义以外，还有借喻蝉的蜕壳再生，求精神不死并尸解成仙，使生命再生与延续的意义。这是汉人利用玉器幻化成仙的另一种形式。

---

1 清王聘珍撰、王文锦点校：《大戴礼记解诂》，十三经清人注疏，卷十三，易本命第八十一，中华书局，1983年，第258页。

富贵的愿景：玉握猪

两汉丧葬用玉中，有一类反映当时人们美好愿景的玉器——玉猪。我们先看故宫收藏的一对玉猪，它长 10.5 厘米，宽 2.3 厘米，高 2.7 厘米，青玉质，外皮已受沁，为典型的"汉八刀"型玉猪。

这种"汉八刀"型玉猪是汉代玉猪中最具特色者。玉猪以简练犀利的阴刻线条将猪的头、身、臀部刻出，刀锋线条刚劲有力，粗犷挺拔。"汉八刀"型玉猪一般吻部前凸，前后蹄都屈收腹下，作伏卧状，短尾，在吻下及尾部都各有一小孔。这种小孔的作用并不是佩挂，而是为了前后穿线或金属丝将它固定绑缚在死者手中，或与玉衣手套绑缚在一

汉代玉握猪一对，故宫博物院藏（新81269）

起。目前所见玉猪不管是具象的，还是"汉八刀"型的，大多有穿孔，应该都是这个作用。

汉代的玉猪常常成对出土，发现于死者手部，应该是死后放在双手里的玉握。古人手中握玉是一种高洁美好的象征，也象征着死后不空手而走。玉握在汉代成为常见的一种葬玉置于死者手中。

西汉时期，握还没有固定的形式。马王堆1号墓女尸双手各握一个绣花绢面的香囊，囊内盛香草；扬州东风砖瓦厂3号汉墓男棺内人架两手各握小木棒一根；仪征烟袋山女主人左手部有髹黑漆的木握一枚；河南永城芒砀山群窑山2号西汉晚期墓出土为长条板形玉握；西安市北郊枣园南岭1号西汉早期墓出土有碎玉握，200余片碎玉器残件以丝绸包裹分别握在墓主人的左右两手，据发掘者观察，当年是将玉璧等片状玉器有意砸碎而作为玉握使用的，这种现象在临潼新丰周家沟西汉早期墓中也有发现。在西安北郊井上村，一座未被盗掘的约新莽时期的墓葬24号墓中，出土了两条玉鱼，发掘者根据玉鱼的出土

汉代玉握猪，故宫博物院藏（新17743）

富贵的愿景：玉握猪　293

简约梯形玉握猪,徐州韩山刘婷墓出土(引自《大汉楚王》第350页图)

贴金箔具象形玉猪,江苏宝应县氾水镇汉墓出土(引自《中国出土玉器全集》卷7第158页图)

位置判断,玉鱼原应在手中,为玉握。以玉璜为玉握的情况在西汉发现较多,但璜多为玉璧改制件,如狮子山汉墓楚王的陪葬者"食官监"双手各握一青玉璜。

西汉中晚期到东汉,以猪为握逐渐成为定制,高等级贵族用玉猪,普通百姓也会用滑石猪,这些都与猪象征财富的观念有很大关系。

以猪随葬起源很早,如河姆渡有猪纹陶罐,江苏新沂大汶口文化墓葬有猪形玉佩,高邮龙虬庄遗址有9个猪陶罐。但以玉猪作为玉握使用,目前所见材料最早出现于西汉早期的徐州地区。

汉代玉猪基本分三种形制:一为简约的几何状玉猪。如西汉早期的徐州奎山汉墓,韩山一号刘婷墓,以及西汉晚期的铜山县拾屯苏山头墓葬均出土有这种简式玉猪,以主体与梯形附件两部分组成,似锛形,均有孔,中间应有木质棍状物连接,主体底面前部有一孔,梯形附件顶面前部有一孔,两者联体就似一几何状玉猪。这种玉猪多流行于西汉的徐州楚国,以后不见。

二为具象型玉猪,如西汉中期山东巨野红土山昌邑王刘髆墓出土玉猪，长清双乳山刘宽墓中玉猪、江苏宝应县泛水镇汉墓出土的贴有金箔的具象型玉猪等。

这种玉猪两汉均有，早期最多。其猪嘴上拱，并有三四道圈纹，双耳耳廓明显，臀部圆鼓，小尾巴上卷贴身，写实风格明显，姿态各异，有跑姿、卧姿、立姿多种。

三为前文介绍的"汉八刀"型玉猪。此型玉猪一般在西汉中晚期到东汉多见。在王侯墓中，西汉玉质猪出土较多，东汉滑石质或石质猪较多。普通平民等未能达到等级的墓葬也会随葬猪握，但多用滑石猪或琉璃猪。如江苏常州兰陵恽家墩汉墓中的23号墓为王莽至东汉早期墓，墓中就出土一个琉璃猪。

魏晋六朝之时还有"汉八刀"型玉猪和具象型玉猪出土，但六朝玉猪玉质多不好，滑石猪较多，表明当时对葬玉并不如汉代那样重视。因猪象征着繁殖与富足，故玉猪在唐、宋到明都有使用。

唐宋元时期

万邦来朝，绝域入贡：
唐代的胡人玉带板

在中国古代史中，汉唐两大帝国常常并称。从玉器史的角度看，两个朝代各有特色，汉王朝的玉文化充分展示了汉民族的极致用玉，而唐王朝则充分发挥了其包容万象的特点。当政者充满了自信，任何外来文化在这个时代都可以和本土文化进行很好的融合，既做到了"拿来主义"，也能将其中国化，为己所用。这种文化交流和结合在中国古代玉器上最完美的体现就是唐代的胡人玉带板。

玉带板是古人腰间革带上的装饰，一般一面会雕刻纹饰，另一面光素，一般有四对象鼻穿孔，或叫牛鼻孔，孔里可以穿铜丝或铁丝，

唐代胡人拍鼓玉带板及反面象鼻孔，故宫博物院藏（新 200629）

　　将玉带板固定在皮革带上。

　　古人的皮带就是皮革带，又叫革带，像现在的皮带一样系在腰间。不过中国古人系腰带不是系在裤子上，而是系在外面的"深衣"上，深衣类似于长袍，如果不系腰带就会散开、拖沓。所以腰带是古人非常重要的一件日常用品。

　　用玉来装饰的腰带又叫玉带。玉带的发展演变大致分为两种类型：一是官方的玉带制度，就是装有玉带板的革带，用在上朝、大典等各种正式场合；另一种是用在日常生活的便服上，这种腰带一般不用较硬的皮革制作，而是用柔软的丝绦，丝绦的两端装上玉带钩和环扣，使用时只要用带钩勾住环扣就可以了，所以又叫绦带。绦带使用非常方便，因此文人士大夫燕居在家，非正式场合的时候多系绦带。

　　官方玉带要在革带上缝缀玉带板，带板又叫带銙，銙就是腰带上的扣板。汉代开始出现革带两端装有玉带扣的革带，但是还没有在革带上装饰玉带板。在陕西咸阳若干云墓中发现了一条北周时期的蹀躞带，这也是目前发现最早的装有玉带板的带子。带板有方形，有圆形，只有一块镂雕有花纹。八块玉带板下面系挂了椭圆形的圆环，圆环上可以挂东西，这种可以挂东西的玉带又叫蹀躞带。蹀躞，就是佩戴上的饰物的意思。江苏扬州隋炀帝杨广墓葬中也出土了一副和若干云墓相似的蹀躞带，有十三个带有环的方形带銙，以金做玉带板的背托并用金钉连缀。整个玉带用上等的新疆和田

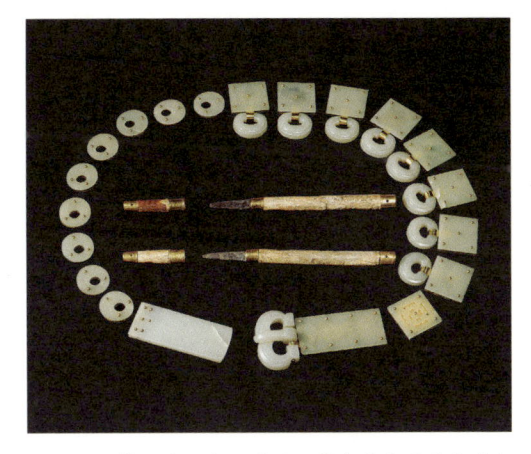

八环蹀躞带，陕西咸阳若干云墓中出土（引自《中国出土玉器全集》卷14第176页图）

玉梁金筐宝钿真珠装蹀躞带，陕西窦皦墓出土（引自《中国出土玉器全集》卷14第182页图）

白玉制作，玉质细腻温润，尽显帝王等级。

　　唐代在官服腰带上开始形成正式的玉带制度，并且一直沿用到明代，只是不同时期制度内容不尽相同罢了。唐代早期也还使用和北周、隋代相类似的蹀躞带，如1991年在陕西省长安县南里王村发掘的一座

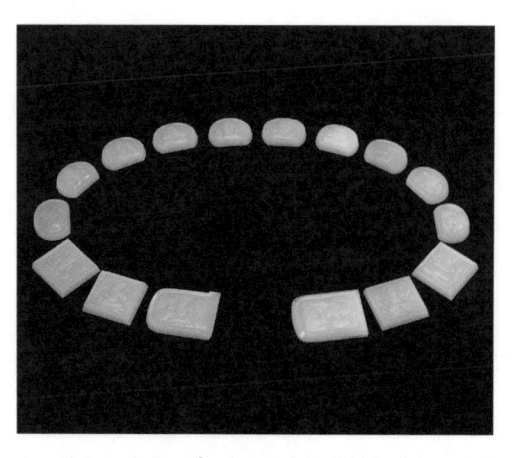

十三銙胡人伎乐玉带，陕西西安何家村窖藏出土（引自《中国出土玉器全集》卷14第184页图）

唐代贞观元年（627年）的墓葬，墓主人是大唐上柱国左卫府中郎将平陵县公窦皦。墓中出土了一副在白玉带銙中镶嵌有金板以及各种由彩色玻璃、松石、珍珠等做成珠宝的玉带具，被称为"玉梁金筐宝钿真珠装蹀躞带"，这也是迄今为止考古发掘出土的最为豪华的唐代玉带具。

不过唐代大多数的官方玉带是带銙带，就是玉带板下面不再带有环的玉带，而不再是蹀躞带。这些玉带是正式场合使用的官方玉带，是重要的礼仪用玉。玉带使用带銙的数量，是用来区分唐代各级官员乃至皇帝的重要标志。只有三品以上的官员才有资格使用玉带具。皇帝的玉带装十三块带銙，为国家建立过特殊功勋的官员经皇帝特别恩赐也可使用十三銙的玉带具。西安唐代何家村窖藏发现了十副玉带具，其中除一副九环蹀躞带可能是北周遗留下的传世品外，其余九副均符合十三銙的天子规格。西安丈八沟唐代窖藏出土了三副白玉雕纹玉带，题材为胡人伎乐、献宝、饮酒等，它是唐代三品以上官员可以使用的标准带具。

唐代的玉带板有雕刻花纹的，也有素面的，不过最具代表性的还数胡人玉带板，常见题材有"胡人献宝、饮酒、奏乐、跳舞"等等，反映了唐王朝与各国的密切往来和文化交流。在此以故宫博物院所藏

胡人饮酒玉带板及拓片，故宫博物院藏（新 200627）

的几块带板为例，一睹唐代胡人玉带板的风采。

一是胡人饮酒白玉带板，长 4.5 厘米，宽 4.1 厘米，厚 0.8 厘米，近似正方形，四边呈斜坡状。刻画胡人坐于毯上，脖子上挂着饰品，左手抚膝，右手举起酒杯，身上环绕着长长的飘带，富有动感。此块玉带板是一组玉带銙中的一件。

唐朝时，西域的葡萄酒和制酒技术传到了中原。"葡萄美酒夜光杯，欲饮琵琶马上催"中的葡萄美酒指的就是西域的葡萄酒。当时很多胡人来长安开店卖酒，往往店里还会有一位特别能歌善舞的胡姬，就像李白诗中所写："五陵年少金市东，银鞍白马度春风。落花踏尽游何处，笑入胡姬酒肆中。"跳舞喝酒应是胡人最喜爱的活动之一。

二是胡人伎乐图玉带板。唐朝的音乐非常发达，常常带有非常浓郁的异域风情。唐代官方制定的"十部乐"当中，就有"龟兹、疏勒、康国、安国、高昌"等西域音乐，可见当时非常流行胡人的音乐。这个风潮反映到玉带板中，就出现了大量的胡人伎乐图。当时有很多西域的乐器也流传到了中原，比如琵琶、箜篌、羯鼓等。故宫所藏就有胡人手拍羯鼓奏乐、胡人弹琵琶、胡人打响板等各类伎乐活动的玉带板。

胡人弹琵琶玉带板，故宫博物院藏（故 104007）

胡人打响板玉带板，故宫博物院藏（新 200625）

胡人献宝玉带板，故宫博物院藏（故 98263）

　　三是胡人献宝白玉带板。带板表现一个高鼻深目的胡人半跪在毡毯上，双手举着一个托盘，盘中放着一个宝珠。唐代时有大量的胡人到中国来，他们身份各异，有使节、留学生、商人、僧人，还有乐工艺伎以及游客。其中商人最多，活跃在长安、洛阳、扬州、广州这些大城市里。

　　唐传奇中有很多以胡人为题材的故事。例如故事《水珠》，说的是皇帝曾经赏赐给大安国寺一颗珍珠，据说价值亿万。于是僧人拿出来想卖高价，但大家都笑话他们，无人买，说一颗珍珠值不了这么多钱。这时有个胡商在市场上看到了这颗珍珠，出高价把它买了下来，自认占了大便宜。僧人很奇怪，问胡商，胡商告知自己来自大食国，即当时的阿拉伯帝国，贞观年间两国交好，曾进献了一颗宝珠给大唐，后来国王舍不得，常常想起这颗珠子，说有谁能得到这颗珠子就让他做宰相。这颗珍贵的珠子叫水珠，在沙漠中行军时只要把它埋到地下，就能挖到水，够上千人喝。

这是一个典型的胡人识宝的故事。这个故事让我们感受到唐代长安的繁华以及胡人云集的热闹，还有唐王朝的那种自信和爽朗。这些故事和场景都被编入了胡人的歌舞当中，当然也刻在了那些胡人玉带板上。

唐代经济发达，文化繁荣，首都长安更是当时的国际大都会，吸引了世界各地的人来朝拜、经商、学习，故这种风气体现在玉器艺术上不足为奇。

到了宋、明时期，虽然玉带还在使用，但是胡人形象的玉带板越来越少。从唐朝到明朝，玉带板的使用前后延续了一千多年，这种镶缀在高级官员腰带上的身份标志，可以说是中国古代封建社会的一个缩影。而唐代的胡人玉带板，成为唐代玉器的特色存在，也展现了大唐的开放与包容风范。

玉雕艺术表达的新思路：宋代玉图画

经过了五代十国的乱世后，宋统一了汉族政权，出现了较长时间的安定局面，并先后与辽、西夏、金、蒙古（元）南北对峙。相比唐代玉器东西方融合的帝国风范，宋代玉器风格又回到了汉民族的世界，含蓄内敛，贴近生活，有着文人雅士般清新淡远、入画如诗的感觉。这一时期的玉器，更远离了先秦汉代抽象、神秘、夸张的特色，继续着隋唐以后玉器写实化、世俗化的发展趋势，以生活用器、装饰品、赏玩器为主流，立体感增强，清新活泼，有着浓郁的生活气息。宋朝城市经济的发展，也使玉器作为高档奢侈品更多地出现在市肆商号之中。

宋代虽然国土面积没有唐代大，但是汉民族的文化发展却达到了一个高峰。宋太祖、宋太宗建国开始就推行"抑武重文"的国策，采取文治立国，对宋代文化与文明的兴盛起到了关键性的保护与促进作用，也使宋代各个文化艺术门类都取得了令人赞叹的成就，这里就包括传统中国画里的文人画。

北宋的苏轼认为文人和画工的画，最大的差别在于"意气"两个字，也就是神韵的意思。文人士大夫的画是"取其意气所到"，而画工的画只是把形画出来，没有内在的精神。文人画的出现使宋代的绘画艺术达到了一个高峰，尤其在宋徽宗的推动下，北宋的文化事业全面向前进步，宫廷里专门成立了皇家画院，促进了绘画艺术的全面成熟。

这也影响并引导着宫廷玉匠开始向画家学习，用绘画艺术来拓展创作的视野。玉雕向立体化方向发展。而最能表现立体层次感的雕琢手法即为镂空透雕，当时称为"透碾"，表现人物、花卉、禽鸟、龟鹤、松石、山林等的玉器往往运用此法。玉工灵活运用各种实心钻和空心钻工具，充分结合圆雕、浮雕、减地、阴刻等多种技法表现层次，使玉雕作品渐渐摆脱了扁平片状造型，具有一定的厚度，图案也有较大的景深。这和前朝的平面玉雕不同，而是一种全新的带有立体感的玉雕，集绘画、雕刻之长，形神兼备，这类玉器被清代爱玉如痴的乾隆皇帝称为"玉图画"。这种立体玉图画直接影响了清代的玉山雕琢。

唐宋以后，出土玉器数量大大减少，大量玉器以传世的方式代代相传，尤其是清宫旧藏的玉器，大多数是前朝宫廷留下的精美之作。我们以故宫博物院收藏的一件宋代玉图画作品为例，观察玉图画初始期的样貌。这是一件"松下仕女图"饰件，长9.6厘米，宽7.8厘米，厚1.5厘米。画面主体有三个人物，左边戴冠女子身着宽袖长裙，双

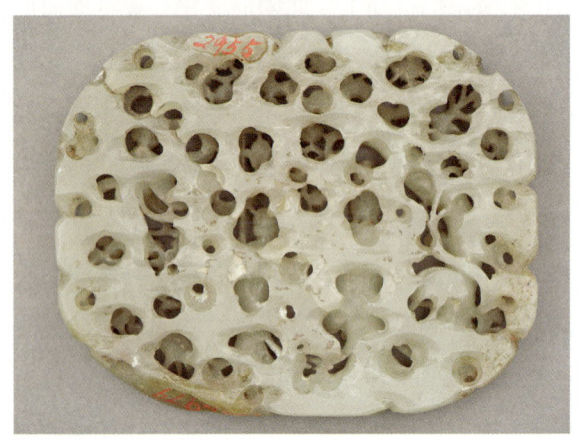

松下仕女图玉饰，故宫博物院藏（故 85979）

手放于胸前，端庄地站立于松树之下。旁边侍女手持伞盖，低首顺目站立，十分恭谨。右侧云端上站立一位仙女，手托果盘，彩带飘飘。云下雕琢仙鹤与灵芝。整器层次分明，人物、松树与山石背景主次关系明确，枝叶互相穿插交错，景深如画，丰富立体。从玉器的反面看，采用实心桯钻法去料，镂空透雕，分层错落有致。

白玉婴戏图玉饰，
故宫博物院藏（故 231927）

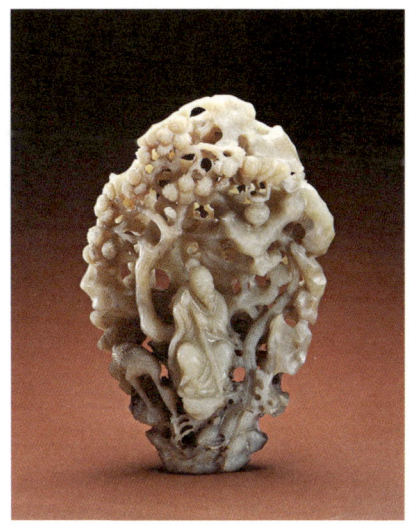

松下高士图玉纽，
故宫博物院藏（故 231888）

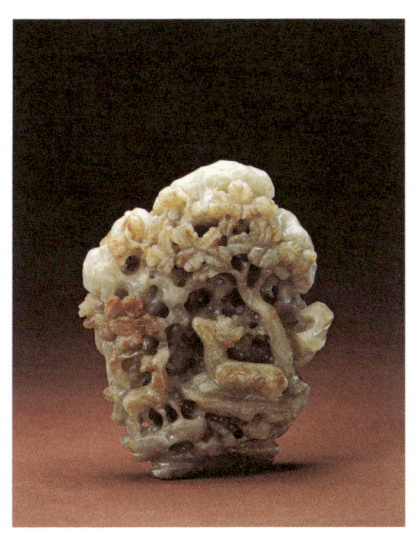

松下人物图山子，故宫博物院藏（故 231753）

玉雕艺术表达的新思路：宋代玉图画

故宫博物院所藏的白玉婴戏图、青玉人物图山子、松下高士图玉纽等也都使用了类似的雕琢技法。这种玉图画类玉器不仅有多层次、全景式构图，而且比例适当，形象生动，做工通灵，碾琢娴熟，尤其将以形传神、形神具备的风格发挥得淋漓尽致。所以明代的鉴赏家高濂在《遵生八笺》的论古玉器篇中评论道："宋工制玉，发古之巧，形后之拙""碾法如刻，细入丝发，无隙败矩，工致极矣、尽矣"。给予了宋代玉器高度的评价。

宋代玉工把单层镂雕发展成为多层镂雕，制作出带有山水画性质或园林庭院生活场景式的玉雕，使玉雕由单纯平面阴线刻和少量的减地浅浮雕向多层的立体镂雕技法过渡，在工艺史上有着不容忽视的重要作用。这些作品也成为皇室贵族的喜爱之物，在宋代常常被作为嵌饰或陈设品使用。它们对辽金元以及明清玉雕都有很大的影响。元代出现了较多的四面立体雕刻，如元代达官贵人帽子上装饰的玉帽顶。明代出现了诗意山水图玉雕作品，不仅有山水人物，还有诗文。清代乾隆皇帝意识到这些玉器的图画性，将其发扬光大，制作了大型的玉雕山子，将自然界的真山真水以大型玉雕的方式搬到了室内，真正将绘画作品完整立体地用玉雕再现，如秋山行旅图玉山、会昌九老图玉山、大禹治水图玉山等等。所以，宋代玉图画的重要意义在于开后代大型立体玉雕之先河，使中国玉雕作品在表达上拓展了空间，走向了一个崭新的艺术方向。

从一件清宫流失的辽代玉魁谈起

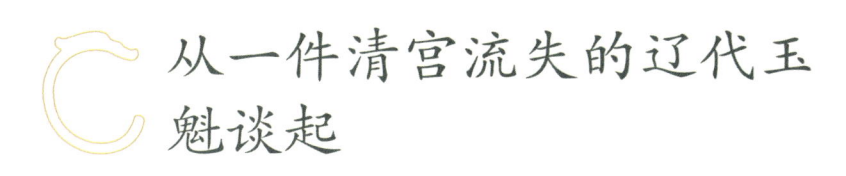

笔者在南京大学（以下简称南大）读博士期间，在南大的考古与艺术博物馆曾经看到过一件玉器。整器像单把玉杯，器身长 13.5 厘米，宽 9.6 厘米，高 3.5 厘米[1]，以优质的和阗白玉子料雕琢而成，质地致密温润，泛油脂光泽，白中微微闪有青色，外壁一侧还保留有一块子料原有的桂花色黄皮。器身为椭圆形，敞口，浅腹。杯一侧有龙首形直柄。龙张口露齿，龙鼻尤其肥大厚实。龙角各分两叉，伏于脑后。

1　洪银兴、蒋赞初主编：《南京大学文物珍品图录》，科学出版社，2002 年，第 68 页图。

玉魁，南京大学博物馆藏

玉魁器底契丹文　　　　玉魁器内底乾隆题记

玉器器底刻有两行文字，非汉字。内底刻有乾隆皇帝的解词与题记，题记曰：

> 内府旧藏玉卮一，制如舟。铭字十有一，非篆非隶。详绎之，盖以正书增减离合，作隐语，若黄绢幼妇之类，而少变其例。爰

各就字释之，得诗二章。即未必与原文不爽毫黍，庶几，东方射覆，聊资诙谐之一噱云尔。乾隆庚辰秋日御识。

后琢阳文方印"古香"和阴文方印"太卦"。题记写于乾隆二十五年（1760年），从中可知此器为清宫内府旧藏。不过它可能在清晚期流出宫外，民国时期为前清进士黄濬所得。

黄濬，字伯川，其叔父黄兴甫于光绪二年（1876年）进京赶考，因名落孙山，不愿回乡，在琉璃厂附近开私塾馆，教一些古董商子弟读书习字，因此和古董商有了来往。光绪二十三年，他在西琉璃厂开了尊古斋古玩铺，宣统二年（1910年），尊古斋由其侄子黄伯川接手经营。黄伯川聪明过人，胆大心细，此后的20年中，尊古斋有了巨大发展，成为琉璃厂举足轻重的古玩店。1928年，黄濬因参与买卖东陵文物被抓，1930年获释后，将尊古斋关闭，到东琉璃厂开了通古斋，但是不直接经营。[1]

黄濬热爱文物，对金石、古玉尤为痴迷，与清室王公贵族以及学者郭沫若、马衡、罗振玉都有交往。尊古斋所藏的金石、古印、古玉等珍贵文物，他都将之拓片或照相，编辑成书。1935年，

《古玉图录初集》所著玉魁内底

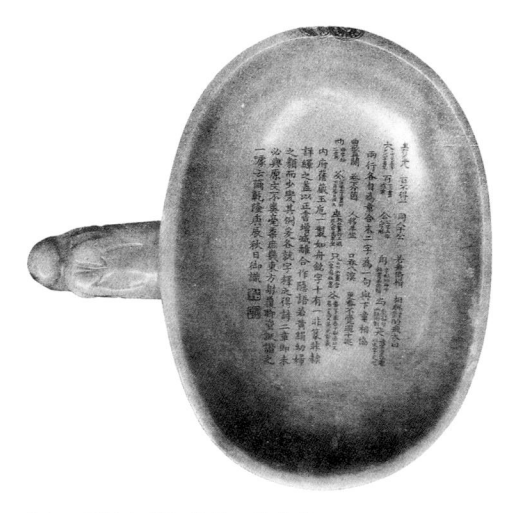

1　陈重远：《文物话春秋》，北京出版社，1996年10月版，第113—122页。

从一件清宫流失的辽代玉魁谈起　　313

福开森像

他出版了珂罗版印刷的《古玉图录初集》，南大所藏这件玉器的照片与器底铭文拓片均收入其中[1]，可惜书中无一文字说明，也无器物名称，这件玉器当时的定名、时代以及如何到黄濬手中都不得而知。

日后，随着黄濬所藏玉器的散失，这件玉器又到了美国人福开森手中。福开森，加拿大安大略省人，1886年毕业于美国波士顿大学，获文学学士学位，1902年获博士学位，光绪十二年（1886年）来华，在华近六十年。1888年，福开森担任金陵大学的前身汇文书院的院长，后又任金陵大学的校董。福开森嗜好中国文物，光绪二十年前后便到琉璃厂买古玩，跟古董商不断来往，所以在古董商中有三代人都认识他，称他为"福大人"。他还能与朝野上下、文人学士打成一片，和端方也是好友，所以藏品亦能高人一等。他收藏了大批中国古代书画、玉器、铜器、瓷器，曾任故宫博物院的鉴定委员，为当时故宫唯一一位洋委员。1934年，福开森将他收藏的中国散佚文物939件捐赠给金陵大学，其中不乏稀世珍品，如南唐王齐翰的《挑耳图》、北宋郭熙的《山村图》等等。捐赠品中玉器有39件，这件玉器就在其中。秉承着"得之于华，公之于华"的理念，这批捐献的文物曾一度保存在故宫博物院，由北平古物陈列所公开展览，在故宫文华殿特设"福

1　黄濬：《古玉图录初集》，见桑行之等编：《说玉》，上海科技教育出版社，1993年，第834—835页。

氏古物馆"。1949年10月，金陵大学图书馆馆长李小缘一行四人来京，正式接收这批文物并运回南京，1952年全国高校院系调整，金陵大学与原国立中央大学合并成立南京大学，此玉器就归入南京大学考古与艺术博物馆收藏。

从以上经历可以推断，这件玉器可能在1910年前后流散出宫，在1934年前曾被黄濬和福开森收藏，1934年以后，一度回到紫禁城由故宫博物院暂时保管，但终与故宫无缘，1950年前后南下南京，收藏于南京大学考古与艺术博物馆。

这件玉器造型奇特，玉质上佳，一看即知非一般人所用之物，但具体年代却一直无法确定，乾隆皇帝也只知其为古物而已。考订玉器年代，必先要弄懂器底的铭文。此器铭文，似汉非汉，乾隆皇帝认为这11个铭字是把汉字增减离合而来，为隐语，是古人射谜，还自以为是两句诗，其实不然。

此器底铭文乃是契丹文字[1]，为契丹小字。虽然曾有少数学者对此玉器铭文做过一些研究，但释读出的字数不一，观点不一。机缘巧合之下，笔者于2005年结识了中国社会科学院契丹文专家刘凤翥先生，就此问题向他请教。刘先生曾见过这件玉器底部铭文的拓本，但不知其收藏于南大博物馆，还以为早已流失海外，得知玉器还在国内，激动万分。

综合各位专家的意见，笔者曾撰写《辽代玉魁考》[2]一文，最后考证玉器铭文乃是辽代某位皇帝为其母后生辰祝贺的意思。玉器的年代

1　在《南京大学文物珍品图录》一书中，已定此玉器底部铭文为契丹文，但是对契丹铭文的含义未作过多解释，玉器名称则是以乾隆所定玉卮为名。
2　徐琳：《辽代玉魁考》，见《考古与文物》2006年第4期。

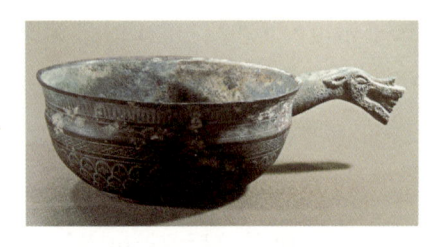

广西合浦出土西汉铜魁（笔者摄影）　　兰陵县博物馆博物馆藏兰陵层山西汉墓出土玉魁（笔者摄影）

大致是辽中晚期，推测可能是辽道宗时期宫廷玉器，制作者可能是辽皇室御用的汉族工匠，并进一步考证此类玉器的定名应为玉魁，而非乾隆认为的玉卮。

魁最早是一种盛羹的斗，其形象似注水用的匜。现在发现最早的魁形器为湖北毛家嘴出土的西周木魁，形制简单原始。汉代魁出土较多，多为铜质或陶质，如广西合浦望牛岭出土的西汉青铜龙首魁等。[1] 汉代魁的形制已基本定型，除或圆或方或椭圆的器身外，一个主要特点就是柄均为龙首，这可能和魁的意义中有首、大有关。值得注意的是，魁的器型到元代还在广泛使用，尤其在北方较为流行。

南大玉魁因器底琢有契丹文字而成为辽代玉器的断代标准器。2006年时笔者以为它是发现最早的一件玉质魁。不过2011年在山东兰陵层山西汉墓出土了一件玉魁，龙首柄，圆形器身，和汉代龙铜魁以及龙陶魁造型一致，由此将玉魁出现的时间上推到了西汉。

传世玉器中也有几件精美的玉魁，品质最好者当属故宫博物院所藏的两件。一件名白玉双龙纹龙首魁，玉质如前述辽代玉魁一样细腻

---

[1] 中国青铜器全集编辑委员会编：《中国青铜器全集》，第12册，秦汉部分，图版96，文物出版社，1998年。

白玉龙首玉魁及拓片，故宫博物院藏（故 86811）

温润。这件玉魁原为清宫旧藏，故宫博物院建院前存放于乾隆花园中的遂初堂内，高 4.9 厘米，口径 13.9 厘米，底径 10 厘米，圆形器腹。龙首柄，器腹两侧各浮雕一五爪龙纹，或回首或前行，劲健有力。这件玉魁从造型看与上述辽代玉魁基本无异，唯有椭圆形器身和圆形器身之别。但是从龙纹形状看，年代要晚于辽代玉魁。南大那件玉魁龙首肉鼻，整体圆润，而此玉龙首雕琢精细，棱角分明，且五爪龙始见于元，故将此玉魁断代为元代，当也为宫廷之物。

另一件白玉龙首八角形魁亦为清宫旧藏，原藏养心殿。器身呈长方八角形，高 5 厘米，身长 7.7 厘米，宽 6 厘米。龙首张口，上唇翻卷向上，口部镂空为梅花形，管状小耳，腮部有三朵卷云状毛发。此玉魁八方形器身与山西大同元代崔莹李氏墓出土的陶

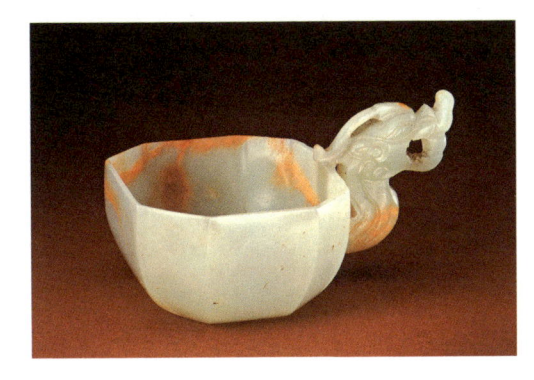

白玉龙首八角形魁（故 96322）

从一件清宫流失的辽代玉魁谈起　317

宋元白玉龙耳葵花式杯，
故宫博物院藏（故 95852）

魁形制相似。李氏墓据发掘者推测为元世祖忽必烈中统二年（1261年）墓，处于蒙古元时期，可以说处于金末元初之交。据此，这件八角形玉魁根据造型和龙首的纹饰可断代为金元时期。

除故宫所藏的两件玉魁外，目前所知天津博物馆和山东济宁博物馆分别藏有一件白玉龙柄玉魁和一件青玉龙柄魁，两件玉魁均为元代之物。

因单直柄造型的局限，龙柄魁使用起来并不方便，宋元之时流行较多的是曲柄环耳杯，明代玉杯则多双耳杯，玉魁在中国玉器的历史长河中终只是昙花一现，很快就退出了历史舞台。

明青白玉双龙耳杯，故宫博物院藏

元代春水玉钩环带来的缘分

在故宫博物院的玉器收藏中有一类玉器,它们背面大多是一个椭圆形的环,正面弧凸,立体镂雕各类荷叶花鸟纹、春水图等等,但在玉雕的左侧,一定隐藏着一个若隐若现的孔洞,笔者名之绦环。对于这类玉器,笔者倍感亲切,因为笔者和玉器的缘分,就开始于此。

在笔者的玉器研究生涯中,最难忘的就是年轻时和一件春水玉的缘分。这份玉缘促使笔者最终决定选择玉器研究作为终身的专业方向,每每想起都激励着笔者,直至今日,依然坚持。

那是 1998 年的事,那一年笔者第一次接触无锡元代钱裕墓出土

白玉透雕秋葵蝶鸟纹绦环，
故宫博物院藏（新 200662）

白玉透雕鱼戏莲纹绦环，
故宫博物院藏（故 231936）

的一批玉器。钱裕墓是 1960 年 4 月在江苏无锡雪浪乡尧歌里一个修水库的取土工地上发现的一座夫妻合葬墓。墓葬的结构为石顶砖室，中间用砖墙隔为并列的双穴，椁外和圹内四壁涂有一层三合土，墓底铺有松香。墓中出土的文物相当丰富，有金、银、玉、水晶、玛瑙、漆器、服饰、纸币等 147 件。其中有青石圹志一方，上书"大元故处士钱公圹志"。圹志明确说明，墓主姓钱名裕，字宽父，无锡人，是五代十国吴越王钱镠的后裔，生于南宋淳佑七年（1247 年），卒于元延佑七年（1320 年），元至治元年（1321 年）葬于开化乡甲丈坞亥山钱氏祖茔。所以钱裕墓是一座有确切纪年的墓葬。

施工时博物馆的工作人员并不知道，发现墓葬后才由公安局通知博物馆的专业人员过去，到达现场时墓葬已经被破坏，许多器物的出土位置被扰乱。因为墓葬积水，许多器物被公安同志从水中捞出放在旁边，所以这些玉器都没有了相应的出土位置和组合关系。我们现在知道出土位置对研究古代人们的生活多么重要，没有被盗、被扰乱的墓葬基本能根据器物的摆放位置推测出原来的使用功用以及古人的生活状态等等。这座钱裕墓虽然没有被盗，但因被扰乱，所以出土时器物的摆放情况已完全不明。

因当时条件有限，研究力量也不够，钱裕墓出土的19件玉器拿回博物馆以后就一直静静地躺在库房中，期间它们虽迎接过几批专家学者前来观看，但事隔近四十年，一直没有引起太多的注意。

"春水"玉绦环，钱裕墓出土，无锡博物馆藏（笔者摄影）

笔者与墓中出土两件玉器的缘分就定格在第一次看到它们的时候。一件是春水玉，一件是白玉带钩。

这件"春水"玉长8.3厘米，宽6.7厘米，厚2.2厘米，白玉质，器身遍布黄土色沁，正面弧凸，背以椭圆环衬托。这块玉以鹘攫天鹅为题材，镂空透雕四层纹饰，以水、荷、莲、芦苇、草卉为背景，一只天鹅正张口嘶鸣，潜入荷丛之中隐藏。荷叶上方有一海东青鹘，勾喙，细身长尾，身长还不及鹅颈，正回首寻觅，伺机攫捕。另一件白玉带钩长7.4厘米，宽2厘米，高2.4厘米，白玉质，表面土沁色如春水玉。其钩首扁而宽，以阴刻莲花、莲蓬为饰，琵琶形腹上起凸镂雕荷花水草纹，背部为一桥形纽，长方形孔。

玉带钩，钱裕墓出土，无锡博物馆藏（笔者摄影）

元代春水玉钩环　　321

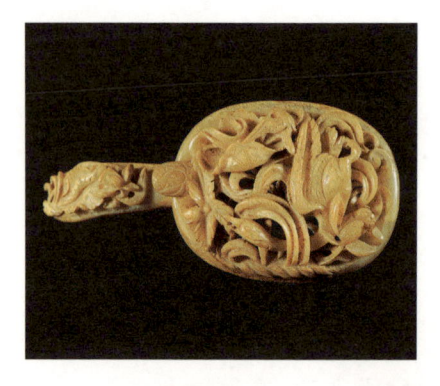

春水玉绦钩环，钱裕墓出土（引自《中国出土玉器全集》卷7第187页图）

春水玉绦钩环侧面（引自《玉润中华：中国玉器的万年史诗图卷》第341页图）

当笔者第一次拿起这两件玉器时，很偶然也是很不经意间就将白玉带钩和春水玉勾连套合在了一起。眼前所见使笔者一阵狂喜，它们竟然那么地吻合：春水玉左侧椭圆环托部分那个不起眼下凹的空挡，正好可以让带钩钩首穿过。带钩上的荷叶、莲蓬、水草纹与春水玉上的荷叶、莲蓬、水草纹极为相似，而且它们都是一样的白玉质，土黄色的沁斑，立体镂雕加阴刻线的雕工，粗犷有力，加上纹饰的统一，简直就是天造地设，应该是用同一块玉料雕琢，并出于同一玉工之手，当时是被当作一个整体来进行雕琢的。

这一发现使笔者意识到，原来这块环托高浮雕、镂雕的美丽玉器，在元代其实是与带钩配套使用在腰带上的带饰，而非账册上所写，以及人们通常认为的佩饰或如意瓦子。后来，笔者将此发现公布于1998

年在北京三元桥宾馆举办的"中国出土玉器鉴定与研究学术研讨会"上，得到了与会专家们的一致认同。因为这不仅恢复了历史原貌，也使这对钩环成为全国唯一一套配套的出土标准器，成为鉴定同类玉器的重要参考。[1]此后，笔者根据文献又将这些有明显穿系痕迹，应是腰带上带饰的环托高浮雕、镂雕的玉图画命名为绦环。[2]

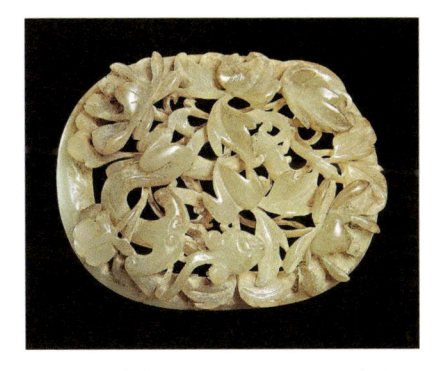

白玉螭龙穿花图绦环，陕西西安田家湾出土（引自《中国出土玉器全集》卷14第219页图）

自此以后，笔者对类似于钱裕墓春水玉的玉器就留心了起来，发现在许多考古文博单位的藏品中，都有这种绦环。除椭圆环外，也有圆形或方形的环，纹饰可达三到四层，装饰题材也十分广泛，如螭龙

嵌元代玉绦环八仙图柄三镶如意，故宫博物院藏（故 123425）

嵌元代春水玉绦环松鹿纹柄三镶如意，故宫博物院藏（故 221648）

1　徐琳：《钱裕墓出土元代玉器综述》，见台北《故宫文物月刊》1999年第4期，总193期。
2　徐琳：《元代带钩系带方法及其定名的探讨》，见杨伯达主编：《出土玉器鉴定与研究》论文集，紫禁城出版社，2001年。

元人虞集肖像图

穿花图、荷花龙蟹图、莲鹭图、花鸟图、莲鱼图等。它们被明清时人误认为是嵌件,有时会嵌在如意头上作为如意吉子（又叫如意瓦子）使用。故宫博物院收藏的许多三镶如意的如意头部就镶有这类玉器,纹饰多样,也有元代的春水玉绦环。这些绦环从雕工纹饰上看多为宋、元时期的作品,值得注意的是,均在托环的左侧中部有明显斜磨下凹留出空隙以供穿系的痕迹,而且它们和钱裕墓这件春水玉一样,图案均为横置,这就排除了从左边穿孔处系挂竖置成佩饰的可能性。

唐宋以后官服玉带和便服玉带的带饰一般不会混用,便服玉带中带钩常和带环一起使用于丝绦带上。所以将带钩称为绦钩,将类似春水玉这种玉环称为绦环也顺理成章。

传世品中也有那种环托上无明显空隙供带钩穿入的玉图画类雕件,宋元明清时均有,其用途与此不同,可能纯粹作为佩饰或嵌饰,这类器物另当别论。而那些与带钩相配使用的玉图画类玉件,因其美丽的图案与精湛的雕工,流传到明清,人们已经忘记了它们原来的用途,与那些普通的玉图画类玉件一样,它们常被作为镶嵌件嵌在插屏或如意头上,成为一件纯粹的装饰品,其作为带饰的功能已渐渐被人们遗忘。

介绍完春水玉绦环的功用,再说说鹘攫天鹅图案的春水玉。大家也许会问,什么是春水玉？为什么叫春水玉？说起这个名字,我们得先了解一下北方少数民族的生活习惯。春水的题材最早滥觞于以狩猎为生的契丹族的"春捺钵"。《辽史·营卫志》[1]中记载，契丹族"随水草就畋渔，岁以为常。四时各有行在之所，谓之'捺钵'"。"捺钵"原意为帐篷，此处意为四时游猎、避暑消寒、暂时游幸的场所。契丹建辽后，皇族仍保持着一年漫游多处，四季各有"捺钵"的传统习俗。其"春捺钵"从每年正月上旬开始，辽皇帝与文武诸臣到长春州东北三十五里的鸭子河泺（今松花江与嫩江合流处附近），在鹅来之前捕鱼，鹅来之后捕鹅。皇帝到时，侍御皆穿墨绿色的衣服，带着鹰与刺鹅锥。等天鹅来时，皇帝亲自放海东青鹘，鹘擒鹅坠，天鹅吃痛坠落下来，旁边侍卫一拥而上，举锥刺鹅，取鹅脑来喂饲海东青鹘。皇帝用第一只击落的鹅来祭祀宗庙，祭祀完毕，群臣们进献美酒和果品，举杯庆祝欢乐，这就是"春捺钵"。

金代春水玉，故宫博物院藏（新 200651）

据文献记载，海东青鹘是一种身材较小而又敏捷勇敢的鹰隼，最主要的特征就是"小而健"。女真族灭辽后，建国号金，同样继承了契丹的遗俗，只是在名称上有了变化，叫作"春水"。金朝皇帝进行春水活动时，皇帝腰中束带就叫吐鹘。"吐鹘带，玉为上，金次之，犀象骨角又次之……其刻琢多如春水秋山之饰。"[2] 说明玉带上的纹饰就是鹘捉

1　脱脱等撰：《辽史》，卷三十二，志第二，营卫志中，行营，页 374，中华书局，1974 年。
2　脱脱等撰：《金史》卷四十三，志第二十四，舆服志下，第 985 页，中华书局，1975 年。

天鹅，这是春水题材纹饰用于玉器的最早记载，传世的这类题材玉器最早也为金代，未见有辽代的春水玉。

1234年，金被崛起于漠北的蒙古族所灭，蒙古族同样也是以游牧狩猎为生，尤喜以海东青畋猎。黑龙江下游的奴儿干部落还网罗海东青上贡元朝。《马可波罗游记》也曾记述当时政府按节令出行打猎的情形，提到狩猎时有打捕鹰人一万，携带有雄猛贵重的"海东青"鹰五百只。另外，蒙古族流传的歌舞《海青拿天鹅》和元代宫廷舞蹈《白翎雀舞》也都表现了海东青鹘攫天鹅这一题材。元朝统治者并没有废除"春水"这一活动，那么在玉器上也仍有表现。

钱裕墓出土的这件春水玉，作者一反常见的鹘啄天鹅头颅的表现手法，而采用鹘飞于荷叶之上回首寻觅的瞬间，扩大了表现空间，增添了一种剑拔弩张的紧张气氛，使其在形制上比传世的金代春水玉更趋复杂、更富有立体感，制作技巧也更为娴熟。同时作者也采用一些艺术虚构的手法，将正、二月举行的"春水"活动放到荷芦茂盛的夏秋季节来表现，这虽然违反了自然规律，但这种艺术创造更好地烘托了环境，增加了美感，使整个玉雕富有浪漫主义色彩，反映了"源于生活，高于生活"的艺术创造力。所以玉器的雕琢者应当是有一定生活感受的北方玉工。从现有考古发掘资料来看，这种春水玉在江南地区很少发现，可见此种题材的玉器在元代并未在江南广泛流传，南宋人民似乎也不会使用这种玉器。

这种具有鲜明民族特色的春水玉，怎么会出现在江南豪绅钱裕的墓中呢？笔者在钱裕圹志中，发现有这么一段记载：钱裕本人一生跨南宋和元两代，他在1276年元军打到江南时已经30岁，作为乡绅首领率领乡人归顺于元。元军大元帅派来见钱裕的王公想授钱裕官职，被钱裕推掉，说自己只是为了保乡人土地免受侵扰，坚持不受官职。王公敬佩钱裕的行为，和他结为金石之交。从此看出，钱裕在招抚地方上对元政府是有功的，同时又帮助流离家园的人复业，安抚地方，

白玉春水玉绦环，故宫博物院藏（故 93845）

得到了王公的敬重。钱裕既无意仕途,当时的江南也不大可能流行"春水"式样的玉饰，同时更不可能在市肆中购得。这一对带钩绦环与墓中出土的其他玉器风格均不相似，尤其是背后深浅的钻痕和砣痕，与南方玉器雕工的细腻炯然有别。它很可能原为蒙古王公用玉，作为礼物送给了钱裕。所以这套玉钩绦环很可能是蒙古人俘获的原金朝工匠所雕，其真正的制作时间可能在金代晚期到元初。

故宫博物院也收藏有不少金元时期春水题材的玉器，和钱裕墓春水玉有着相似的雕琢风格，可能原为金元时期宫廷用玉。因笔者与钱裕墓春水玉绦环的缘分，故格外关注故宫所藏的同类玉器，它们也是宋元时期玉图画类玉器的代表佳作。

玉帽顶与玉炉顶

除了环托高浮雕镂雕的玉图画外，元代还有一类空间感更强的立体玉图画。它们形似馒头，底部有对穿孔，上为镂雕的各种立体图画，有山石、人物、花鸟等等，虽纹饰各异，但均团为一体，不出玉纽之样。例如故宫所藏的一件荷叶鹭鸶图白玉纽，高3.9厘米，底径3.1厘米至3.7厘米，以和田白玉子料雕琢而成，全器采用多层镂雕技法，花叶穿枝过梗，鹭鸶呆萌可爱，利用子料红皮巧雕荷叶，半椭圆的形制使得作品的空间感十足，似一幅立体的玉图画。

这类器物清宫旧藏很多，一些博物馆及文物商店也不少，有些还

白玉荷叶鹭鸶图帽顶，
故宫博物院藏（故 231633）

缀在铜炉、玉炉等香炉炉盖上，有些炉已丢失，只留炉盖上面连着这种玉纽。器型有大有小，雕琢十分精致，所以人们一向习惯将此物称为炉顶。不过那些带有炉顶的炉本身，大多是明清时期的炉，只有少部分是先秦至宋的青铜器，明清时期专门为其配盖配纽。

明人高濂在他所写的《遵生八笺·燕闲清赏笺》中对玉器有这么一段描述：

青铜鼎上的元代帽顶，山东曲阜孔子博物馆藏（笔者摄影）

白玉鹤鹿图炉纽木盖，故宫博物院藏（故 231826）

自唐宋以下，所制不一。如笛、管、凤钗……炉顶、帽顶……梳背、玉冠、珥、绦环、刀把、猿、马、牛、羊、犬、猫、花朵种种玩物，碾法如刻，细如发丝，无毫末踰距，极尽工致。[1]

荷叶鹭鸶图白玉帽顶，北京西城区元大都遗址出土（引自《中国出土玉器全集》卷1第45页图）

这里提到的炉顶和帽顶，就是前文所述的玉纽，它们是一类东西吗？还是两种器物？它们又是什么时候出现的呢？

从现有已发表的考古资料看，此类器物在元代墓葬中出土多件，大多为镂雕作品。如北京西城区元大都遗址出土的荷叶鹭鸶图玉顶，上海青浦县元代任氏墓群出土的镂雕荷叶鹭鸶图玉纽，四川成都利民巷元代窖藏中出土的三件莲鹭图玉纽，均形似馒头，下有穿孔，上多为镂雕、透雕的各种立体圆雕图画，有山石、人物、花鸟等，团成纽状。以这些元代玉纽作为标准器，可知传世品中大量类似作品基本可以认定为元代所制。

这类玉纽的题材十分广泛，故宫博物院藏品中就有龙穿牡丹图、荷叶鹭鸶图、鹘捉天鹅图、山林群鹿图、螭龙穿花图等等。既有北方游牧民族的生活写照，也有江南水乡的生活气息，其分布范围十分广泛。

---

[1] 高濂：《燕闲清赏笺·论古玉器》，见桑行之等编：《说玉》，上海科技教育出版社，1993年。

元代龙穿牡丹图玉帽顶，
故宫博物院藏（故 231621）

双螭抱石图玉帽顶，
故宫博物院藏（故 231831）

山林群鹿图玉帽顶，
故宫博物院藏（故 231648）

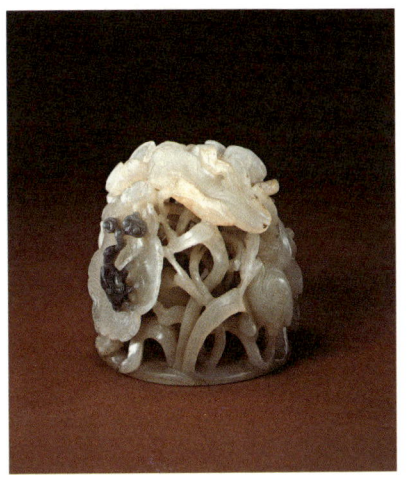

巧雕荷叶龟鹤图玉帽顶，
故宫博物院藏（故 231628）

对于这种器物的用途和制作年代，早在明代就有人开始争论，明人沈德符在《万历野获编》中记载：

> 近又珍玉帽顶，其大有至三寸，高有至四寸者，价比三十年前加十倍，以其可作鼎彝盖上嵌饰也。问之，皆曰："此宋制。"

玉帽顶与玉炉顶　　*331*

又有云:"宋人尚未辨此,必唐物也。"竟不晓此仍故元时物。元时除朝会后,王公贵人俱载大帽,视其顶之花样为等威,尝见九龙而一龙正面者,则元主所自御也。当时俱西域国手所作,至贵者值数千金。本朝还我华装,此物斥不用,无奈为沽客所昂,一时竟珍之,且不知典故,动云:"宋物。"其耳食者从而和之,亦可哂矣。[1]

沈德符是明代晚期万历时人,他否定了炉顶唐宋说后,明确提出了元代帽顶说,并且认为帽顶也是区分等级的一个标志。明代去元不远,其说顺理成章,值得采信。

考其元代服饰,元末明初时人叶子奇在《草木子》中记载:

元代官民皆戴帽,其檐或圆,或前圆后方,或楼子。
帽子系腰,元服也。[2]

由此可知元代官员百姓都戴帽。元初时政府曾有过要汉人薙发的命令,所以元官民戴帽很多。另一位元末明初人陶宗仪在其《辍耕录》中记载:

成宗大德间,本土巨商中卖红刺石一块于官,重一两三钱,估直中统钞十四万锭,用嵌帽顶上。

---

[1] 明沈德符:《万历野获编》卷二十六,玩具,第662页,中华书局,1959年。
[2] 叶子奇:《草木子》卷三,杂志篇,中华书局,1983年。

书中还记载了一个故事：

> 河南王卜怜吉歹为本省丞相时……一日行郊，天气且暄，王易凉帽，左右捧笠待，风吹坠石上，击碎御赐玉顶。[1]

由此可见，元人有在帽子上饰珠宝玉器的习惯，而且明确提出元代除用各种宝石做帽顶外，还有用玉做的玉顶。我们在墓葬考古中，还没有发现元代有炉与玉纽相伴出的现象。上海嘉定法华塔元代地宫中出土过一件铜薰炉，为元代铜炉，盖上也无专门嵌纽作炉顶，而是盖顶整个镂空，顶盘一龙，与盖为一体。这种情况在元代铜炉上常见，说明元人并没有把此类器物嵌在炉顶上。另外，这些玉纽的纹饰与那些炉的风格完全不同，因为宋、元的铜炉多是仿古样式，纹饰也以兽面、云纹为多，而这些玉纽的总体风格是仿生型，多雕刻山石、树木、花鸟、春水、秋山乃至蟠伏的龙身式样，与炉体本身的仿古型艺术相比，一个生动活泼，一个宁重沉稳，属于两个不同的艺术体系。由此，也能证明这类玉器就是帽顶，是元人大帽上缝缀的帽顶。

值得注意的是，这些镂雕、透雕玉纽的纹饰题材与元代服饰中用于腰带上的绦环题材十分相似。前述与带钩配套使用的玉绦环，即是用在腰间的玉图画，且多为莲鹭、螭龙穿花、春水等题材。头上的帽顶和腰间的绦环，同为元代服饰的重要组成部分，如果搭配使用也非常吻合文献中"帽子系腰，元服也"的记载。无锡钱裕墓与甘肃漳县汪世显家族墓均出土了带有玉顶的帽子和用于腰间的玉带钩绦环，由

---

[1] 陶宗仪：《南村辍耕录》，中华书局，1980年。

此推测元代高等级的贵族很可能是将头上的玉帽顶与腰间的玉带钩绦环配套使用，有条件的会连纹饰也一并匹配。

明以后，汉民族夺回政权，服饰也随之改弦更张，人们头顶多用束发之冠而不再用帽。帽上缝缀玉顶的习惯，只在有限场合还在沿用。例如明人画《朱瞻基行乐图》中，宣德皇帝头戴的便帽上就缀有珠玉帽顶。另外，湖北明代梁庄王墓中也出土了金嵌镂雕白玉帽顶。说明直至明中期，玉帽顶还在皇室贵族中使用，不过已不是礼制中的冠服用玉。到了明晚期，以此类玉器做帽顶的习惯发生变化，更多地将它们嵌于炉盖上做炉顶使用。所以沈德符讲元代帽顶衰落的原因是汉人恢复了华装。不过他也指出明晚期世人已多不识元代帽顶，将其置于炉盖上作玉炉顶使用的事实。

明代也仿此样式制作炉顶，使许多元代帽顶与明代炉顶相混杂，难以区分，如江西明益宣王墓出土的白玉镂空鸳鸯戏莲炉顶，以及故宫所藏的类似炉顶。到了清代，宫廷中收藏的大量元代玉帽顶都被置于铜炉、玉炉等香炉的木质炉盖上，人们已习惯将此物称为炉顶。

明代鸳鸯衔莲玉炉顶，
故宫博物院藏（故 231809）

帽顶的流传过程与玉绦环十分相似。元代玉绦环流传到明代，其用途已不为人们所知，而成为佩饰或如意头上的嵌饰。而元代玉帽顶传到明代，由于服饰的更张，人们也已渐渐忘却了其原来的用途，将其安装于炉上，成为炉顶。因元明宫廷此类玉器存留较多，清代宫廷直接拿来做为炉顶使用，反倒少见仿古制作者。

从渎山大玉海到云龙纹大玉瓮

也许很多人去过北京的北海公园，但不知去过的人有没有登上过一个叫团城的地方，在团城上有没有注意到承光殿前的玉瓮亭。这里陈列着一件硕大的玉雕作品，这就是举世闻名的"渎山大玉海"。

这件大玉海高 70 厘米，口径 136 厘米 ×173 厘米，最大周围 493 厘米，膛深 57 厘米[1]，是中国古代最早的一件大型玉雕作品。说起它，

---

[1] 于平主编：《渎山大玉海科技检测与研究》，科学出版社，2020 年。书中测算大玉海的重量为 1053—1178 公斤，杨伯达等先生所写文章估算为 3500 公斤，推测后者可能为原材料的重量。

北海团城玉瓮亭摆放的渎山大玉海（引自《渎山大玉海科技检测与研究》）

还有一段非常传奇的经历。

《元史》中记载了这么一件事：元世祖至元二年腊月（1266年），"渎山大玉海成，勅置广寒殿"。广寒殿在北海公园的琼华岛上，是大玉海最早被放置的地方。这件大玉海在至元二年琢成，此时距离忽必烈改国号"大元"（1271年）还有5年，所以玉海其实是当时蒙古元的造作局制作，推测工匠很可能是蒙古人俘获的原金朝玉匠，制作工时不会少于5年。

这件大玉海器身雕

渎山大玉海另一面

从渎山大玉海到云龙纹大玉瓮　337

琢着各种神奇的海兽,出没于波涛之间,原是元世祖忽必烈大宴群臣时盛酒的大瓮。一名来自欧洲的天主教修道士鄂多立克曾在14世纪初造访元大都时,亲眼见过这件大玉瓮,并在他的游记中记录下来,从此它也成了西方人眼中的中国珍宝,并传说它价值四座大城。

如此珍贵且沉重硕大的玉雕作品,到了明末竟然流离失所,不知所终。乾隆十年(1745年)时,乾隆皇帝偶然在一本元末明初人陶宗仪所著的《辍耕录》中看到了关于渎山大玉海的记载,随即兴趣倍增,派人寻访。后来在紫禁城西华门外的真武庙中找到了它。当时庙中的道人并不知道它是何年之物,作何用途,就把它当作菜瓮使用,腌起了咸菜。乾隆皇帝随以千金相赐,将大玉海购回,安置在了团城之上,并为它专门修建了玉瓮亭。这件事成为乾隆初期玉雕史上的一件大事,皇帝专门下令40多位词臣各写诗一首刻于亭柱之上,自己也亲笔写了《玉瓮歌》刻于渎山大玉海的内膛壁以示纪念。

令人遗憾的是,乾隆皇帝并没有重视渎山大玉海的原配石座,仍将它遗落在了真武庙内,而给渎山大玉海重新配做了一个高大石座安放,另派人雕凿了一个石瓮安置于渎山大玉海的原配石座之上,所以

现藏北京法源寺的渎山大玉海原配石座及清代配石瓮(笔者摄影)

原配石座上的细部纹饰(笔者摄影)

真武庙又被称为"石钵庵"。20世纪60年代,真武庙因破损荒废改为民居,原来的渎山大玉海石座和后刻的石瓮于20世纪70年代移至宣武门外唐代建的悯忠寺,也就是今天的法源寺。其实这件原配石座的雕琢风格和渎山大玉海十分相似,无论是雕刻的细腻程度还是雕琢的龙纹、海兽等,都堪称元代艺术的高峰,如果大家现在去法源寺,还可以看到这件举世无双的元代石雕艺术作品。

技术合成复原渎山大玉海及原配石座(引自《渎山大玉海科技检测与研究》)

大玉海的原配石座较矮,如果将玉海放在原配石座上,气势上不够高,不过这倒是非常便于蒙古人盛酒、取酒,有很强的实用性。而乾隆皇帝并不将其当作盛酒之瓮,而是将其作为古物倍加重视,重新配一个高大的石座既突出了玉瓮的气势,也彰显了乾隆皇帝对这件大型玉雕的重视。

关于大玉海的"渎山"之名,有两种说法。一种是根据《日下旧闻录》记载:"琼岛,元之渎山,即明之琼岛也。"琼华岛是远古河道残留下水泊中的山,故有"渎山"之称。大玉瓮被放置在琼华岛上,所以称为"渎山大玉海"。另一种说法认为"渎山"指的是现在河南南阳的独山,因旁无其他山脉,而是孤独的一座山,故称独山。此山产玉,称为独山玉。"独""渎"音同,因而将用独山玉所作的大玉海误读为渎山大玉海。两种说法都有道理,其用料来源现已得到了科学证实。经科技检测，大玉海的玉料是蚀变斜长岩组成的玉石，有非常复杂的矿物构成，如斜长石、黝帘石、透辉石、铬云母、绿帘石、阳起石等，玉料上颜色也较为丰富，和我们古代常用的透闪石－阳起石为主的真玉矿物结构不同，最终确定了大玉海的玉料来源确实是河南南阳的独山玉。

　　大型玉雕作品的制作并不容易，因玉料重、大，不易用吊秤吊，更不可能用手拿，所以不可能将其放在水凳上雕琢。我们现在也不清楚这件中国古代最早的大型玉雕是怎么做出来的。估计到明代这一技术已经失传，所以从渎山大玉海以后，整个明代直到乾隆前期，一直没有再出现大型玉雕，其工艺难度可想而知。但渎山大玉海的成功琢制为以后清代宫廷制作大型玉雕提供了技术上的可能性，到乾隆时期，真正做出了能和渎山大玉海相媲美的玉雕作品。

　　乾隆十年（1745年）到十二年（1747年），乾隆皇帝刚得到大玉海时，只是命令玉匠朱彩将自己所题写的《玉瓮歌》刻琢在玉海的内膛里。随着对玉海制作工艺的熟悉，乾隆皇帝也萌生了对其进行修复和将纹饰细化的念头。乾隆十三年（1748年）、十四年（1749年），乾隆皇帝多次下旨将玉瓮上的水兽、异兽身上的鬃尾鳞甲俱着磨细，往细致里收拾，但是水纹和云头还保留下来，不必收拾。

　　这种收拾反复多次，加上刻字、配座的工作，一直持续到乾隆十八年（1753年），大玉海才最后修复完成。刻字的工匠主要是朱彩和李世金，同时李世金还参与了大量的修复工作。估计是在这一过程中，乾隆皇帝命工匠揣摩出了大型玉雕的制作方法，并且开始尝试雕琢自己的玉瓮作品。

　　乾隆十八年六月，造办处做成了一件小玉瓮呈给皇帝看，乾隆认为做得甚好，还命令将大玉海上的龙鳞海兽照小玉瓮龙鳞一样刻做。

小玉瓮的龙鳞刻琢得比元代玉瓮好，这让乾隆皇帝十分欢喜，不惜又派工匠将大玉海照小瓮龙鳞修改。而八年间对元代大玉海的修改琢磨让乾隆皇帝有信心制作自己的大玉瓮，于是才有了乾隆二十八年（1763年）清代第一件大型玉瓮雕琢的开始。

乾隆三十四年（1769年）是玉瓮制作大丰收的一年。这一年，清代第一件大型玉雕——九云龙纹大玉瓮——完工。玉瓮高60厘米，内

放置于乾清宫东暖阁的青玉云龙纹大玉瓮（故199581）

云龙纹玉瓮另一侧

膛深 34.5 厘米，宽 135 厘米，连座通高 134.5 厘米。这件玉瓮最为重要的是，它是用真正的和田玉制作而成的。乾隆皇帝认为它从大小、玉料以及工艺上都不比元代的大玉海差，甚至在玉料和工艺上更胜一筹，所以做成后将它一直安置在乾清宫的东暖阁。

此后，乾隆皇帝对制作大玉瓮的热情一发不可收。目前故宫收藏的大型玉瓮有将近十件，在故宫的珍宝馆乐寿堂中，就摆放着一件乾隆四十二年（1777 年）开始制作，花了四年时间在扬州雕成的云龙纹大玉瓮。玉瓮高 70 厘米，宽 128 厘米，口内圆径 313 厘米，原玉料重达 5000 公斤。玉瓮的外壁高浮雕九龙戏珠纹出没于云水之间，气势威武磅礴。玉瓮的内膛雕琢有乾隆的御制文《玉瓮记》，文中再次提到了渎山大玉海，以及自己做出了超越元代大玉海的功绩，得意之情溢于言表。

乾隆即位以后，大概制作了大大小小 40 件左右的玉瓮。现在看来，这些玉瓮大多数完成于乾隆二十五年（1760 年）平定新疆以后。贡玉制

乐寿堂摆放的青玉九云龙纹大玉瓮（故 199325）

度下，和阗玉料得以源源不断地进贡到皇宫，玉料的充足是制作大型玉瓮的有力保障。因玉瓮个体较大，外部又是高浮雕纹饰，内膛去料并不太多，整体感觉厚重敦实，因此比一般的玉器重出许多，摆放在宫殿、园林之中，非常能彰显皇家气派。

乾隆皇帝做这么多玉瓮难道仅仅是要用来彰显气派吗？环顾这些大大小小的玉瓮，我们会发现一个特点，就是这些玉瓮除一件雕琢的是"周处斩蛟"故事题材外，其他均是云龙纹玉瓮，所以档案里又称云龙瓮。这些云龙瓮根据大小不同有两龙、三龙、五龙、六龙、九龙

不等，均雕琢有宝珠、祥云，底部还雕琢有海水。大瓮一般雕琢九龙，小瓮则雕二龙、三龙、五龙、六龙不等，翻腾出没于云间。为何乾隆皇帝不用元代渎山大玉海上浮雕的海龙、海马、海鹿等海兽，而独对云龙纹如此感兴趣呢？要得到这一问题的答案，我们得从乾隆皇帝多首题咏云龙瓮的诗句中来找。

大云龙纹玉瓮高浮雕的云与龙（故 199325）

乾隆三十九年（1774年），乾隆皇帝写了一首题为《咏和阗玉云龙瓮六韵》的诗，诗中说到"云容垂碧落，龙德出深潭"，提出了龙与云的关系问题。乾隆五十四年（1789年），在另一首《咏和阗玉云龙瓮》的诗文及诗注中，乾隆明确提出了他喜爱云龙纹饰的原因。

乾隆非常赞赏唐代韩愈《杂说》一书中关于"龙说"的典故：龙吐出的气形成云，云本来不比龙灵异。但是龙乘着这股云气，可以在茫茫的太空中四处遨游。而对云来说，是龙的能力使它有灵异的。至于龙的灵异，虽然不是云的能力使它这样子，但是龙失去它所凭借的云，就不能显示出它的灵异。韩愈这里以龙喻圣君，以云喻贤臣，说明了圣君与贤臣之间的关系：圣君要依靠贤臣建功立业，贤臣又要仰仗圣君的识拔荷重行远，如此才能相得益彰。

乾隆皇帝在题咏云龙瓮时，常常和大臣们一起品评鉴赏玉瓮，用"龙"与"云"相互依存的联系，形象地说明圣君与贤臣相互成就、缺一不可的关系。这就是乾隆皇帝如此偏爱制作云龙瓮的真正原因。

受元代渎山大玉海启发开始制作自己时代的大玉瓮，但在玉料、工艺、纹饰及数量上又青出于蓝，这是清代玉瓮的重要优势。在乾隆皇帝眼中，云龙瓮已经不是一件实用品，而是一种带有君臣关系深意的陈设品，摆放在各个宫殿内，时刻提醒着君臣相佐。所以，我们不要将这些大云龙瓮仅仅看成一种重要的宫殿陈设品，或者相信坊间传闻中"福海"之类的说辞，而是要深入了解古代帝王心术。

明清时期

玉带环腰围，殊荣耀门第：明代的玉革带

在故宫玉器藏品中，原清宫旧藏的一些玉器上至今还会系着黄条，上面一般写着关于这件玉器来源的信息。比如一条玉带上所系黄条就写着"乾隆三十三年十月十一日收福隆安呈览白玉带一围，寿意"，点明这条白玉带是乾隆的女婿、和硕和嘉公主的额驸富察·福隆安呈贡，因玉带是围成一圈的，所以形象地用"围"来做量词。这条玉带有何特殊，让福隆安会将它进献给乾隆皇帝呢？

整条玉带带围128厘米，金红色的鞓板上缝缀有20块镂雕的白玉带板，主题纹饰为开光松竹梅纹、"卍"字纹及灵芝如意纹。从纹饰造

镂雕松竹梅玉带，
故宫博物院藏（故 86034）

玉带之铊尾纹饰（故 86034）

型看是典型的明代玉带。因雕工精致细腻又颇有"寿意"和祥瑞的岁寒三友图案，福隆安将这件前朝古物进献给皇帝也就不足为奇了。玉带后来被乾隆皇帝存放在距离养心殿最近的永寿宫。

　　类似这样的玉带在故宫还有多件，都带有原鞓。比如原来放在永寿宫的另一条白玉镂雕穿花龙纹玉带，有原装的漆匣和蓝鞓。带宽 5.8 厘米，带围通长 139.5 厘米，玉质及雕工均为上品佳作，很可能是原明宫廷用玉。

白玉镂雕龙纹玉带及拓片，
故宫博物院藏（故 86059）

　　完整带鞓的玉带可能大多保留在清宫旧藏中，但我们看到最多的是已经没有带鞓的玉带板，有成套的，也有零散的。明代遗留下来最多的玉器也是带板。玉带板的大量出现是和明代用玉制度密不可分的。

　　明太祖朱元璋初定天下，在继承元代南官服饰制度的基础上也着力恢复汉人旧制。他大力提倡儒学，带头崇拜孔子，登基典礼刚过，即令"太牢祀孔子于国学"，并封孔子后裔世袭衍圣公。而孔子作为儒家文化的代表，提倡崇玉、贵玉。故明早期依据《周礼》大力恢复汉族礼仪用玉传统，洪武元年（1368 年）即开始制定明代的冠服制度，以后不断加以完善，洪武十六年（1383 年）制定的皇帝冕服中就已规定使用玉革带、玉组佩等冠服用玉。

　　从现存传世玉器及目前出土玉器看，明前期冠服用玉在元代汉人

玉带环腰围，殊荣耀门第：明代的玉革带

商喜画朱瞻基行乐图像轴，故宫博物院藏（故 5457）

明人画朱常洛朝服像轴，故宫博物院藏（故 6211）

用玉的基础上有继承也有创新，逐渐形成完整且有固定模式的冠服礼仪用玉制度，开创了有明一代的冠服用玉传统，以后历任皇帝均以此为标准遵循，沿用了整个明王朝。玉料被用于制作和冠服用玉相关的玉器，如玉革带、玉组佩、玉圭、玉冠、玉带钩和玉饰件等，其中玉革带的数量尤为巨大，成为明代用玉的主流。

革带是系于袍服外代表身份、地位的饰物，由皮质带鞓及缀于其上的带銙组成。明代的革带大多束而不着腰，在服饰的两胁下各有细纽贯垂于腰带上以悬之。嘉靖八年（1529 年），皇帝与阁臣张璁的对话中，曾讲到革带在衮服中的作用："革带以系佩韨，然后加以大带，而笏搢于二带之间。夫革带前系韨，后系绶，左右系佩。"这种功能"自古冕弁恒用之"。皇帝还认为："冕服祀天地，享祖宗，若阙革带，非齐明盛服之意。"[1] 强调了革带的重要性。所以革带一直是冠服礼仪中

---

1 清张廷玉等撰：《明史》卷六十六，志第四十二 舆服二，第 1617 页，中华书局，1974 年。

非常重要的组成部分,从皇帝到文武官员,在朝奏庆典等重大活动时,必穿袍佩戴。

革带上一般要钉缀带銙,其选用的材料因身份等级的不同而相异。洪武二十六年(1393年)明确规定,文武官员的公服腰带:一品用玉,二品用犀,三品、四品用金,五品用银钑花,六品、七品用银,八品、九品用乌角。[1] 明代革带带銙的质地由此成为职官品秩等级的标志之一。

虽然文献记载官员革带以这五种材质为带銙,但在明代革带的实际应用中远不止这些,墓葬出土的带銙质地有玉、金、银、铜、琥珀、玛瑙、木、药玉(玻璃)等多种,还有金镶玉、金镶木、铜镶木的带銙,但所有这些带銙中,以玉质带銙等级最高。

明洪武时规定,帝、后的衮服、礼服,以及一品官员的朝服,可使用带有玉銙的革带,即玉带。在玉带中,素面玉带銙与雕纹玉带銙均有,雕纹者虽纹饰多样,素玉带的使用却也普遍,定陵就出土有10条光素无纹的素玉带,所以带銙仅是以质地表示等级,而不是以花纹作为等级区别的标志。

明初洪武及永乐时期,玉带还保留部分元代玉带的形制,所用玉带銙的数量、造型并不统一,从14銙到22銙不等,形制各异,有些玉带中既有带穿玉銙,也有带环玉銙,亦有带包镶的金

白玉带,元末明初张士诚母曹氏墓出土(笔者摄影)

1　明申时行等修:《明会典》,万历朝重修本,卷六一,第383页,中华书局,1989年。

元末明初碧玉带，故宫博物院藏（故 86042）

属插销玉銙，十分多样。如故宫博物院所藏的一条完整的碧玉带，总长 122 厘米，由三条缀有碧玉带銙的革带组成，带銙共 22 块，有包镶铜片者，有长方带穿者，有委角长方者，有带铜插榫者等等，形制各异，厚度从 0.9 厘米到 1.5 厘米不等，整体形制具有元末明初玉带的风格。

永乐以后，玉带形制逐渐统一、固定，形成定制。其形制在明张自烈《正字通》"銙"字条下有明确解释：

> 明制革带前合口处曰三台，左右排三圆桃，排方左右曰鱼尾，有辅弼二小方。后七枚，前大小十三枚。[1]

鱼尾即铊尾，又称獭尾。每条玉革带因此就由 20 块玉带銙组成，按带銙的形状及其钉缀革质带鞓上的位置，可分别称为"三台、六桃、两辅弼、双铊尾、七排方"。宣德以后，已基本不见异形带銙，固定下来的玉銙形制造型简单划一，或长方，或方，或方圆，或桃形。

---

[1] 明张自烈撰、清廖文英辑：《正字通》，戌集上，金部，第十六页，故宫博物院藏康熙二十四年刻本。

明代等级较高的墓葬几乎均出土有玉带，湖北梁庄王墓葬中就出土玉带 11 条。在明中后期高等级墓葬的发掘中，也均发现有玉带或玉带銙。在文博单位收藏的传世玉器中，明代玉带銙的数量也远远多于其他明代玉器。综合看来，明代玉带的制作数量明显大于其他礼仪用玉。究其原因，与明初确定的服饰礼仪中的革带制度有关。按明制，可使用玉带的人员较多，所用场合也较多，帝、后、妃、太子、亲王、郡王及其配偶，公、侯、伯、驸马及一品大臣，朝服、公服、常服均用玉带。玉带在日常使用的概率非常

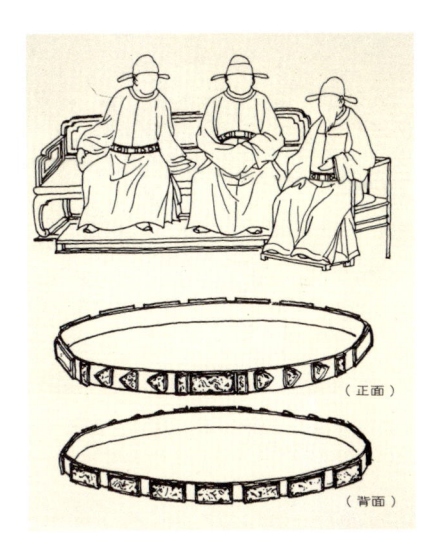

明代玉带使用示意图（引自《古玉精英》第 258 页图）

凌霄花纹玉带，故宫博物院藏（故 96069）

玉带环腰围，殊荣耀门第：明代的玉革带

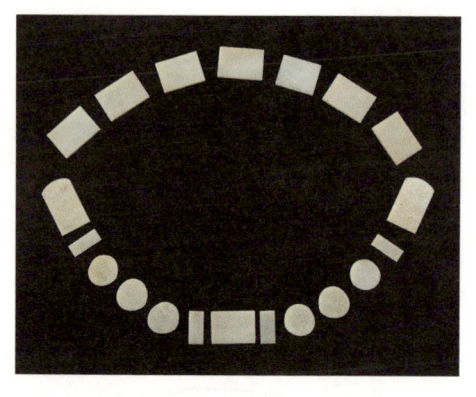

光素玉带板，江西南昌明益端王墓出土（引自《中国出土玉器全集》卷9第131页图）

大，实用性很强，并且玉带所用的玉质大多较好，尤其是光素无纹的玉带，选材尤精。显眼的外在表现也使其彰显等级身份的作用可以发挥到极致，所谓"玉带环腰围，殊荣耀门第"。所以明代皇室及文武官员对玉带的迷恋达到了疯狂的地步。这也是明代玉带板存世较多的重要原因。

到了明代中晚期，玉带制度有所破坏，皇帝赏赐的玉带越来越多，下属僭越使用玉带的现象也越来越多，甚至太监墓中都出土有玉带。玉带已成为当时主要的服饰用玉。据《天水冰山录》记载，查抄严嵩家时，得玉带202条。籍没太监朱宁家产时获玉带2500条。[1] 玉带不但是等级身份的象征，俨然也成为炫耀财富的资本。

唐宋元明时期，钉缀玉质带銙所组成的玉革带，一直是帝王、官吏使用革带中等级最高的。明代玉带因袭唐宋，高度发展，是中国历史上使用玉带最多的朝代，也达到了自唐以来中国古代玉带使用的高峰。明代玉带的研究不仅是明代服饰制度研究的重要部分，而且对进一步研究明代职官制度和政治制度，也具有重要作用。

---

[1] 《天水冰山录》，第100—106页及附录，据知不足斋丛书本排印，《丛书集成初编》，中华书局，1985年。

吴中绝技：陆子刚之谜

中国有一句古话："玉不琢，不成器，人不学，不知道。"我们在观赏一件件精美绝伦的古代玉器之时，常常会不自觉地想到一个问题：究竟是谁赋予了它们生命，将那一块块冥顽不灵的顽石变成了一件件会说话的美玉，这一件件精美玉器背后的琢玉人是谁？

但翻开历史文献，却极少能看到治玉人的名字。在中国玉器发展史上最早留下姓名的两位玉工还是传说中的人物，一位叫孙寿，一位叫烈裔。《册府元龟》中记载，秦始皇称帝时，丞相李斯取蓝田之玉，让玉工孙寿刻琢，这块玉四寸见方，李斯写的大篆书，雕刻鱼龙凤鸟的纹饰，成为稀世至宝。另一位玉工则被记载在晋朝王嘉撰的《拾遗记》中，传说始皇元年，骞霄国进献刻玉善画的工匠，名裔，刻玉为百兽之形，毛发宛若真矣。他曾经刻过两只白玉虎，不仅形象生动，连虎身上的毛都栩栩如生。这位名裔的玉工，又被人称为烈裔。

孙寿和烈裔并不见于正史文献，而且记载的行为都是传说，距离现在也十分久远，对其真实性实难考证。

目前看到最早见于正史记载的治玉工匠，是隋代的两名玉工。《隋书·何稠传》中记载，隋文帝时期曾历任御府监、太府丞的何稠之父何通"善斫玉"。估计何通是北周人，后入隋，这也是最早记载于正史的玉工。后来唐代的颜师古在其撰写的《大业拾遗记》中，记载隋炀帝临幸江都（现扬州）时，看中殿脚女吴绛仙，但当时她已嫁玉工万群为妻，所以这位万群可能是当时江南的玉工。

宋代的治玉工匠，又被称为"刮摩之工"。文献中留下姓名的人只有赵荣、林泉、崔宁、陈振民、董进等。如宋真宗大中祥符元年，要刻琢封禅用的玉牒册，文思院的玉工说用玉很难刻琢，宰相请用珉石代替。宋真宗认为以石代玉奉天可能不合乎礼仪，就派遣中使询问玉工，玉工中有一个名叫赵荣的人，说太平兴国年间，曾与众玉工共琢美玉为牒册，一年多才完成，放置在崇政殿库房，于是皇帝就拿来直接使用。这套玉牒册于1928年被发现，当时西北军阀马鸿逵部队在泰山清理塔基时挖出，后其夫人捐赠给中国台北故宫博物院。元代陆友仁在《研北杂志》中记载曾经见到宋代的白玉荷叶杯，制作精妙，上面刻着"臣林泉造"。可见赵荣、林泉均为宫廷玉作的名师，而陈振民和董进从文献记载看,应该为民间玉工。[1]

前面提到的玉匠其实在史料中都只有只言片语,着墨不多。真正在中国玉雕史上大名鼎鼎,却又神秘莫测的人物则是明代的陆子刚。这位陆子刚,文献记载虽多,却是谜一样的存在。

首先他的生卒就是一个谜。没有任何文献记载他的具体生卒时间,只说是江苏太仓人,常居于苏州。明代著名文人王世贞在他的《觚不觚录》中提到,陆子刚是与他同时的人。王世贞生于嘉靖五年(1526年),卒于万历十八年(1590年),在传世玉器中也确有带"嘉靖"年款的子刚款玉器,说明陆子刚在嘉靖之时已经成名,是明代晚期之人。

第二个谜是名字之谜。陆子刚三字中前两字没问题,但第三个字在明代文献和清代文献中就有"刚"与"冈"两种写法。明代文震亨的《长物志》记载:"吴中如贺四、李文甫、陆子冈皆后来继出高手,第所刻必以白玉、琥珀、水晶、玛瑙等为佳器。"这里用的是"冈"。《格致镜原》《陶安梦忆》《妮古录》等也写的是这个冈。但王世贞的《觚不觚录》中写道:"今吾吴中陆子刚之治玉,鲍天成之治犀,朱碧山之治银,赵良璧之治锡,马勲治扇,周治治商嵌,及歙吕爱山治金,王小溪治玛瑙,蒋报云治铜,皆比常价再倍,而其人至有与缙绅坐者。近闻此好流入宫掖,其势尚未已也。"这里用的是"刚"。《识小录》《香祖笔记》《太仓州志》《万寿庆典初集》《珊瑚网》《式古堂书画彙考》《御定渊鉴类涵》《物理小识》等这些文人笔记中用的也是"刚"。不过在明代文人高濂的《遵生八笺·燕闲清赏》中,在印色池、水中丞两节中写陆子刚,水注一节中又写陆子冈。所以陆子刚、陆子冈到底为一人还是两人,

---

1 徐琳:《中国古代治玉工艺》,紫禁城出版社,2011年。

明代"子刚"款龙凤纹合卺杯及款识、拓片,故宫博物院藏(故 102924)

明代"子刚"款山水图白玉墨床及款识,故宫博物院藏(故 232001)

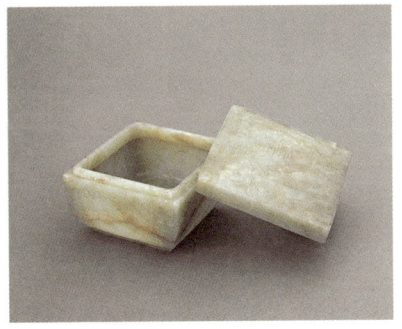

明代"子冈"款玉盒及拓片,故宫博物院藏(故 94076)

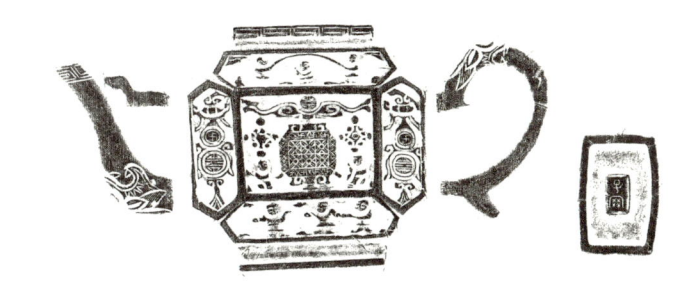

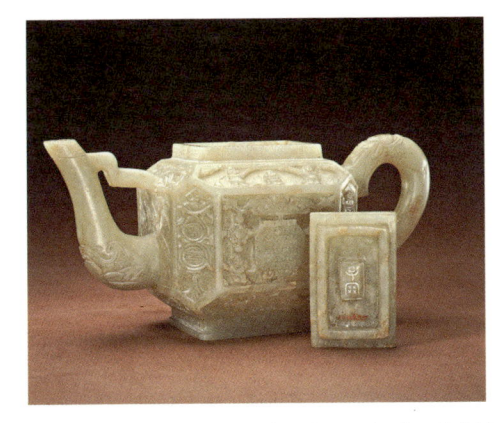

明代"子冈"款婴戏图玉壶及款识、拓片,故宫博物院藏(故 100435)

吴中绝技:陆子刚之谜

明代"子冈"款青玉琴式盒及盒表面诗句，故宫博物院藏（故102785）

在明代文献中就是一个谜。

再看实物。故宫博物院藏品中带有陆子刚款的玉器有50件左右，而台北故宫博物院有20余件陆子刚款的玉器。这里面有"刚""冈"以及各种异体字等不同写法,有些用全名"陆子刚",有些用两个字"子刚"或"子冈",有些仅用一个"冈"字,甚至还有错字或异体字。所以，陆子刚这个人的名字在玉器实物上也成了谜。

正是因为名字之谜才有了第三个谜——器物之谜。两岸故宫传世有70余件子刚款玉器，加上其他博物馆及流失海外的，陆子刚款玉器大概有百余件。这些海内外及公私收藏中到底哪件才是真陆子刚制作的玉器，也成为一个千古之谜。两岸故宫的玉器研究者曾一起讨论过这些子刚款的玉器，最后都无法确定到底哪件才出自真正的陆子刚之手。究其原因，如果大家观看实物的话，会发现这些子刚款玉器最大的特点就是没有共同点。即使剔除那些清代仿制的子刚款玉器，仅关注那些明显为明代风格的子刚款玉器，也没有两件造型、纹饰风格及落款完全一致的。

清代仿"子冈"款黄玉牌，故宫博物院藏（新98783）

  陆子刚如此高的名气，作品理应精美绝伦。但传世的这些子刚款玉器却风格迥异，以器皿件为多，但真正如文献中所说的良工苦心、精工细作者并不多。有些作品刻工粗率，实难将其与名气极大的陆子刚联系起来，而且各种款式都有，有时一件器物上能刻琢多个陆子冈款。精工与粗率者皆有，到底哪件才是真正的陆子刚款玉器实难断定。

  王世贞将陆子刚排在吴中各种工艺名匠之首，说明王世贞十分欣赏陆子刚制作的玉器。明人张岱在其《陶安梦忆》中讲到"吴中绝技"时也认为："陆子冈之治玉、鲍天成之治犀、周柱之治嵌镶……可上下百年保无敌手。"陆子刚的治玉技艺被提高到上下百年无敌手的地步。那些粗率的陆子刚款玉器应该不会出自真的陆子刚之手。但是即使在精工的子刚款玉器中也很难下结论，只有一件较为例外。

  这件最接近，也可能就是陆子刚所做的玉器是清代黑舍里氏墓出

吴中绝技：陆子刚之谜 363

白玉子冈款玉卮，清代黑舍里氏墓出土（引自《中国出土玉器全集》卷1第61页图）

土的一件子刚款玉卮。20世纪60年代，在北京师范大学扩建校园的施工中，发现了一座墓葬。墓志铭显示，墓主是一个7岁的小女孩，生于康熙七年（1667年）七月十三日，卒于康熙十三年（1674年）十二月二十七日，康熙十四年葬于德胜门外的新阡。这个7岁的小女孩来头可不小，她是清代权臣索尼的孙女，索额图的女儿，因自小聪慧，深受祖父母和父母的喜爱，得病而亡后，全家悲痛，将大量精品器物随葬到墓中，其中就包括许多明代的瓷器和一件带有子刚款的玉器。

这件玉器是一件带盖的白玉卮。在明代中晚期复古风潮的影响下，仿古玉盛行。这件玉卮很可能是陆子刚制作的仿古玉卮，其玉质十分温润细腻，盖上有三只兽，器身浮雕夔凤纹和夔龙纹。在圆形錾耳上，有一个阳文篆书的"子刚"款。从墓主人背景以及墓中出土的明代瓷器看，这件玉卮很可能就是真正的陆子刚所制玉器，所用的是"刚"字，唯一可惜的就是在清代墓中出土。以此为标准，我们认为"刚"字很可能是陆子刚的真名用字。

早在明代时就已有子刚的玉器之谜，这与陆子刚的名气密不可分。从各类文献看，当时在苏州地区，陆子刚治玉是排在第一位的，甚至有传说陆子刚曾经到皇宫内服务，给皇帝做过玉，只是这个传说无据可考。明代中晚期民间玉雕业逐渐繁荣昌盛起来，在南方的苏州逐渐形成了一个治玉中心，这和江南地区资本主义萌芽、经济发达有关。北京虽然是北方的治玉中心，但正如明代宋应星在《天工开物》中所说的，"良工虽集京师，工巧则推苏郡"。这些知名的手工艺工匠在当时的社会地位较高，他们和文人缙绅交往，作品也成为文人、富豪追捧的对象，产品价格往往高出普通者数倍。因为陆子刚的名气最大，子刚治玉俨然成为当时社会的名牌产品，被当成了优秀品牌的象征，成为高档玉器的代名词。因为产量小、需求大，明代已有了仿冒品。这可能也是导致我们现在看到的子刚款玉器风格不一的主要原因。

子刚款玉器的谜题越多，魅力越大，对后世的影响也越大，直至今日，玉雕行业还常常做子刚款的玉牌子，这也让我们永远记住了这位玉雕史上的名人。

采玉图山子与贡玉制度

在故宫博物院珍宝馆皇极殿西侧长廊的陈列室内，摆放着一件体型硕大的深绿色玉器。这是一件带有乾隆御题诗的青玉采玉图山子，高51厘米，底宽51.5厘米。整器以一整块新疆和田所产的青玉制成，正面高浮雕山石、丛林，两名维吾尔族采玉人头戴尖顶毡帽，足蹬高靴，手捧玉石，一前一后相伴而行。器背雕琢乾隆三十年春天（1765年）所写的《于阗采玉》诗一首：

乾隆御题青玉采玉图山子及反面御题诗，故宫博物院藏（故 93388）

于阗采玉春复秋，用供正赋输皇州。

奚待卞和识琳球，邮致正值金闾游。

专诸巷中多妙手，琢磨无事大璞剖。

古来记载真伪半，爱者欲其生，恶者欲其死。

如是雌黄，唇吻纷无算。

后题"于阗采玉一首，乙酉春御制"，并署"乾隆宸翰"阴文篆书方章。

这首御题诗起首直接点明了乾隆时期实施的一项重要赋税制度——"贡玉制度"，即每年春秋两季，于阗地区以贡赋的形式向中央纳税，贡赋的内容即是采来的玉料。

于阗就是现在的和田，新疆和田历史上大多数时期称为于阗。乾隆时期根据音译将于阗改为和阗，但在乾隆御制诗文及造办处档案里常常于阗、和阗混用。乾隆时期为何如此重视和田的贡玉呢？

在清代前期，即顺治到乾隆朝前期，宫廷里的玉料并不充足。彼时西北准噶尔部多次叛乱，生产美玉的和田、叶尔羌地区被准噶尔占领，从新疆到内地的玉路不通。宫廷玉料不足，或者改制前朝旧玉，或者靠进贡与走私玉料，所以此期制作的玉器整体数量并不太多。

因为宫廷玉料来源不多，雍正皇帝甚至会让大臣寻些好料送来，所以这一时期留下的玉器实物比较少，多是些小件，如小盒、小盅、小玉杯、碗等。这种现象一直持续到乾隆朝前期。

这段时期里还大量改制前朝玉器，有些甚至加刻本朝年款。如乾隆十四年（1749年）十二月十一日，太监胡世杰交来明代遗留的白玉带板三块，传旨着玉工姚宗仁将白玉带板三块照做白玉斧佩。做好后，姚宗仁遵旨在白玉斧佩上刻"洪字七号""荒字八号""日字九号"款，其中两块刻有"洪字七号""荒字八号"款的白玉斧佩，被合装于一个紫檀木嵌银丝匣内，现藏故宫博物院。

乾隆皇帝下定决心要解决新疆问题。乾隆二十二年（1757年），清军分西、北两路进剿，彻底击溃盘踞南疆的准噶尔头领阿睦尔撒纳。乾隆二十四年（1759年），清军又打败回部首领霍集占，完成了对西

乾隆十四年做"洪字七号""荒字八号"款白玉斧佩，故宫博物院藏佩（故 103816）

北的统一。乾隆晚年自诩"十全武功"，其中平定准部与回部成为乾隆一生最为得意的两次战役。此后清廷派遣将军、参赞大臣、领队大臣驻军西北，巩固了对西北边疆的统治。盛产玉石的和田、叶尔羌地区归入大清版图，玉路由此畅通。

乾隆二十四年（1759 年），"酌定和阗赋税……和田所产玉石视现年采取所得交纳"[1]，至此，和田玉石被当作赋税固定下来。乾隆二十五年（1760 年），叶尔羌伯克等采玉呈献，拣选送京。乾隆二十六年（1761 年），官方正式开始管理和田玉石的开采权，"着令东西两河及哈朗圭山，每岁春秋二次采玉"[2]。新疆叶尔羌、和田的玉料得以定期源源不断

1 《清实录》第一六册，高宗纯皇帝实录（八），中华书局影印本，卷 602，中华书局，1896 年，第 755—756 页。
2 清徐松：《西域水道记（外二种）》卷一，中华书局，2005 年，第 70 页。

乾隆御题诗白玉采玉图山子，
故宫博物院藏（故 103166）

地运往京城进贡朝廷。

这是中国历史上第一次将玉料作为赋税进行缴纳，也是中国历史上第一次也是唯一的一次将贡玉以制度的形式固定下来。贡玉制度的实施也将和田玉的使用推向了历史高峰。

乾隆时期的贡玉制度要求每年贡玉 4000 斤，但最盛时清宫曾一年收进 30 万斤玉料。玉料进宫后，先分等级，一般分五等，一、二等料会先挑选出一部分，立即画样呈览制作，剩下次玉交广储司银库收储，留待以后使用，大多由启祥宫或如意馆暂存。这些玉料制作的玉器在故宫收藏的上万件乾隆玉器实物中均有体现，其中不乏乾隆喜欢的采玉图题材。例如一件用和田玉子料雕琢而成的采玉图小山子，通高 11.6 厘米，宽 14.9 厘米，厚 8.5 厘米，器身保留着子料上的黄皮，高浮雕两位维吾尔族男性正推出一件水中的子料，反面雕琢有乾隆的御题诗：

山子背面子料皮色（故 103166） 　　　山子背侧面乾隆御题诗（故 103166）

于阗采玉人，淘玉出玉河。

秋时河水涸，捞得璆琳多。

曲躬逐逐求，宁虑涉寒波。

玉不自言人尽知，那曾隔璞待识之。

卞和三献刖两足，审然天下应无玉。

这是乾隆二十六年（1761年）所作的一首御题诗，诗题为《于阗采玉》。从中可见乾隆对和田采玉的了解。故宫所藏的另外一件采玉图山子和一件采玉图插屏上所刻的御题诗也表达了对和田采玉类似的兴趣和认识，只是乾隆早期主要集中于对和田子料的认识上。

从乾隆二十六年（1761年）到乾隆去世，进贡到宫廷的玉料越来越多，后来库房放不下，皇帝甚至会命令太监将不好的玉料拿到崇文门外变卖。乾隆以后的各位皇帝对玉器的喜爱远不如乾隆。嘉庆皇帝对珠宝玉器本不热衷，嘉庆十七年（1812年），下令减少一半玉贡。道光元年（1821年），皇帝以造办处收储玉石足够使用为由，暂停玉贡。以后清朝国力衰弱，一直到清代晚期，还在使用乾隆留下的玉料。

乾隆御题青白玉采玉图山子，故宫博物院藏（故89903）

乾隆御题白玉采玉图插屏，故宫博物院藏（故 90033）

目前，故宫博物院还收藏有不少清宫留下的玉料，有和田玉子料亦有山料。子料不仅有雕琢成器者，还有不少上好的子料原石，作为把玩件或陈设器供皇帝、后妃赏玩。

每年的贡玉中也不乏山料玉。如造办处档案记载乾隆五十六年（1791年）四月十八日，

和田白玉子料，
故宫博物院藏（故 103773）

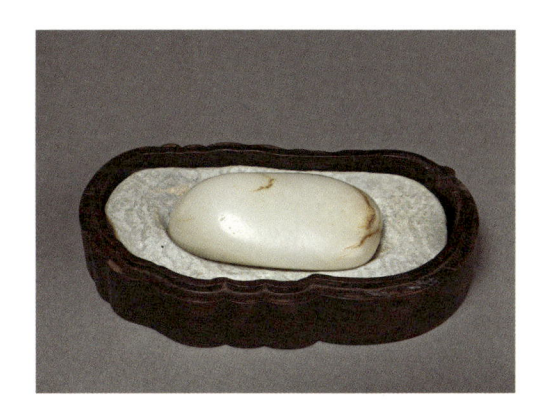

和田白玉子料，
故宫博物院藏
（故 103772、103776、103774）

采玉图山子与贡玉制度 373

叶尔羌、和阗等处送到采获大小青白玉子五千三百九十二块、大小山料玉一百九十三块，共计玉石大小五千五百八十五块。[1]

这样的记载在档案中非常之多，乾隆在其御制诗文中也会赞叹一些山料玉玉质并不输于子玉。例如乾隆五十三年（1788年）曾为一对玉碗题写过一首《咏和阗大玉碗六韵（有序）》诗，诗文起首即写"谁云山玉逊水玉，看此双盂本一盂"，并在诗注中进一步解释：

> 向称和阗玉有山产、水产之分，山玉易致大者，而色质每不如水玉之美，以受水性润故也。然此亦言其大概，此碗实山玉，乃知未始无美材也。……二碗形质如一，虽系山玉而质侔羊脂，自系巨材，故可剖制二碗，实亦不逊水玉云。

类似的玉碗在故宫至少收藏有两套，均为一块玉料所琢制。玉碗材质洁白细腻，确实不输于子料玉。乾隆时期的山料玉大多出自叶尔羌（现叶城）的密勒塔山（现密尔岱山），著名的大禹治水图玉山等几件大型玉雕的原料即来自此地。但是很可能一些白玉山料来自于田和且末玉矿，而黄玉料来自若羌玉矿。[2]

乾隆时期将全国最好、最多的玉料都集中到了宫廷之中。大批玉料进宫为乾隆朝玉器的繁盛局面提供了坚实的原料基础，也为乾隆时期达到中国古代玉雕高峰提供了有力保障。

---

[1] 中国第一历史档案馆，香港中文大学文物馆合编《清宫内务府造办处档案总汇》第39册，第600页，人民出版社，2005年。
[2] 于明：《新疆和田玉开采史》，科学出版社，2018年。

山料玉制作刻有乾隆御题诗白玉碗，故宫博物院藏（故 88479）

玉杯记和乾隆玉工

有了充足的玉料,自然也要有最好的玉工。清代的宫廷玉作是清宫内务府造办处下属的一个作坊。内务府是清代管理皇家大小事务的总机构,皇家的衣、食、住、行等各种事务,都归内务府管辖和承办。起初,内务府在紫禁城内廷养心殿置造办活计处,简称造办处。康熙三十年十月(1691年),除裱房等留在养心殿内,其余的活计都迁到了慈宁宫茶饭房,康熙三十二年(1693年)开始设立各门类作坊,康熙四十七年(1708年),所有活计全部迁出了养心殿,部分作坊设在了慈宁宫南、白虎殿北一带的青瓦建筑里,负责制造各种物品。这个地方就在现在故宫慈宁宫区的南面，冰窖后面那片地方。根据《内务府造办处各作成做活计清档》记载，雍正元年（1723年）造办处的各作坊中就有玉作，说明它是从康熙朝延续而来的。

在圆明园和紫禁城中均有个叫"如意馆"的地方。这两个如意馆内也都曾设有玉作，归属造办处管理。圆明园中的如意馆在"洞天深处"景区，"如意馆"匾额为雍正御书，现在已成为一片平地。紫禁城内的"如意馆"在北五所内，目前不对外开放。如意馆也是清宫的画院所在，西洋画师郎世宁、王致诚，以及众多中国画师均先后供职于此。乾隆初期，就已经有好手玉匠进内琢玉。

乾隆四年（1739年）的造办处活计档里开始有启祥宫制作玉器的记载。所以，紫禁城内造办处玉作、如意馆、启祥宫三处都为皇家生产玉器，只是分工有所区别。这些玉作都实施严密而有效的管理制度。

北京在元明时期就是玉器制造的集中地，有着自己的工匠，称为"北匠"，相对地，那些来自苏州等南方民间玉作的工匠则称为"南匠"。清宫造办处的玉匠主要就是由北匠、南匠组成，北匠中有满族八旗的家内匠，有时也有回子匠。宫廷玉作一般保持四、五人的规模，但有时会因为特殊需要外雇工匠，人员猛增。如乾隆十一年（1746年）二月二十八日，因"玉匠短少，活计甚多"，通过太监胡世杰转奏，准许"外雇几个匠役成做"。

玉匠中著名的玉工都是南匠，如都志通、姚宗仁、邹景德、朱彩、朱时云、朱永泰等等，他们大多数由苏州织造选送，工艺水平很高。这里有擅长刻字的玉匠朱时云、朱永泰等，擅长鉴定、能指点"学手玉匠"的姚宗仁等。玉匠中能画样、选料者做领班，来自苏州的南匠姚宗仁、邹景德等就是这样的领班。

白玉双婴耳杯，故宫博物院藏（故 87392）

乾隆皇帝对领班工匠相当看重，常常会就一些重要的器物找他们讨论。这里有一个很有趣的故事。一次，乾隆皇帝看到了一件白玉双婴耳杯，玉杯高 5.6 厘米，最宽 10 厘米，口径 6.5 厘米，并不是特别大。杯子的两侧以两个小童子为耳，童子身穿米字纹的小花袄，面带微笑，双手攀于玉杯口沿，脚下踩于祥云之上。玉杯造型颇具古风，人物则有宋代童子的风格。玉杯的表面有染色做旧，因为工艺精湛，做旧也

白玉双婴耳杯（故 87392）

378　明清时期

十分到位，真假难辨。乾隆皇帝十分疑惑，不敢断定真伪和时代，甚至以为是汉代之物。

于是他叫来了造办处的苏州籍玉工姚宗仁询问，姚宗仁一看此杯就笑了："嘻，小人之祖所为也。世其业，故识之。"乾隆皇帝十分好奇玉杯的做旧方法，姚宗仁告诉皇帝，这是用了一种姚家秘传的"琥珀烫"技法，具体方法为在玉质不好的地方（如果玉质坚硬，就用小金刚钻在器表打成细密的小麻点）涂上琥珀液，用微火烧烤，夜以继日，一年多时间才能将琥珀的颜色慢慢煨进玉杯的玉质里（原文："以琥珀滋涂而渍之其于火也，勿烈勿熄，夜以继日，必经年而后业成。"）。这种琥珀烤色工艺在康熙时十分流行，至乾隆时知道其法的人已经很少。姚宗仁的祖父是康熙年间的苏州玉工，所以此杯其实成器于康熙时期。

乾隆听后啧啧称奇，于是写下《玉杯记》一文，将与姚宗仁的对话记录在案，制成册页，并命人给玉杯配了一个檀香木座，放于锦匣之中，同时将册页、玉杯等一起放入黑漆描金漆盒内，传之后世。目前这件玉杯以及成套的包装还完整地保存在故宫博物院。

姚宗仁是乾隆早期宫廷中非常活跃的一名玉工，也是乾隆皇帝非常欣赏的一位苏州籍玉工，他的治玉技能以及识古鉴玉的才能被皇帝所赏识，在造办处玉匠中拿的工银也最多。目前我们还能在故宫博物院的藏品中找到姚宗仁制作的玉器。如乾隆十一年（1746年）姚宗仁制作了一件黄玉龙凤纹联璧，造办处档案中称其为"日月合璧合符"。两璧为一块玉料制作，采用活环连接，璧芯镂雕为太极和云纹的活芯，构思精巧，制作的工艺难度很高，体现了姚宗仁高超的玉雕水平。

乾隆皇帝对苏州工匠一向偏爱重视，常常叫苏州织造送好手工匠入宫服役。所以要征调苏州玉工的原因，从档案看主要是苏州玉工技

姚宗仁制作黄玉龙凤纹联璧，故宫博物院藏（故 103846）

术"精练"，而北京刻手非常"草率"，正如乾隆诗中所说："相质制器施琢剖，专诸巷益出妙手。"苏州专诸巷是江南治玉业聚集的地方，苏州玉工雕琢风格典雅纤细，较之北京工手所做的玉器更为精致，他们常常被招至北京为满蒙贵族雕琢玉器，并令其传授技术。所以全国最好的玉工——苏州玉匠成为宫中治玉主力也在情理之中。

这些选送上来的玉工本就是地方上技术最好的工匠，到了宫廷以后，他们眼界大开，不仅工匠之间可以切磋技艺，还可以吸取宫廷造办处其他作坊的优势，取长补短，甚至有机会看到皇家的收藏品。另外，他们常常和如意馆的画家一起工作，耳濡目染，也得到了很多文人画家的指点。可以说到了宫廷后，这些工匠无论是技艺还是设计水平都有了很大的提高。他们的眼界和层次提升了，又有皇家规范的严格要求，此时的宫廷玉匠已不可与原来的地方工匠同日而语，其工艺及审美设计水平自然成为全国之冠。

最好的工匠自然造就了乾隆玉器的最高品质，这一时期玉器制作的精致细腻程度超过了以往任何时期。高浮雕、浅浮雕、镂雕、减地、压地、磨、刻、钻等多种技法兼施，灵活多变。阴线、阳线、隐起、镂空、烧色、碾磨等传统工艺并用，有所损益。各种线条使用刀法圆熟，藏锋不露，不见刀痕棱角，尤其玉器地子处理得十分平整，与明代明显不同。钻孔时也常常追求孔型的规整及孔壁的光滑。

这一时期对碾磨抛光技术要求严格，光滑圆润，一丝不苟。一件玉器不仅器型表面的花纹图案碾磨抛光，而且膛里、底足、盖内也琢磨光滑。每个角度、每个转折及每根线条都尽可能仔细琢磨。抛光以亚光为主，尽显玉质之美。乾隆时期的玉器尤其重视镂空处的抛光，不管是玲珑剔透的山石，还是花梗枝叶的穿插掩映，其镂空内大多光滑舒适，即使背面及底部不易看见之处和深凹之处也会做些必要的粗光功夫，力求完美。所以在这一时期，从小件到大件，无论是造型，还是雕琢、抛光，其细腻精湛、一丝不苟的作风达到了无以复加的程度。

为了适应碾制过程的复杂和精细工艺，宫廷玉器制作也分工较细。造办处有选料、画样、锯钻（包括掏膛，大、小钻）、做坯（做轮廓）、做细（镌刻细节花纹）、光工、刻款、烧古等工种。一件玉器需要这些工种的工匠分工合作才能完成。

画样即对玉料进行设计。针对每一件玉料的因材施艺，画样设计最为重要。南匠都志通、姚宗仁都因具有较高的设计水平而被重视。画样完成后，和玉材一起交其他部门开始制作。锯钻工属于粗工。做

镂雕捕鱼图香囊，故宫博物院藏（故 93880）

细、刻字、烧古因难度较大，工种亦很重要。重要玉器的做坯、做细、磨光等关键环节都要呈览，做完之后也一定要呈览，评定等级，做得好的褒奖，一般的就说"知道了"，看不中的轻则斥责，重则处罚、停俸、减扣工银或者责令赔补等。但是，档案中从来没有发现乾隆皇帝将工匠处死的记载。可见乾隆对手艺工匠还是心存良善的。

在造办处玉工中，有一类比较特殊的工匠，那就是刻字匠。他们专门负责在成品玉器上刻字。由于乾隆皇帝对刻字需求量颇大，为此还专门成立了刻字作，养着专职的刻字工匠。

由于玉料的坚硬和文字的规范，在玉器上刻字一直是治玉工艺中较难的一个工种，普通刻字也就罢了，要想刻出带有书法笔意的字则难上加难。

清以前，虽然历代都出土过一些刻有文字的玉器，但总体数量并不多。相比于流畅的纹饰线条来说，文字的刻画琢磨大多显得不甚规整，除少量的玉牒、玉册、玉印等刻琢文字外，民间治玉很少有带文字的，也说明在玉器上刻字颇有难度。

明清时期，在官窑瓷器的影响下，开始在玉器上琢刻皇帝的年款，只是明代带年款的玉器极为少见。清代这一风气兴盛，雍正、乾隆、嘉庆、道光、同治、光绪、宣统时期都有在玉器上刻年款的现象。如"雍正年制""大清乾隆年制""大清乾隆仿古""乾隆御用""乾隆年制""乾隆御咏""嘉庆年制"等等纪年款均有出现，书体有楷书、隶书、篆书等。不过，乾隆时期，在玉器上刻年款最为兴盛。

因为乾隆皇帝喜欢作诗，在玉器上琢制诗文的风气也十分兴盛，尤其以乾隆御制诗文为多。这些文字少则几十，多则上千，甚至达两千字以上，诗文后面也多刻琢皇帝闲章。

白玉壶底部大清乾隆仿古款，
故宫博物院藏（故 87570）

乾隆御题白玉云龙纹水盂底部文字，
故宫博物院藏（故 102911）

皇家的喜爱，必然引起民间的广泛仿效。王府玉作、苏州、扬州的玉作中也多有在玉器上刻琢诗文的，如玉山、玉牌、玉插屏、玉镇纸等，有些也会刻琢某位皇帝的御制诗文。

当时苏州玉器行中专门有在玉器上刻字的行业，涌现出不少专长刻字的师傅。内务府造办处经常要求苏州玉作选送刻字师傅进宫服务。如乾隆十三年（1748年）苏州琢玉匠顾觐光、金振寰就是因善于在玉器上刻字而被选入宫，工作于启祥宫。朱彩是乾隆早期的刻字匠，故宫博物院收藏的"青玉御制九符"册页上的2000余字均为朱彩所刻，落款"臣张照奉敕敬书，小臣朱彩奉敕恭镌"。姚肇基、朱永泰、朱鸣岐、顾往西、朱时云、庄秀桂等都是乾隆中后期的刻字工匠。"青玉云龙纹大瓮"及"大禹治水图玉山"上近3500字的文字就是朱永泰镌刻。刻字匠比一般的琢玉工匠拿的薪水要高，每月给钱粮银三两，每年春秋两季领衣服银十五两。

乾隆皇帝对在玉器上刻字十分痴迷，所以宫中的刻字匠往往不够，除了固定的高手刻字匠服役宫中外，也会时常征调外匠。例如乾隆

青玉御制九符册页，故宫博物院藏（故 104364）

四十四年（1779 年），太庙新制一批玉宝、玉册，共 16 份，临时从苏州征调两批玉工共 16 人，用一年时间刻汉字 4000 余字，满字 8000 余字，平均每人每天仅刻 2 个字。

玉工所刻的字虽然大多数是乾隆皇帝的御制诗文，但它们的撰写者往往是懋勤殿翰林以及朝中书法

册页最后落款（故 104364）

水平很高的大臣，甚或是乾隆皇帝本人。玉工起的是照字勾勒、上玉刻琢的作用，类似于碑帖艺术中的摹勒刻石，因此我们看到，乾隆朝玉器上的文字，也多是一篇篇精美的书法作品。除乾隆皇帝的御笔外，在玉器上留下名字的朝臣还有张照、福隆安、刘秉恬、梁国治、于敏中、董诰、弘旿、永璇等等，后面常随"敬书"二字。如前述"御制九符册页"的撰写者为张照，曾为内阁学士，是著名书法家。刻字玉匠高手也往往被准许在玉器上留名，待遇明显高于普通玉工。如著名的青玉九云龙纹大玉瓮，有2400余字刻于内底，文后落款"臣于敏中敬书，小臣朱永泰奉镌"。

正是有了这些著名书法家的参与，加上技艺高超的刻字工匠，才有了乾隆玉器上精美的书法字体，这也算是前无古人，后无来者了。

围观悦目玉图画

　　一件好的玉器能让人百看不厌，除了用最好的玉料和最优秀的雕工，还有最重要的一点在于优秀的审料设计。

　　在紫禁城的如意馆区，玉匠和宫廷画家相邻而居，工作于此。这些画家很多是文人画家，出自四王吴恽的派系，擅作山水花卉、人物故事。玉雕工匠长期和画家们相处，耳濡目染，深受他们的影响。我们看到清代宫廷出现了许多山水人物故事题材的玉器，这些题材或者圆雕为各种玉山摆件，或者表现在各类玉牌、玉插屏上，还有诸如笔筒之类的文房用具亦较多见。玉器的图稿设计往往出自当时的文人画

乾隆御题白玉赤壁图山子，
故宫博物院藏（故 103158）

乾隆御题碧玉云瀑飞楝图笔筒，
故宫博物院藏（故 103519）

家，体现文人向往的山水景色，这其中就有很多宫廷画师的参与。许多绘画功底强的玉匠也会自己设计图案画稿后亲自雕琢。

　　故宫博物院的珍宝馆里陈列着一件著名的"桐荫仕女图"玉摆件。它长 25 厘米，宽 11 厘米，高 15.5 厘米，原材料本为一块上好和阗玉子料，带有桂花黄色皮，玉质洁白细腻，可以说达到了羊脂玉的级别。这样一块大玉料先从中间掏出了一个玉碗。因玉材极佳，设计者可能依据清宫最早的油画作品《桐荫仕女图》得来灵感，设计了这件玉雕的桐荫仕女图，最后由苏州玉工制作而成。这件油画作品画在一件围屏上，围屏的一面题写着康熙皇帝临董其昌的书法作品《洛神赋》，一面画着中国人学习西洋油画所作的一幅《桐荫仕女图》，这是中国人自己画得最早的油画作品，可惜作者不详，估计是康熙时期的宫廷画家。油画桐荫仕女图中间为长方形门，而玉雕作品巧妙地利用了碗料的圆孔，做成了圆形月亮门，另安屏门两扇，一掩一开。一仕女倚身门后，手捧花瓶；另一仕女手持灵芝立于门柱之侧。在一束光线的照射下，二人隔门相望，似正交谈。门前两侧利用玉皮之色巧雕成桐树、

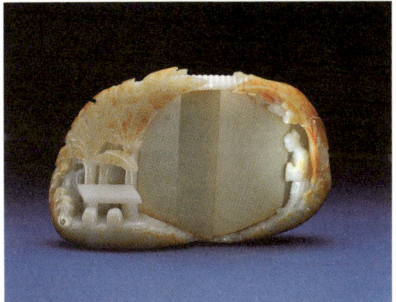

白玉桐荫仕女图摆件，故宫博物院藏（故 103327）

摆件底部御题诗（故 103327）

御题诗拓片（故 103327）

围观悦目玉图画

油画桐荫仕女图围屏，故宫博物院藏（故 210740）

假山和高大的芭蕉树，门柱瓦檐、石台、石座隐于桐荫之下。整个玉雕造型新颖，将一个挖碗的剩料充分利用，成就了这件化腐朽为神奇的玉雕摆件。难怪乾隆皇帝看后啧啧称赞，一再题诗，赞其"既无弃物，且完璞云"，并通过"女郎相顾问，匠氏运心灵"的诗句肯定了这是一件匠心独运的玉雕佳品。

乾隆皇帝一直有"纸寿千年，而玉石是山川菁英，能够传之永远"的思想，所以他命令大量的宫廷画家参与到玉雕的设计之中，如金廷标、余省、姚文翰等宫廷画师都曾参与玉器的设计、画稿。将书画作品用玉雕的形式展现出来，尤其用山子雕的形式是乾隆时期的重要创新。

放在乐寿堂的"秋山行旅图玉山"（又称关山行旅图玉山）就是由当时的宫廷画师金廷标设计画稿的。金廷标本是江南的著名画家，乾隆下江南时，他毛遂自荐跟随乾隆回宫。金廷标曾绘有《关山行旅图》，秋山行旅图玉山就是金廷标以自己的画作为样稿再创作设计的。这件

秋山行旅图玉山,故宫博物院藏(故 199326)

金廷标秋山行旅图，
故宫博物院藏（故 8226）

玉山高 130 厘米，底宽 70 厘米，厚 30 厘米，铜座高 25 厘米。据清宫内务府造办处档案记载，玉山原料中间杂有淡黄色斑纹，通体重绺，犹如冰裂。玉工认为原料不可做大器，但乾隆皇帝亲自查看后认为可以做，下令从乾隆三十一年（1766年）十一月十三日开始制作。该玉山初期在北京制作，因六个月还未将糙坯完成，进度迟缓，遂被运往两淮，由扬州承做，乾隆三十五年（1770年）告竣。经过工匠与画师的精心设计和巧妙安排，利用玉材本身纵横起伏的绺纹，雕成宛若天工斧劈的嶙峋巨石；而淡黄色的瑕斑，正好表现深秋时节山林落叶、草木枯黄的景色。玉山整体构图充分利用了玉材特色，变不利为有利，因材施艺，远近景物曲折有序，层次分明，将玉料特点与雕琢题材融为一体，可以说是对平面书画作品的完美再创作。

　　玉山做好回宫后，乾隆大加赞赏，在乾隆三十五年（1770年）和三十九年（1774年）先后两次作诗赞美，其中有句"画只一面此八面，围观悦目尤神超"充分表达了乾隆皇帝偏爱制作玉山的原因：绘画作品是平面的，但是以玉雕形式表达，则立体再现了自然的山水，将自然的山水景色搬到宫中，八面围观得来的精神愉悦是平面绘画不可比拟的。

秋山行旅图玉山是乾隆时期制作的第一件大型玉雕山子，此后乾隆对制作大型玉图画类玉山的热情一发不可收。如"会昌九老图玉山"以唐代会昌五年白居易、郑据、刘真等九位文人士大夫在洛阳香山聚会宴游的场面为题材，雕琢他们在山中品茶、下棋、抚琴、观鹤等文人雅士所行之事，使观者如身临其境，从而忘掉现实世界，暂时处身于幽静的山林。这种反映文人雅事、山林野逸情趣的画面也是清代玉雕中常见的主题。再有丹台春晓图玉山、大禹治水图玉山等都是清代立体玉图画的代表佳作。

清代玉图画类玉雕作品有一个共同特点，即皆不以玉料的好坏来

会昌九老图玉山，
故宫博物院藏（故 103157）

丹台春晓图玉山，
故宫博物藏（故 199324）

围观悦目玉图画　393

作为衡量作品优劣的唯一标准。大型玉雕往往以山料玉雕琢，常常内有绺裂，质地算不上精良，但经过能工巧匠的精心设计和恰到好处的艺术处理，遂成为无与伦比的艺术珍品。

这类充满文人画意的玉器雕琢，要求工匠能够把握描绘的对象，将砣具变成自己手中之笔，利用圆雕、浮雕、镂雕、减地、阴刻等各种不同的雕琢方法表现画家的用笔，体现人物的姿态、表情与山水的皴法，追求神韵与笔墨情趣。玉工通过自身对玉料的了解，巧妙利用或避开玉石中的绺裂，体现出山石的褶皱起伏，同时吸取绘画在构图上采用的平远、高远、深远"三远法"，注意层次远近，也采用多点透视法，碾琢深邃，使整个玉雕就如同一幅立体的山水画。

在绘画艺术的熏陶及文人画家的积极参与下，宫廷玉雕在审料设计上充分吸收了当时最优秀的文人画艺术的优势，这种史无前例的优秀玉雕设计使得乾隆时期的宫廷玉雕不落俗套，充满了艺术与文人情趣，这也是乾隆时期的玉器艺术达到中国玉雕艺术高峰的主要原因。

至此，我们也看到"乾隆工"玉器最大的特点：最优质的玉料、最高超的工匠、最文人的设计、最好的书法等等，这些最优质的资源被玉痴皇帝乾隆充分利用到玉器雕琢中，因材施艺，创造出辉煌的"乾隆工"玉器，使中国古代玉雕艺术达到了集大成期和巅峰期。乾隆以后，再也没出过爱玉如痴的皇帝，自然也不再有玉器的辉煌。

乾隆帝的纪念碑：
大禹治水图玉山

在故宫博物院珍宝馆的乐寿堂，耸立着中国古代最大的一件玉雕作品——大禹治水图玉山。玉山高 2.24 米，宽 0.96 米，错金铜座高 0.6 米，连座高将近 3 米。整个玉山用新疆密勒塔山的青玉雕琢而成，因为青绿色的玉石材质更适合表现群山峻岭，所以设计时并没有直接表现大禹和人们战胜洪水的场面，而是表现大禹治水过程中万众一心、不畏艰难、开山凿壁、疏导水道的情景。只见崇山峻岭中，民众们忙着劳动，搬运山石，神龙和天神也来助阵，全面立体再现了大禹带领人民为战胜洪水而开凿山石的宏大场面。所以此玉山在造办处档案中又被称为

大禹治水图玉山，故宫博物院藏（故 199323）

玉山的另一面

玉山局部

"大禹开山图"。除了画面以外，玉山正面雕有乾隆的"五福五代堂古稀天子宝"方印，背面上方有"古稀天子"圆印，这些是乾隆皇帝70岁以后的常用之印。玉山左边雕有"天恩八旬"圆印，背面有"八徵耄念之宝"方印，这是乾隆皇帝80岁以后所用的印章。

玉山局部

　　这座玉雕常常让人久久驻足观望，忍不住去思考乾隆皇帝制作这件大型玉雕的原因，以及如此大玉雕的雕琢过程。

　　提起大禹这个人物，想必大家都不陌生，他是中国远古时期夏后氏的首领。相传尧舜时代，洪水泛滥，危害百姓，民不

玉山上印章"五福五代堂古稀天子宝"

"八征耄念之宝"

阳文印章"天恩八旬"

乾隆帝的纪念碑：大禹治水图玉山

乾隆汉服画像，故宫博物院藏（故6524）

聊生。于是尧选了鲧前去治水，但鲧治水多年无功而返，洪水依旧肆虐。舜的时候启用鲧的儿子禹来治理水患，禹吸取鲧的教训，采用疏导而非塞堵的方式，最终成功治理了洪水。传说禹为了治水三过家门而不入，受到了百姓的拥戴。后来舜将王位禅让给禹，禹成为与尧舜齐名之人。传说禹建立了夏朝，都阳城。《史记·夏本纪》《竹书纪年·夏后氏》等文献中均有记载。司马迁在《史记·太史公自序》中还盛赞大禹："维禹之功，九州攸同，光唐虞际，德流苗裔。"传说大禹铸造了九鼎来定九州，并会诸侯于涂山，前来进献会盟的诸侯"执玉帛者万国"，可见禹是一位深受各方诸侯及百姓爱戴的古代圣贤之君。

乾隆皇帝自幼十分聪慧，他11岁第一次见到自己的祖父时就得到了康熙的喜爱，从此康熙将其带在身边，养于宫中，让他接受系统的文化教育。乾隆皇帝一生能谋善断，勤于政事，能文能诗，酷爱书法、绘画、文物，精娴音律，热衷园林建筑，但并不玩物丧志，而是常怀"益励日新之德",保持高度的危机意识。他一生平回部、准部,征金川,平定大小和卓木、缅甸、安南等,晚年自诩十全武功,自己也是尽君职,得长寿的十全老人,自认为达到了《尚书》中讲的人生的五种幸福,即"长寿、富有、康宁、具有美德、老有善终"。乾隆四十九年(1784年)春,他的玄孙降生,五代同堂,所以做了方"五福五代堂古稀天子宝"宝玺纪念。乾隆皇帝自认为一生有"十全武功"在身,晚年已经大功告成,可以将皇位传给子孙,而自己登基时也曾发过誓言,在位时间不超过他的祖父康熙皇帝。所以,乾隆在位六十年后,就将皇位传给了儿子,即嘉庆皇帝。

乾隆皇帝十分喜欢尧舜禹的时代,认为自己要"上接尧舜之心传"。他仰慕大禹,希望成为像大禹那样有文德的圣人,并且"乐取于人以为善"。

正是因为有着仰慕大禹的情怀,促使乾隆在晚年做出了一件纪念碑式的大型玉雕作品——大禹治水图玉山。

乾隆四十五年(1780年)时,从新疆叶尔羌密勒塔山(现密尔岱山)贡进宫廷一块9000余斤的大玉。清代的一斤比现代重,这块玉约合现代的10700多市斤,相当于5.37吨。这块玉料是乾隆皇帝有史以来见到的最大一块玉料。如此大的玉料从山上开采下来已经十分不易,运输也是一个大难题。当时用轴长十一二米的特大型专车,由上千名工人推和一百多匹马拉运。逢山凿路,遇水架桥,冬天还要泼水铺成冰道,大约经历了三年的时间,才从新疆运到了北京。

玉料运到北京后,乾隆皇帝十分兴奋。宫中有一幅宋人画《大禹

宋人画大禹治水图轴，
台北故宫博物院藏（故画 0012）

清谢遂仿大禹治水图轴，
台北故宫博物院藏（故画 2888）

治水图》，乾隆命宫廷画家谢遂仿画一幅。[1]以此为粉本，乾隆四十六年（1781年）下令设计了玉山的正面、背面、左面、右面四张画样。依着画样先做了蜡样，因为怕蜡样融化，后来又改作木样，根据木样模型，玉工先初步出坯剖料，后来用运河走水路运往扬州，由善做玉山的扬州玉工琢制。在扬州历时六年，至乾隆五十二年（1787年）六月，玉山雕琢完毕，八月十六日运回了北京。运回北京前，乾隆皇帝就已命大臣选择安放大玉山子的地方，最后选定在乐寿堂北厅。至此，这座雄伟的玉山就再也没有移动过地方。

乾隆五十三年（1788年）正月，78岁的乾隆皇帝命造办处的刻字工匠朱永泰将自己撰写的《题密勒塔山玉大禹治水图》御制诗文及注释共1300余字刻在玉山的背面。从玉料开采、运输到最后刻字，这件玉山前前后后共用了十余年的时间方才完工。

整个大玉山的制作过程在造办处档案中有不少记载。比如玉料何时运来，怎样设计，何时运到扬州，何时运回，运回后如何选地方安放，如何配备合适的座子。甚至命朱永泰刻字时，因玉山巨高，工匠刻字不方便，造办处还请旨做了一个通高四尺、宽三尺的脚踏，供朱永泰站上刻字。但是档案中唯独没有记载这座大玉山在扬州六年的具体雕琢过程。现代人使用机械砣机和蛇皮钻雕琢这样的大型玉雕已非易事，清代纯手工制作更无法想象。如此大的玉料不易用吊秤吊，更不可能用手拿，所以不可能将其放在水凳上来雕琢，清代也没有现在的电动蛇皮钻工具，那么它究竟是如何雕琢的呢？笔者曾为此专门到扬州寻

---

[1] 此两幅画现藏台北故宫博物院，编号分别为故画0012和故画2888，图片采自台北故宫博物院官网，官网将前者命名为"唐人画大禹治水图轴"，目前看此画早不过宋代。

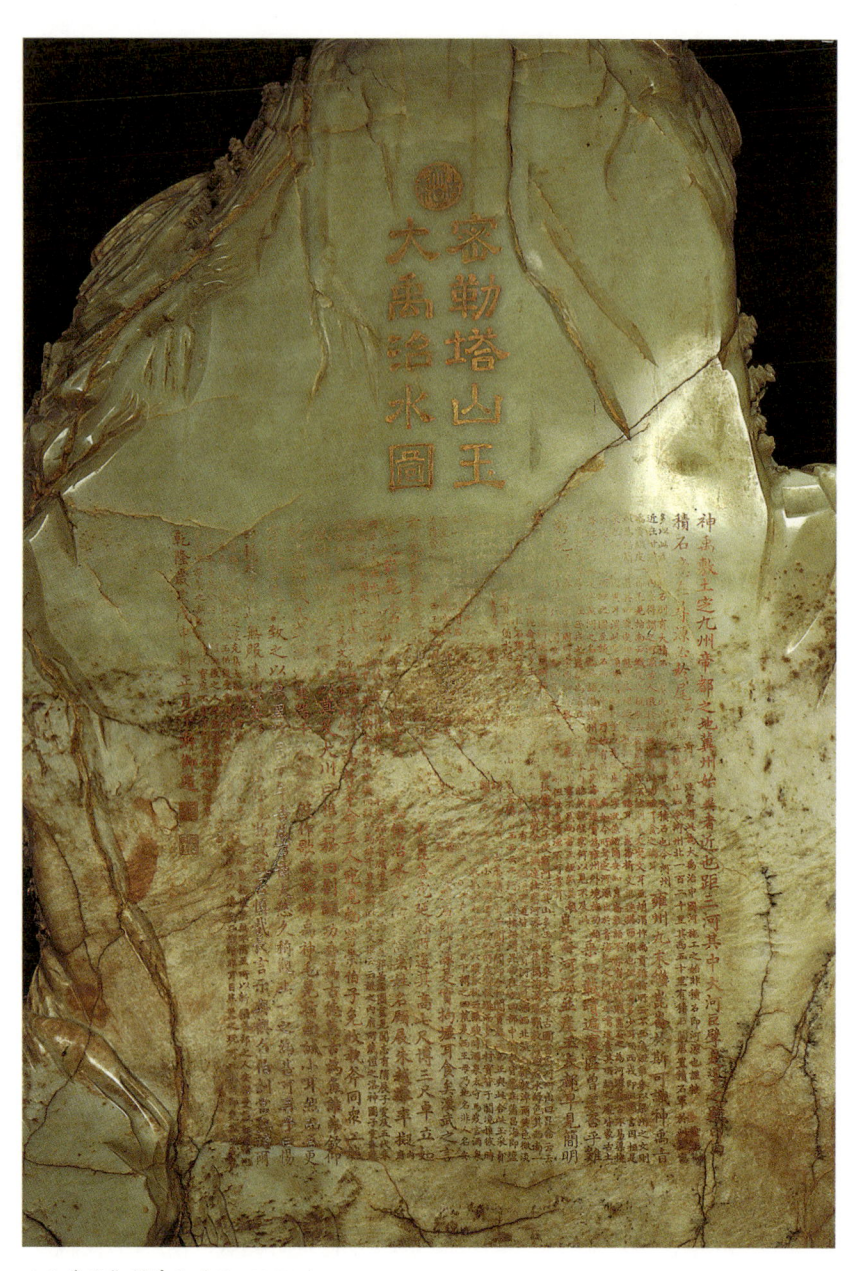

玉山背面御制诗文（故 199323）

找资料，但一无所获。笔者也和许多现代的玉雕大家们一起探讨过玉雕的工艺，每个人的推测均不相同，故而至今也没有定论，这也成为一个待解之谜。

不过近观可见玉山上有大大小小的钻痕，有大孔径管钻，也有较小的实心钻，尤其分布于孔洞、松叶、山石褶皱处。所以，从治玉技法上推测，手持灵活的钻杆式工具可能是雕琢这种大型玉雕的一个重要方法。另外，在玉山下面垫上一个带有转轮的木头盘机轮，可能也是当时使用的一种方法，这样可以让玉山运动起来。而将玉料横置使用砣机似乎也可以解决砣刻细部纹饰的问题。还有金刚石刻刀以及清宫档案中提到的"钢片"或"火连片"，在雕镂与凿錾花纹方面可能也起到了十分重要的作用。从档案看，"钢片"或"火连片"需用量极大，仅两件玉瓮就要用5万斤，大型玉山可能需要更多。如此大的玉雕不可能由一人完成，需要几个玉工同时从四面开雕，有组织、有秩序地按工种进行，这座玉山子应该是多人团结协作的结果。

那么它为什么会放在乐寿堂？乐寿堂又是什么样的一个建筑？从故宫地图上可见，乐寿堂在紫禁城东北部宁寿宫区的北部，在乾隆三十七年（1772年）建成。乐寿堂面阔7间，进深3间，建筑面积839平方米，单檐歇山顶，覆盖黄色琉璃瓦。堂前院落广阔，左右接转角游廊，廊间墙壁内嵌有敬胜斋法帖石刻。乾隆皇帝本意是要将乐寿堂作为退位后的寝宫，所以装修十分华丽，多用楠木包着紫檀、花梨等贵重木材，间饰玉石、珐琅等饰件。天花为木雕，与整个室内装修相衬托，雍容华贵。如此华丽的寝宫，又有与万民同享长寿的寓意。但乾隆皇帝却一直没来真正住过，其生前还是住在养心殿，倒是慈禧太后曾以西暖阁为寝室在此居住过。

从大玉山背后的御题诗文，我们可以明确看出乾隆皇帝做这件大玉雕的多重深意。

首先，乾隆御制诗文的题目叫《题密勒塔山玉大禹治水图》，诗文开始就考证河源的问题，认为黄河的源头在新疆西部昆仑山，即葱岭和田一带。当然我们现在知道黄河的源头是在青海，但是在乾隆时期，黄河源头在新疆是一个由来已久的看法。乾隆皇帝晚年自诩的十全武功之首就是平定新疆，打败回部和准部噶尔丹，将新疆收归中央管辖。盛产美玉的和田与叶尔羌地区成为中央直接管辖的地区。故而乾隆认为从这些地区采玉就是取自家玉，实行贡玉制度，这是以前历代帝王没有做到的。诗文前半段对河源的考证也是乾隆皇帝对自己丰功伟绩的变相炫耀。

其次，乾隆皇帝认为纸的寿命不过千年，而玉石本身是山川菁华，能够流传千古。所谓"画图岁久或湮灭，重器千秋难败毁"。所以常常把书画作品刻琢为玉器，即可立体地再现书画意境，又可四面观摩，赏心悦目。这也是乾隆皇帝重视玉图画类玉器的一个重要原因。这种再现，也像是把自然界的真山真水通过玉雕的形式搬到了书斋及居室中，成为皇帝日常常见之景。

最后，乾隆皇帝认为自己现在的功绩可比大禹，可以功成身退，但又表明不是贪图享乐才退位归政。因此玉山就像是乾隆给自己塑造的一座纪念碑。

带着如此多的谜题，如此多的深意，这样一件纪念碑式的玉雕，至今也是前无古人、后无来者的恢宏巨制。直至今日，它也是中国最大的一件真正的闪石玉雕作品，可谓玉器之王，稀世之宝。

翠华玉意两逢迎：清代宫廷中的翡翠

在故宫的彩石藏品中，有一类常被珠宝玉石界称为玉的矿物，那就是"翡翠"。那么翡翠和玉到底有什么区别呢？

翡翠与玉的区别

翡翠与中国传统文化中所讲的玉完全是两种不同的矿物。在矿物学概念中，翡翠主要是由硬玉或由硬玉及其他钠质、钠钙质辉石（绿辉石、钠铬辉石）经过地质过程形成的、具有工艺价值的矿物集合体，其主要成分为钠铝硅酸盐($NaAl[Si_2O_6]$),常含有少量的铬(Cr)、镍(Ni)等杂质。翡翠的硬度为摩氏6.5至7度,相对密度(g/cm^3)在3.25至3.4之间。而闪石玉的硬度比翡翠低,密度也低,在2.9至3.1之间。

相比于中国的玉,翡翠是一种舶来品。世界上出产翡翠的有缅甸、日本、俄罗斯、美国、危地马拉等地。中国境内并不产翡翠。

翡翠这个词是怎么来的呢?为解决这一疑惑,可以简单梳理一下翡翠名称在中国的发展史。翡翠一词本为鸟名。《说文》载:"翡,赤羽雀也,出郁林,从羽非声;翠,青羽雀也,出郁林,从羽卒声。"[1]可见在汉代,翡和翠分别指红色和绿色两种颜色的鸟,因其羽毛中的红、绿二色极为艳丽,人们常将其用于装饰。尤其是青绿色的翠鸟,直到清代,其羽毛依然被大量用于点翠饰品。但翡翠一词被借用到类似颜色的石头身上并以此命名的实物目前在清以前的考古发现中还没有被证实,仅在文献中有少许记载,不过均无法被确证为现在缅甸所产的翡翠,也无法确定在今缅甸东北孟拱、孟密一代的古代掸国进贡的珍宝中有翡翠。

翡翠是如何一步步变成玉的?

目前能够明确翡翠最早进入中国境内的时间是明代。缅甸出产翡翠的老矿区,如帕敢区的孟拱、孟密等地在明清时期曾是"滇省藩篱",明代政府曾封赠当地管辖者土司的称号。这里所产翡翠多由以腾冲为首的云南人开发,或加工成品,或输送原料进入中原地区。如此近的

---

[1] 许慎撰:《说文解字》,卷四上,75页,中华书局,1963年。

地域关系，使我们有理由相信翡翠在明代可能已经进入到中国。唯一可惜的是，目前在考古发掘品中，只见清代墓葬出土的翡翠，还未见明确为明代墓葬出土的翡翠。杨伯达先生曾于1999年看到私人手中收藏的一件据称是明崇祯十九年李老孺人墓中出土的翡翠镯，因墓葬非科学考古发掘并被毁，所以证据采信力度不强。

雍正时期的翡翠

目前我们看到最早关于翡翠的文献记载在雍正四年（1726年），据《雍正四年各作成做活计清档》记载：十月二十日，

> 郎中海望持出绿苗石数珠一盘（随翡翠石佛头塔、背云、记念、坠角）。奉旨：此数珠颜色好，不必做数珠，有用处用，钦此。（现存库。本日随交司库所子，收讫。）[1]

此翡翠石应为缅甸翡翠，此后翡翠石在雍正七年（1729年）还曾经被作为原料收贮。不过雍正一朝，翡翠除了叫翡翠石外，因其从云南进贡而来，更多地被称为云产石。例如从雍正五年（1727年）至雍正十二年（1734年），几乎每年云南都有云产石的进贡、收贮，而且基本为各色数珠，数量也较多。例如雍正十二年十月，云南总督伊继善进贡各色数珠四十盘之多，其中有红色和绿色。红色的一般为玛瑙，也被称为云产石。绿色的云产石，经故宫科技部门对带有云产石字样

---

1 中国第一历史档案馆、香港中文大学文物馆合编《清宫内务府造办处档案总汇》，第2册，雍正四年各作成做活计清档，第215页，人民出版社，2005年。

黄条的藏品进行拉曼光谱仪检测，证实确为翡翠。总之，在雍正时期翡翠还被视为石。

乾隆、嘉庆时期的翡翠

乾隆时期，翡翠这个词逐渐流行开来，也真正将翡翠鸟的颜色和带有翠绿色的石头融为一体，并逐渐赋予翡翠"玉"的含义。直至清末，在清代宫廷档案中，对翡翠器的称呼除了翡翠、云产石外，还有永昌玉、云南玉、云玉、滇玉、翠玉、绿玉等不同叫法。永昌就是现在的云南保山，距离腾冲以及缅甸的密支那非常近，是清代翡翠的集散地和制作加工地。档案中云南进贡来的翡翠多用这些名称，估计也有进贡土特产的含义在里面。如乾隆十九年（1754年），赏准噶尔来使物件中有云南玉如意二柄。乾隆四十一年（1776年），云贵总督图思德进贡的物件中，有相当多的滇玉器物，如滇玉太平有象花樽、滇玉双耳瓶、滇玉灵芝花插、滇玉荷叶洗、滇玉松柏灵芝笔筒等等。

翡翠、翠玉的称呼常常出现在清宫廷造办处及广东、天津、江苏等其他省份进贡的名单中。如翡翠花觚、翡翠四喜瓶、翡翠烟壶、翡

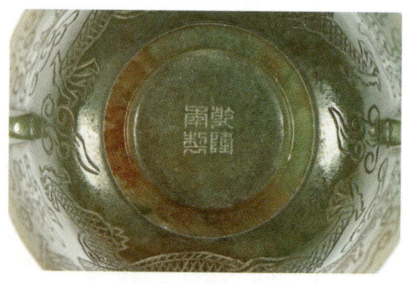

乾隆年制款翡翠双龙耳龙纹杯盘及杯底款识，故宫博物院藏（故 9936）

翠碗、翡翠洗等。

我们在故宫博物院藏品中看到最早带有款识的翡翠来自乾隆时期。如故宫博物院藏有两套双龙耳龙纹翡翠杯盘,白底,冰种,带有绿翠色及红翡色,杯身阴刻双龙纹,盘内浮雕双龙纹。杯及盘底部阴刻篆书"乾隆年制"款。带有年款的翡翠器并不多,这也是我们看到最早的一件。

乾隆皇帝爱玉如痴,但对翡翠却并不太喜欢,这一点从他的御制诗文中可以看出。乾隆一生题咏玉器的诗文达八百余首,但没有一首是专为翡翠器题咏的。笔者检视了乾隆时期的翡翠器,发现在有限的几件带有乾隆御题诗的翡翠器上,没有一首是专为翡翠题写的。唯一的一件翡翠鱼式盒,还被乾隆错认为痕都斯坦玉器,写了一首《咏痕都斯坦玉鱼》诗刻于鱼腹之内。观此鱼式盒所用的翡翠,几乎为白地翡翠,仅带些许绿色,因质地较为细腻,乍看确实与和田白玉非常像,加上红宝石与碧玉的镶嵌,难怪乾隆将其误认

乾隆时期翡翠鱼式盒及盒内腹御题诗,故宫博物院藏(故 105912)

翠华玉意两逢迎:清代宫廷中的翡翠 411

嘉庆年制款翡翠碗及碗底款识，故宫博物院藏（故104559）

为痕都斯坦玉器。估计它是从宫外进贡而来，才会被乾隆帝误认。另外一些刻有乾隆御制诗文的翡翠则多为册页，质地大多以白色为主，部分带有翠色，所刻多为乾隆撰写的论文，如《御制圣人定之以中正仁义而主静论》《御制知者乐仁者寿论》《御制一日二日万几论》等等。

嘉庆时期，刻有年款的翡翠渐多，主要集中于器皿件中，如各式的翡翠碗，碗底常刻有"嘉庆年制"隶书款，材质也多以白色为主，有些带有绿色飘花，有些干脆连这些绿色也不带。

乾隆、嘉庆时期，虽然有一些翡翠以绿色为主，但不讲究种水。此种翡翠多为豆青种，整体看来颜色还算绿，但底色中夹杂大量白斑，以现在的审美看并非上好的翡翠。可见乾隆时期并未完全将翡翠纳入中国传统玉文化的体系，选择翡翠基本参照和田玉的审美标准，微透明，白地子，有温润感，并不过分讲究种水，但也会利用翡翠不同的色彩进行巧雕。这种雕琢方法也是借鉴了玉器中巧用皮色的方法。作品主要有陈设器、实用器皿、数珠类的用品等，造型也是沿用玉器的制作形制。

不过，虽然清中期宫廷中并不珍视翡翠，但是在民间，翡翠价格

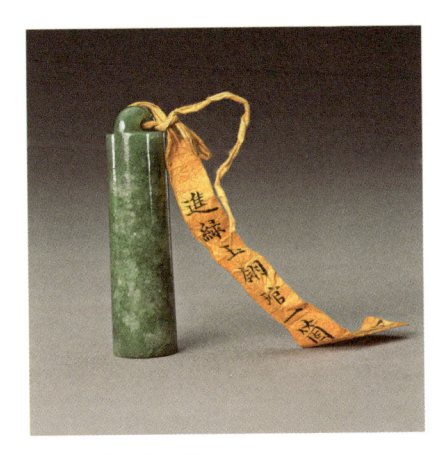

嘉庆时进翡翠翎管，
故宫博物院藏（故 105711）

翡翠桃式洗，故宫博物院藏（故 99471）

翡翠卧牛，故宫博物院藏（故 105895）

翡翠花鸟纹花插，故宫博物院藏（故 105909）

翡翠鹤鹿同春图山子，故宫博物院藏（故 105898）　　翡翠象耳衔环瓶，故宫博物院藏（故 104518）

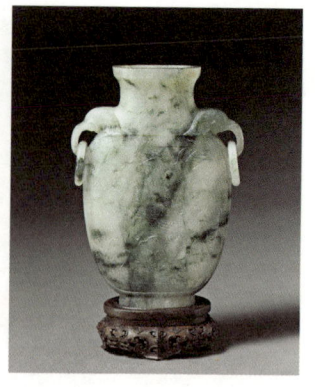

却逐渐飙升。纪昀在《阅微草堂笔记》对这一现象有详尽的记录：

> 云南翡翠玉，当时不以玉视之，不过如蓝田干黄，强名以玉耳，今则以为珍玩，价远出真玉上矣……盖相距五六十年，物价不同已如此，况隔越数百年乎？[1]

《阅微草堂笔记》成书于乾隆五十七年（1792年），记录了乾隆初年到乾隆晚期翡翠价格的变化，这一变化应该是从民间开始的，并非由宫廷主导。档案中乾隆到嘉庆时期虽然翡翠的数量在逐年增加，但看不出皇帝对翡翠的看法有何不同，乾隆皇帝终其一生也没有为翡翠专门赋诗作文，可见其对翡翠不以为然的态度。

---

[1] 纪昀：《阅微草堂笔记》，卷一六，上海古籍出版社，1980年。

清晚期的翡翠

随着民间翡翠价格的抬升,地方进贡到宫廷的翡翠也越来越多。人们对翡翠的审美也逐渐发生改变。到了清晚期,一些高翠、玻璃种的翡翠材料越来越多地被开发利用,翡翠逐渐走向宝石化、首饰化的发展路线,虽也还有陈设器及实用器皿,但首饰、佩饰类作品大量增加。后妃们也越来越喜爱这些翠艳欲滴的饰物,扁方、簪、坠、戒、镯、佩等饰物越来越多地用这种上等翡翠制作。尤其到了晚清,慈禧

金镶珠翠挑簪,
故宫博物院藏(故 9640)

翡翠扁方,故宫博物院藏(故 9626)

翡翠扳指,故宫博物院藏(故 9630)

翡翠戒指,故宫博物院藏(新 156285)

翠华玉意两逢迎:清代宫廷中的翡翠

翡翠十八子手串，
故宫博物院藏（故 9723）

翡翠灵芝形佩，
故宫博物院藏（故 9672）

　　太后对翡翠非常喜爱，常常向海关、织造等衙门索取翡翠贡品，死后也殉葬了大量翡翠。清宫旧藏的一幅肖像画上，慈禧手上戴的就是翡翠镯。这一切女性使用者的推动，使翡翠在宫廷中终于找到了其相应的位置，依托着中华玉文化的深厚积淀，其地位迅速上升，加上西方宝石首饰因素的介入，以及女性掌权者的喜爱，翡翠不仅成功地成为玉器家族中的成员，其价格甚至超过了和田玉，在某种程度上达到了王者之尊。

　　故宫博物院收藏有翡翠作品 800 余件，是全国乃至全世界收藏古代翡翠器最多的博物馆。藏品主要为清宫遗存，是鉴定古代翡翠的标准器。这些藏品多为清代中、晚期之物。从上述分析可知，中国人对翡翠的认识有一个先石后玉的过程。从雍正时期翡翠石、云产石的称呼可以看出，此时还没有将翡翠纳入玉的系统。乾隆时期，翡翠开始有了永昌玉、云南玉、滇玉、翠玉的称呼，可见云南当地开始将这种一直称石的材料冠以玉名，其他省份及内廷则叫翠玉或翡翠，而云产石的概念一直到清末还在使用。如此多种称呼其实目的只有一个，就是与和田玉区分开来。因为在档案及各种文献中，无论是古玉还是清代的时作玉，均直接称为玉，并不需要冠以别名称呼。这与人们内心始终认为闪石玉才是中国玉文化中真正的玉有关。

从这一意义讲，翡翠这种外来矿物，因取了玉的名字，加之具有可与美玉、甚至宝石相媲美的质地，以及首饰化的设计而深受贵族，尤其是女性当权者的喜爱。翡翠借助中国几千年的玉文化积淀突飞猛进，不仅进入了玉的文化领域，也在价值上异军突起，逐渐赶上了和田玉。这是一个由民间到宫廷，再由宫廷引领民间的过程，从乾隆朝开始并逐渐发展，到清末直至民国，翡翠的地位在短短的百余年间达到了高峰。

慈禧太后画像，故宫博物院藏（故 6600）

后　记

　　我常常把自己的工作比喻成"库房考古"，皆因对故宫玉器藏品的研究鉴定，就像是考古学家在发掘证据，只是把地点从田野搬到了室内，把多元的分析对象变成了单一的一类器物。

　　故宫博物院所藏玉器涵盖了中国玉器史的方方面面，数量庞大、精品无数，但是其中真正的考古发掘品不过百余件，其他的均是清宫旧藏的传世品以及新中国成立以后新收的玉器，这其中除清代的一部分玉器因有年款、黄签、档案背景资料等辅助信息，可以成为断代标准器外，相当一部分玉器是已经脱离了地层关系背景、没有明确身份信息的传世品。所以对这些传世品的研究首先就面临再鉴定断代的问题，我将这一过程称为"库房考古"。

　　"考古"的标准器来源于各地的考古发掘品，我依据考古出土品的造型、纹饰、工艺特征、玉料特点、历史背景，对故宫传世藏品，尤其是清以前的一万余件玉器进行断代研究。所以，时刻关注考古学动态，和考古界保持密切的联系，观摩考古发掘品也是我日常工作的一个重要部分。而我也养成了将传世玉器与考古出土玉器结合在一起进行玉器研究的思维习惯。

机缘巧合，故宫博物院和译林出版社达成了合作意向，"在故宫"丛书正式启动，我也有了向公众解读中国玉器的想法，于是精挑故宫不同时期的玉器藏品，利用以往的研究所得，结合考古出土的标准器，沿着历史脉络讲述中国古代玉器。写作过程中我也尽量平衡学术与普及的关系，并配上大量的图片，希望能以此讲好中国玉器的故事、玉文化以及中国人骨子里玉的情结。

非常感谢故宫博物院故宫学研究院执行院长王子林老师促成和译林出版社的合作，才推动了这本书的出版。也非常感谢译林出版社"在故宫"丛书的编辑团队，正是在他们不断的努力和加班加点的工作中，这本书才得以用最快的速度出版。

当然，这本书只是挑选了一些具有代表性的故宫藏玉，结合考古出土的标准器来讲解中国古代玉器。挂一漏万，故宫还有众多精彩绝伦的玉器，期待以后有机会逐一将它们展示在世人面前。

徐琳

2024 年 8 月 22 日

"在故宫"丛书

玉见故宫：国宝玉器里的中华
　　徐琳 著

我在故宫画小画儿
　　陈乐 绘著

防患于未"燃"：故宫历史上的火灾与消防（待出）
　　周乾 著

嘉礼大婚：走近清代帝王婚礼（待出，暂定名）
　　任万平 著

万仞宫墙：我在故宫的探索之旅（待出，暂定名）
　　王子林 著

食天下：清代宫廷饮食（待出）
　　苑洪琪 著

颠沛的国宝：故宫南迁文物寻踪（待出）
　　徐婉玲 著

从"总统府"到紫禁城（待出）
　　刘潞 著

故宫藏品中的时令风物（待出，暂定名）
　　谢菲 著